教養としての認知科学

鈴木宏昭

東京大学出版会

Introduction to Cognitive Science:
Representation, Its Uses and Evolution
Hiroaki SUZUKI
University of Tokyo Press, 2016
ISBN 978-4-13-012110-1

はじめに

知性は特別な才能を持つ人の占有物ではない。私たちは学校、職場、日常の中で、考え、判断し、学び、表現をしながら生活をしているが、これらの活動にはすべて知性が関与している。また、同じように知性をはたらかせる他者とのさまざまな形のふれあいも、私たちの生活を形作っている。こうした意味で、どんな人でも知性と無縁に生きていくことはできない。

私たちは知性を持ち、使っているだけではない。知性が関わる多様な経験から、その姿、イメージを築き上げている。それは自分の行動や生き方だけでなく、人とのやりとりにも影響を与える。そしてある程度まで共有された知性のイメージは、教育、司法、経済などの社会制度の骨格の一部をなすようになる。そうした意味で、知性のイメージは個人にとっても社会にとっても重要なものとなる。

どのような知性のイメージを持っているかは人それぞれだろうから、簡単には断言できない。ただ、研究の現場にいると、知性の姿は二〇世紀後半から大きく変化し、ほとんどの人が抱いているイメージとはずいぶんと異なるものとなったのではないかと思う。多様なリソースの中で絶えずゆらぎながら生成と変化を繰り返す、そういう知性の姿があらわになってきたのである。この大きな変化の背後には、さまざまな学問の貢献があるが、その中でも認知科学が果たしてきた役割はことのほか大きい。あらわになった新しい知性の姿を、その根拠となる認知科学や関連分野の研究とともに、多くの人に知ってもらいたい、そしてそれを日々の生活、人とのやりとり、社会への参画の中で活用してもらいたい、それが本書の執筆の動機である。

知性というとすぐに人間という連想が湧いてくる。人間は知性を持つことにより、自然が提示するさまざまな謎を解き明かし、便利で優れた技術、道具を作り出してきた。その結果私たちの生活はたいへんに豊かなものになった。これらの背後には、言葉によるコミュニケーション、また文書による知の蓄積という、これまた人間だけが持つとされる知的な能力がある。また言葉は科学や技術だけを進歩させたわけではない。詩、小説に代表される文学作品は、言葉によって架空の世界を作り上げ、そこに人を誘い、感動を与え続けてきた。

むろん知性の働きは私たちに幸福だけを与え続けたわけではない。人を豊かにしてきた科学、技術は地球の温暖化、資源の枯渇という状況を生み出してきた。また原子力は兵器として利用され膨大な数の市民を殺傷しただけでなく、これを利用した発電機関の事故によってある地域を長い間空白の地としてしまった。また言葉も私たちに福音だけをもたらしたわけではない。それを持たない生き物であれば不可能な誹謗や中傷によって人を傷つけてきたし、架空の世界を作り上げるそのはたらきから生み出されるウソや欺きにより人を窮地に追い込んだり、国家レベルのデマにより多くの国民を死に追いやることもあった。

それが何をもたらすかは別として、人間が知性を用いていることは疑いないが、人間以外の生き物においても知性はそのみごとな姿を表す。人間以外の動物も知的であることには多くの人が同意してくれるだろう。チンパンジーなど人間の近縁種が驚くほど高い知能を有することはよく知られている。後で述べるが、彼らは人間並みどころか人間をはるかに超える記憶能力を持っていたりする。

しかし、もっともっと下等（?）と思われている種でも十分に知的である。ゴキブリを好きな人はいないだろうから、これが出てきた時にはスリッパで叩き殺そうとしたりする。ゴキブリは下等だからでたらめに逃げていくとすれば、たまたま打ち下ろそうとするスリッパの真下に逃げてもよさそうだ。しかしながら、たいていはうまく逃げられてしまい、そう簡単には殺せない。

彼らがどうやって逃げているのかを研究した人たち(1)によると、どうも自分の向きと風が吹いてくる方向を検討して逃げ道を探し出しているのだそうだ。つまり、風を感じるとその吹いてくる方向と逆向きになるように体を回転させ、全速力で逃げていくというわけである。驚くべきはその判断にかかる時間である。彼らはそうした判断をたった〇・〇五秒以内に行っているという。想像したくないが、もしゴキブリがボクサーとして人間と対戦したら、彼らにパンチをあてることは不可能だろう。

話はそれだけでは終わらない。彼らの進化史をみればその生活のほとんどは屋外でのものだ。屋外ではちょっとした風はいつでも吹いている。風が吹くたびに逃げていては、エサにありつくことも、またつがいを見つけることもできないだろう。そこで彼らは胴体後部にある尾葉と呼ばれるアンテナ状のものの先についた繊毛のそよぎを利用して、〇・六メートル毎秒以上の加速度の風が来た時だけ逃げ出すのだそうだ。つまり彼らは繊毛で微分を行っている。こうした意味でゴキブリだって十分に知的と考えることができる。

また、生き物ではないプログラムも知的であるように見えることがある。日本で近年話題になっているのは、人工知能を利用したプログラムがプロの将棋棋士たちに勝ち始めたというニュースである。将棋というゲームの複雑さは次のように考えるとよくわかる。基本的に自分、相手のコマは二〇個ずつある。一局面で打てる手は最初はそれほど多くないが平均八〇通りくらいになると言われている。プロの棋士同士だと平均一二〇手程度でゲームが終わる。このゲームの探索空間は、理論的には一〇の二二〇乗程度と言われている。この数はあまりイメージが湧かないと思うが、宇宙に存在する原子の総数が一〇の八〇乗程度ということを考えれば、とほうもないを通り越えた数であることがわかるだろう。こういう中からその局面、その局面でよい手を選んでいくわけである（むろん全部の状態を探すわけではない）。プログラムが相当に難しいゲームをやっていることがわかると思う。

もう少し日常的なプログラムでも賢さを感じることがある。アップル社製のスマートフォンには音声で命令を伝えるSiriというソフトが載っている。「これこれのサイトをウェブで探して」などと言うと、そのサイトを表示してくれたりする。ある日、別の件で当意即妙な返答をしたので、感心した私は思わず、「君と結婚したい」と言った。すると、「私のエンドユーザ向け使用許諾書には結婚は含まれておりません。ご了承下さい」と答えたのである。何がどうなってこう答えるのかはわからないが、大半の女性よりもウィットに富んだ返答だと思う。

一方、知的ではないが、生き物らしい、人間らしいと感じてしまうプログラムもある。「たまごっち」という子どもも用のおもちゃを覚えている人は多いだろう。これにエサをあげると喜んで踊ったりする。するとこちらも嬉しくなる。死んでしまいお墓が出てくると悲しくなったりする。こうした意味で、プログラムもある時にはとても知的に見えたり、生き物的に見えたりする。

また、社会や組織も知的であったり、そうでなかったりする。アップル社の携帯音楽プレーヤーや携帯電話を使っている人は多いだろう。最初に発売された音楽プレーヤーはその斬新性から爆発的に売れ、多くの若者がこれを用いて音楽を聴いている時代があった。これは確かに革新的な部分がいくつもあったのだが、構成する要素技術はすでによく知られたものであり、アップル社が独自に開発したものはほとんどなかったという。だとすれば、他の会社にも成功のチャンスは十分にあったわけである。しかしアップルという会社は成功し、他の会社はそうではなかった。こうした違いは会社、組織の持つ知性によるのだと思う。

いわゆる組織ではないが、人間の集団レベルの行動もずいぶんとエレガントな時がある。私は東京都渋谷区の大学に勤め、ＪＲ渋谷駅を日常的に利用している。この駅前のスクランブル交差点での人々の動きはとてもみごとだ。四地点から一二方向にものすごい数の人たちが行き来する。博多から来た友人は「毎日が山笠のごたる」と言っていたくらいだ。レーンが決められているわけでもないし、ぶつからないように必死に努力しているわけでもない。みんな友達と話しながら、音楽を聴きながら、きょろきょろしながら、適当に歩いている。しかし衝突したりすることはまずないし、渋滞が起こるわけでもない。東大に合格するロボットを作ろうというプロジェクトがあるが、こういうのを見ると無理だと思う。そのロボットが試験会場にたどり着ける可能性がないからだ。

さてこのように知性、あるいは知性的と見なせることは、私たちの生活のさまざまな場面にある。こうした多様な形で姿を表す知性を総合的に捉えることはできないだろうか。それぞれをまとめてみたり、対比したりすることを通して、知性の総合的な理論が作れないだろうか、各々の場面の知性の特殊性を描き出せないだろうか、より知的な人や物を作り出すことはできないだろうか。

こういうことを考えたい人たちが集まって認知科学という学問ができあがった。いろいろな分野の参加者がいる。心理学者、哲学者、言語学者、教育学者、人類学者、生理学者、神経科学者、動物行動学者、生態学者、人工知能研究者、ユーザインタフェース研究者などなど。これらの人たちが成果を共有したり、比較したりすることで、知性についての考え方をより精緻で豊かなものにしてきた。

ただ、お互いの研究の基盤に共通のものがなければ、多様な分野の研究者たちが集まって話しても、単なる寄せ集めにしかならず、何も生み出せない。この共通の基盤となったのが、情報という考え方である。情報の概念は二〇世紀後半の人類の知的発展の一つの軸を形成した、きわめて強力なフレームワークである。このフレームワークを共有することで、異なる分野の研究者間の対話が生産性を持つことになった。その結果、私たちの知性についての考えは以前に比べて格段に豊かになった。

この本には二つの目的があるのだが、そのうちの一つはこうした情報というフレームワークの下で見出された知性の特徴を読者と共有することである。具体的に言うと、どんな簡単な認知、行為であっても、それは複雑なプロセスからなっていること、そしてそれらは多様なタイプの知識の精妙なはたらきによって支えられていることである。

さて二〇世紀終盤あたりから、情報およびその処理というフレームワークに対してさまざまな疑問、反論が出てくるようになった。こうした結果、知性はインプットを受け取って、それを精緻なプログラムで処理、加工して、みごとなアウトプットを出すという、情報処理の基本フレームワークが徐々にゆらぎ始めてくる。この動きは、ロボット研究者、認知神経科学者、生態心理学者、進化心理学者などの、認知科学への新たな参入者たちが主導した。彼らは、それまでの認知科学があまり取り上げてこなかった、感情、身体、環境、集団などの要素を取り込んだ研究を展開した。これは、私がしばらく前に書いた本[2]の中で「生物学的シフト」と呼んだ大きな流れを作り出し、その結果、知性に対する新しい見方が作り上げられた。

生物学的シフトとは、知性を生物的な特質を持つものと見なす立場への移行のことである。生き物はその場に適応できる。渋谷のスクランブル交差点をきちんと渡れるようなプログラムを進化が用意してくれたとは思えないし、学校で教わった覚えもない（ちなみに、こういうことは考えないほうがよい。考え始めると渡るのがこわくなる）。でも渡れる。この背後には、その場に適したプログラムを生み出すことができる、つまり生成的であるという知性の特徴がある。もう一つの生物の特質は、変化、成長、発達できるという点にある。何がしかの経験をすることで、次回はそれよりも少しよくなる。すぐにはよくならなくても、繰り返し経験を重ねることでよくなってくることもある。さらにはこれらの経験を通して驚くべき技能を身につけることもある。手足をへんてこりんに動かし、泣くくらいしかできなかった新生児が、立ち上がり、歩き、ついには鉄棒をやったりできるようになるし、笑うようになり、片言の言葉を話し始め、そのうち親をやりこめたりするようになる。こうした変化の背後には、ゆらぎを持つ複数のリソースが、経験との相互作用の中で協調と競合の末に、暫定的な調和を生み出すことを繰り返す、という生物に固有の特質がある。

この本の二つめの目的は、この新しい認知科学のもたらした知見を読者と共有することである。そしてこれらをまとめながら、知性についての新しい姿を描くことに貢献したいと考えている。その姿とは身体を通して環境と関わり合い、ゆらぎつつも、柔軟にそして適応的に自らの内部、外部を変化させていくというものである。

読者と共有したいと書いたが、その読者とは必ずしも認知科学や関連分野を研究する人たちではない。これらの分野外の人たちにもぜひ読んでもらいたいと考えている。そして何かを考えたり、判断したり、表現したりする時、また日常を捉え直したり、自分を見つめ直す時の材料としてこの本に書かれていることを使ってもらいたいと思っている。このため、単に実験を紹介するだけでなく、それが日常の中でどのように現れるかを書くように心がけた。

私は青山学院大学、東京大学などで長年、認知科学についての講義を担当してきた。受講者は、必ずしもというよりはほとんどが認知科学を専門としているわけではないし、今後も専門とする予定はない人たちである。そうした人たちにとって意義のあるものとするよう、ずいぶんと長い時間をかけて講義を練り上げてきた（この過程で「最高の授業でした」という嬉しいコメントもあれば、「あなたには教える本能が欠けている」などという数日寝込みたくなるような厳しいコメントもあった）。

この本はこれらの講義の中でまとめあげたものである。だから心理学や人工知能などのいわゆる知性の研究を行う分野以外の人にも楽しんでもらえると思うし、そうしたことを意識して書いたつもりである。最初にも述べたように、知性はどこにでも見つかるわけで、知性と無縁に人は生きていくことはできない。こうした宿命の中で生きていく存在にとって、知性の研究の基礎と展開を知ることは意義あることと確信している。

以下、簡単に各章の内容を示す。第1、2章では、情報という概念、特に表象と計算という考え方を説明し、その意義を語るとともにその限界について検討を行っていく。第3、4章では、情報の取得と保持、すなわち記憶を中心にして、知性が絶えず生成されているさまを示したいと思う。第3章では記憶研究の基本を踏まえながら、人間の記憶がコンピュータのメモリ、ハードディスク、CDやDVDなどの人工的な記憶装置とは全く異なる理屈によって動いていることを示す。第4章では、記憶、知識などが、それが用いられる状況の中で絶えずゆれ動き、変容、組み替えを繰り返しながら、動的に生成されるさまを描き出そうと思う。第5、6章では情報の利用、すなわち思考を中心にして、知性が絶えずゆれ動き、それゆえ進歩、発達するさまを描き出したいと考えている。第5章では、人間の思考の基本的な枠組みを示した上で、さまざまなタイプの思考が合理性、論理性とはかけ離れたものであることを示したい。第6章では、合理性、論理性からの逸脱が人間の思考の常態というわけではなく、ゆらぎを持ち、経験、状況のリソースとの相互作用を通して進歩、発達することを示したい。第7章では、それまでの議論を振り返りつつ、そのインプリケーションを示すとともに、さらなる展開の方向を探ってみようと思う。

書ききれなかったことは数多くある。知覚、言語、社会性、身体性、認知神経科学の分野では、近年膨大な量の研究が蓄積され、凄まじい勢いで発展が見られる。これらについては、私の能力の限界、紙面の制約から、ミニマムとも呼べないほどわずかしか書くことができなかった。ただ、幸いなことに日本語で読める良書が数多く存在する。各章末のブックガイドにこれらの一部を記したので、興味のある方はそれらをご覧になられたい。

この本の執筆にあたって多くの方からのサポートを得た。青山学院大学社会情報学研究科の大学院生、跡部将彦さん、小田切史士さん、横山拓さん、また学部の私のゼミの卒業生の小出諒さんたちからは、数多くの有益なアドバイスをいただいた。明治大学の嶋田総太郎さんからは勇気づけられるコメントをいただいた。学部の同僚の杉谷祐美子さんからはとても丁寧なコメントをいただいた。また東京大学出版会の小室まどかさん、足立佑さんには、初期原稿の修正から、執筆方針に至るまで多岐にわたるサポートをしていただいた。これら全ての方々に心よりのお礼を申し上げたい。

二〇一五年一一月

鈴木宏昭

目　次

はじめに　i

第1章　認知的に人を見る……1

1　認知科学とは　1
2　知的システム　3
3　しくみ、はたらき、なりたち　5
4　学際科学としての認知科学　8
5　情報——分野をつなぐもの　10
6　生物学的シフト　12
7　認知科学を取り巻く常識？　17

第2章　認知科学のフレームワーク……25

1　表象と計算という考え方　25

2　さまざまな表象　29
3　知識の表象のしかた　42
4　認知プロセスにおける表象の役割　52

第3章　記憶のベーシックス……65
1　記憶の流れ　66
2　記憶と意図　67
3　一瞬だけの記憶――感覚記憶　71
4　人間の記憶はRAMか――短期記憶とチャンク　73
5　ワーキングメモリ――保持と処理のための記憶　78
6　知識のありか――長期記憶　80
7　情報を加工する――短期記憶から長期記憶へ　82
8　思い出しやすさ――符号化特定性原理　88
9　思い出していないのに思い出す――潜在記憶とプライミング　92
10　まとめ　100

第4章　生み出す知性――表象とその生成……105
1　はかない知覚表象　105

2　言葉と表象　113
3　作り出される記憶　121
4　記憶の書き換え　126
5　仮想的な知識——アナロジー　130
6　まとめ——表象とは何なのか　141

第5章　思考のベーシックス……149

1　新たな情報を生み出す——推論　150
2　目標を達成する——問題解決　155
3　選ぶ——意思決定　165
4　人間の思考のクセ　169
5　まとめ　197

第6章　ゆらぎつつ進化する思考……201

1　四枚カード問題、アゲイン　201
2　データに基づき考える　209
3　思考の発達におけるゆらぎ　214
4　ひらめきはいつ訪れるのか　226

5 まとめ――多様なリソースのゆらぎと思考の変化 235

第7章 知性の姿のこれから……241
1 表象の生成性 242
2 身体化されたプロセスとしての表象 243
3 世界への表象の投射 248
4 思考のゆらぎと冗長性 251
5 世界というリソース 253
6 おわりに 264

引用文献
索 引

第1章　認知的に人を見る

1　認知科学とは

学問の定義をすることは難しい。いろいろな分野や方法が用いられており、簡単な集約ができないというのが直接的な理由である。また定義をするということはある境界を決めることになる。するとその境界からはずれているものはその学問の研究ではなくなる。たとえば「それは単なる心理学研究であり、認知科学ではない」などという偏狭な愛国主義者のような人の発言が幅をきかせ、おもしろい現象に新たな方法でアプローチする人たちを排除し、わざわざたこつぼ化を推し進めることにつながる。

こうした危険性を憂慮した日本の認知科学のパイオニアたちは、「認知科学はその定義を行わない」という定義や、「認知科学というのは、何をやってもいいのだ」[3]という定義を出したりもした。

私もこうした先人たちの考えに全面的に賛成する。ただこれだとはじめて認知科学を学ぶ人にはその学問が何をするのかイメージが全く湧かないことになるかもしれない。そこであくまで漠然としたイメージを提供するためであるが、以下のような特徴づけを行ってみた。

認知科学とは、知的システムの構造、機能、発生における情報の流れを科学的に探る学問である。

ここには知的システム、構造、機能、発生、情報（の流れ）、科学などのキーワードがある。これらについて以下、少しずつ考えてみたい。

「認識」ではなく「認知」である理由

認知科学は他の多くの科学同様、日本生まれの科学ではない。認知科学は英語で cognitive science という。cognitive は cognition の形容詞であるが、ふつう「認識」という意味である。よって認知科学とは、認識についての科学ということになる。

なぜ「認識」ではなく、「認知」という言葉が使われるのか、その理由はおそらく心理学に由来すると思われる。日本の心理学では、cognitive という用語を伝統的に「認知」と訳してきた。たとえば認知科学の登場以前から、「認知心理学（cognitive psychology）」という研究分野があったりする。こうした次第で cognitive science という学問は、自然に「認知科学」と訳されるようになったと考えられる。

それでは、なぜ日本の心理学者たちは「認知」という訳語をあてたのだろうか。これはおそらく心理学者が持つ哲学への忌避感があるのだと思う。心理学は心を探究する学問として、哲学とは分離して一九世紀後半あたりに登場した。認識という言葉は哲学の中でずっと使われてきた言葉であり、全く別の方法＝科学的、実証的方法を用いる心理学者たちはこうした匂いのする言葉を嫌ったのだろう。離婚した女性が元夫の姓は名乗りたくないというのに似ているかもしれない。だから哲学とは無縁に研究を行ってきた工学では、画像認識、音声認識等、認識という言葉が平気で使われたりする。

2　知的システム

最初に「知的システム」という用語が出てくる。人間といえばよいのにと感じる人もいるかもしれない。もちろん人間の知性は多くのメンバーにとって最もだいじなターゲットではある。しかしわざわざこのような言葉を用いたのは、「はじめに」のところでも述べたように、知性は動物、プログラムを含む人工物、社会、組織などにも存在しており、人間だけに存在しているわけではないし、生き物にだけ存在しているわけでもないからである。

このように多様な存在に知性を認めることは、ある意味で学問自体を散漫にする危険性もある。しかし、得られるものも多い。何かを特徴づける時に、対比というのは最も重要である。たとえばあなたの住んでいる町はどんな町ですかと聞かれた時に、他のものを何も参照せずに答える場合は、いわゆる杓子定規な答えになり、結果としてはよくわからないということになる。しかし「(有名な) 町に少し似ている部分もあるのですが、ファッション系の店はほとんどなく……」などと言われると、少しはイメージが湧いてくる。

人間の知性を論じる時も同じことが成り立つ。「人間はこれこれをする存在だ」などとただ言われるより、「私たちの近縁種のXはこれこれができないが、人間はそれを行うことができる」と言われると、だいぶわかった気になる。「このプログラムはこれこれができますが、人間が普通にできるあれそれはできません」というのも、そのプログラムのわかりやすい特徴づけとなる。そうした意味で多様な知性を考えながら研究を行うことは有益だと思う。

また、システムという用語は、いくつかの構成要素からなっていること、そしてその間に相互作用があるということを示している。次節で詳しく述べるが、これが意味することは、いわゆる知力とか、なんとか能力とか、そういうものを仮定しないということでもある。私が大学で学び始めた頃は、人間の高級な知性は差異心理学と呼ばれるものをベースにしたものが多かった。これらは、その得点が測りたい能力の何らかの側面と一定の関係があるテストを開発するという方法を採る。たとえば知能テストはその典型である。

こういう立場では、そのX能力と呼ばれるものは、X能力を測るテスト項目に対する正答率として扱われる。たとえば、「知能とは何か」に対する答えは「知能テストが測るもの」、「応用力とは何か」といえば「応用問題の成績」であり、「じゃあ知能テストは何か」と言えば「知能を測るもの」、「応用問題とは何か」は「応用力を測るもの」という具合である。これは循環論法であり、構成要素、つまり中身が全くわからない。統計的な方法により、同じ得点傾向を示すテスト項目をまとめて、それにラベルをつけて下位能力などとすることも多いが、基本は変わらない。むろん構成要素の実態がわからないから、その間の情報の流れ、相互作用などはわかりようもないというか、はじめから研究の射程外になる。こういう研究が価値を持つ場面もあるだろうが、これは認知科学の研究が取るスタンスとはぜんぜん違うものである。

3　しくみ、はたらき、なりたち

次のキーワードは、構造、機能、発生である。各々しくみ、はたらき、なりたちと考えてもらえばよいと思う。だいたいどんな研究分野においても、個々の研究はこれらのどれかについてのものである。もちろん学問の分野によってどれかが特に重要視されるということはあるだろう。またそもそもこれらの三つを形容詞として学問名の上につけた学問というものもある。たとえば発達心理学というとても大きな研究コミュニティーがあるが、これは発生に関わることを専門的に研究する。

さて、以下では宇宙人の話を取り上げながら、この三つのタイプの研究について説明をしていこうと思う。

構造＝しくみの研究

人間が死に絶えた時代に、ある星からわれわれとは全く形状の異なる宇宙人が来て発掘をしたとしよう。しばらくすると自動車が出てきた。すると星間飛行ができるほどの知性を持つ彼らは、この自動車の外観だけでは満足できず、内部がどのようになっているかを調べようとするだろう。ボンネットを開けてみた宇宙人はそこにエンジンを発見し、それがどんな大きさなのか、どんな形なのかを測定しようとするだろう。さらにそれがシャフトを通してタイヤにつながることを見つけるだろう。こうやって内部にある要素がどのようにつながっているかが徐々にわかっていく。こういうタイプの探究はしくみ、構造レベルのものと言える。

知性についても同様である。外界の情報はまずどこに入ってくるのだろうか、そしてその場所はどのくらいの情報を保持できるのだろうか、他の場所とどのようにつながっているのだろうか、連結部分にはどんな特徴があるのだろうか、などの研究が行われている。こうした探究は知性のしくみ、構造のレベルのものと言える。

機能＝はたらきの研究

さて、また宇宙人と自動車の話に戻ってみよう。宇宙人たちは自動車の中に直径四〇〜五〇センチ程度のリング状の物体を見つける。彼らはこれが何のためにあるのかを問うかもしれない。叩いてみるかもしれないし、なめてみるかもしれない。しかし、ある時これを回してみると、自動車の前輪がその方向に動くことを発見する。すると、彼らはこの物体＝ハンドルは前輪を動かすために存在していると理解するだろう。これはハンドルのはたらき、つまり機能についての理解となる。

知性についても同様に、はたらき、機能レベルの研究がある。たとえば知覚処理においては、はじめは一つの場所に情報が集まるのだが、そのあと二つの経路に分かれる。どうして分かれるのか、また分かれた後の処理はどんなはたらきがあるのか、どのような認識、行為を生み出すのか、などが機能レベルの研究となる。他にも、話す時は口周辺だけを動かせばよいように思えるが、口以外の部分もしきりに動かしている。たとえば手を握ったり、指を立てたり、腕組みをしたりなどである。こうした行為を禁止すると発話がうまくいかなくなったりするという報告もある。それでは発話時の体の動きというのはどんなはたらきがあるのだろうか、ということで膨大な研究が行われている。こういう研究ははたらき、機能レベルの研究と言える。

発生＝なりたちの研究

宇宙人たちはさらに発掘を続け、オートバイ、自転車、トラック、リヤカーなども発掘するかもしれない。すると、彼らは初めに発掘した自動車とこれらの共通性や差異性を見つけ出し、何か共通の祖先や発展の道筋を考えるようになるかもしれない。これらはなりたち、発生に関わる研究と言える。

知性についても同様であり、人間の持つ知性がどの種の生き物まで遡ることができるのかを検討している分野がある。また人間の知性もほぼ生まれつき存在しているものもあるが、多くのものは加齢に伴って発達していく。こうした筋道をたどる研究分野も存在する。知性のなりたち、由来の研究は、比較認知科学、発達心理学、認知考古学などの分野で主に展開されている。

むろん、しくみ、はたらき、なりたちは相互に独立ではない。あるしくみがあるから特定のはたらきが可能になるのであり、そうしたはたらきを生み出すように進化や発達がなされたと考えるべきだろう。

4　学際科学としての認知科学

次のキーワードは情報であるが、これを説明する前に認知科学研究を行う人たちがどんなバックグラウンドを持っているかについて説明したい。

「はじめに」でも述べたように、認知科学は学際領域である。さまざまな専門分野の人たちが集まり、知的システムの構造、機能、発生を研究している。まず人間の知性を研究している人たちがいる。この中には心理学が当然含まれる。初期の頃には、知覚、記憶、学習、思考などを主に扱う認知心理学を専門とする人が大半であった。しかし、乳児から老年までの人間の変化を扱う発達心理学、対人関係、対社会関係、また感情などを扱う社会心理学を専門とする人たちもいる。また、言語は人間の知性を特徴づける大事な心理機能である。こうしたことで言語学者も認知科学のだいじな構成メンバーとなっている。そして、知性、認識について数千年の探究の歴史を持つ哲学、知性を関係、集団レベルの現象として捉える社会学、知の継承、創造を扱う教育学からの研究者たちもいる。さらに、人間の知性の神経学的基盤を検討してきた神経科学（特に認知神経科学）も認知科学の大きな柱となっている。

また、数は少ないが動物心理学、生態学からの知見も認知科学の核となっている。これらの分野の知見は、知性が人間だけの持ち物ではないという対比項的な意味でもたいせつだが、人間の知性の起源を探る、つまり発生という意味においてもその重要性は強調しすぎることはない。

さて、これだけだとやや広義の心理学とあまり変わらないのだが、認知科学を特徴づけるのはコンピュータ・サイエンス分野の研究者たちである。特に人工知能、ロボット科学の研究は認知科学の中核に位置づけられる。言うまでもないが、人工知能とは知性を機械、特にコンピュータの中に実現しようとする学問分野である。人工知能研究の中には、人間も含めた生物的な知能とは全く別の知能の実現の仕方があると考える人たちも多数いる。飛行機は鳥と同じ原理で飛ぶわけではないが、空中を移動できるのと同じである。しかし、人間の心のしくみと同じものを作れば、機械の中に知性が実現すると考える人たちも数多くいる。後者の立場の人たちは認知科学にさまざまなモデルを持ち込み、その検証を行ってきた。またこうした動きは、身体を持ち、環境の中を動き回るロボットの開発にもつながっている。この分野の研究者はモデル化の指向が強く、さまざまな実験結果を統合的に理解する新たな手法を、知性の科学に持ち込んできた。

もう一つ、インタフェースの研究も活発に行われている。人類は道具を用いることにより、大きな発展を遂げてきた。特に近年は情報機器の発展によって、それ以前には全く考えられない作業が簡単に行えるようになった。このように、道具は私たちの知性を大きく増幅してくれる。それだけでなく、通常は行えないような作業を代替してくれる。こうした道具を開発しようとして、人間の知性を道具との相互作用との関連で考えていくのがインタフェース研究である。

これらさまざまな分野からの研究者が、知性とは何かを議論しているのが認知科学である。

5　情報——分野をつなぐもの

さまざまな分野の研究者が集って活動をしているという意味で、認知科学は学際的と言える。学際研究という響きはとてもよいのだが、実際にはなかなかうまくいかないことが多い。それは対象の捉え方、関係づけの仕方、こだわり、方法論などが各分野によって異なっているからである。その結果、相手の話を聞いても何を言っているのかがわからない、なぜそんなことを研究しているのかがわからない、どうでもいいように聞こえる話を延々と聞かされる、ということになる。

これを避けるためには何が必要だろうか。それは共通言語である。日本人、中国人、アメリカ人が会話を行う時に、それぞれが母国語しか話さなければ会話は成立しないだろう。しかし、何らかの共通言語を用いれば会話を行うことができる。

認知科学者たちにとっての共通言語は、情報およびその処理である。つまり、知的システム、知性というものは、情報を受け取り、それを何らかの形で処理している、という見方である。この見方をとることによって、それぞれの領域でバラバラに進められてきた探究が関連づいて、認知科学という一つの領域が形成された。

情報とその処理というフレームワークが多くの研究者に受け入れられた背景には、コンピュータという強力な研究ツールの普及がある。知性が情報処理であると言ったとしても、それを現実化するものが存在しなければ、単なる言葉の言い換えに過ぎなくなってしまう。しかし、コンピュータというまさに情報を処理するマシンがあることで、そうした捉え方が適切かどうかを検討することができるのである。

また、コンピュータと人間が一見多くのことを共有しているように見えることも、情報というフレームワークが知性の研究のコアに据えられた理由である。人間は何らかの感覚刺激を受け取り、それを記憶したり、再利用したりしながら、行為を実行し、目標を達成していく。こうした姿はコンピュータの中にも見られる。コンピュータはキーボード、マウス、マイクなどの入力装置から情報を受け取る。そして、それを事前に蓄えられたプログラムによって加工、処理する。その結果をディスプレイ、スピーカなどを通して出力する。ここで入力装置は人間でいえば感覚器であり、プログラムは知識であり、出力は（ある種の）行為と見なすことができる。また、プログラムを貯蔵する記憶装置はその名の通り人間の記憶に該当する。こうした次第で、このフレームワークは直感的に受け入れやすい。

情報というフレームワークを採用することで、認知科学は一九七〇年代以降大きな飛躍を遂げていった。この間の認知科学の知見を特徴づけるものは二つある。一つはプロセスへの注目である。およそ単純な行為であってもそこには非常に複雑なプロセスが関与している。あるもの（たとえばキーボード）が別のもの（パソコン）の手前にあるかどうかは人にとって自明であり、そんなことができない事態は想像できないが、これをコンピュータの上でモデル化しようとすると、とても難しい。つまり、そこには非常に複雑なプロセスがはたらいているのである。そこで、どんな情報がどんな順序でどんなふうに加工されていくのか、という探究が認知科学の中で進められてきた。

もう一つは知識の構造への注目である。知的なシステムは過去の経験を何らかの形で貯蔵し、それを利用して新しい場面に対処している。この意味において知識は知性の必須構成要素である。日常的には知識というと単に「覚えていること」程度の意味でしか使わない。しかし知識にはさまざまなタイプがあり、それらは各々異なる構造を持っている。同じことを表す知識も、その構造化のされ方は人によって、また場面によって異なっており、結果として行動上大きな違いをもたらすこともある。こうした知識の構造についての探究も認知科学の中で活発に行われてきた。

6 生物学的シフト

一九九〇年あたりから、新しい分野のメンバーが加わることで、前の節で述べた情報処理のアプローチは大きな変革を迫られることになった。その結果、知性の姿はそれ以前とは大きく異なるものとして捉えられるようになった。

最初に挙げるべき新たな参加者は、物理的実体を持ち環境の中で行為を行うロボットの研究者、そして、それをより包括的に論じようとする身体性認知科学者たちである。それまでの情報処理のアプローチでは、研究者がデータをそろえ、それを変換するプログラムを考案し、出てきた出力が人間の反応や行動と一致するかを検討してきた。つまり、ここでは主体は与えられたデータをパッシブに受け取るものとなっている。しかし、人間は赤ちゃんですら、自らの欲求、関心に従って環境の中でアクティブに行動する。そしてそこから得られるさまざまな感覚情報、つまりマルチモーダルな情報を、貯蔵、処理しながら知性を築き上げていく。そこで、人間のように現実の環境の中で自らの身体を用いて動き回り、センサーを通してマルチモーダルな情報を取得して学習、発達していくロボットの研究が登場してくる。こうしたアプローチはこれまでに難問とされてきた問題の解決に有益なヒントを与える一方、また新たな探究の対象を見つけ出してきた。

モダリティ、マルチモーダル、共感覚

モダリティとは（この文脈では）、視覚、聴覚、嗅覚、触覚、味覚などの感覚タイプを示す言葉であり、感覚様相と訳されることが多い。マルチモダリティ、マルチモーダルとは、複数の感覚が同時に関わるような心理現象を指す場合に用いられる。

従来は感覚の種類に応じて独立に研究が進められてきた。しかし、人は日常生活で単一の感覚だけに基づく経験をしているわけではない。母親に抱かれた赤ちゃんは微笑む母親の顔（視覚）、声（聴覚）、柔らかな肌やぬくもり（触覚、温覚）、匂い（嗅覚）を同時に体験している。赤ちゃんはこうしたリッチな入力を用いて母親のイメージを作り上げている。

二つの感覚が合わさることで不思議な心的な経験が生み出されることもある。コンピュータの画面の両端からマルが移動してくる。それが交差する時「カチン」というような短い音がすると、二つのマルがぶつか

って跳ね返ったように見える一方、その音がないとすり抜けたように見えたりする。

言語においてもさまざまな感覚モダリティの情報が交じり合っている。暖色、ソフトな声、苦い体験、幅広い知識などのよく使われる比喩的表現においては、感覚の間の相互作用が起きている。

共感覚と呼ばれる現象も存在する。一〇〇人から一〇〇〇人に一人程度の割合で、文字（特に数字、一二ヵ月などの系列を表す文字）に色がついて見える人たちがいる。この場合は、ある形状を持つ文字と色という同じモダリティ、つまり視覚内のことであり、厳密にマルチモーダルとは言えないかもしれない。しかし数は少ないが、文字などの視覚情報に味やにおいを感じる人たちもいる。Sという超絶的な記憶能力を持つ人は、こうした能力を持っていたことが報告されている。(4)

次の新しいメンバーは、認知神経科学者たちである。脳が知性の根幹にあることを疑う人はいないだろう。脳はさまざまな領域に分かれて情報を表象したり、処理したりする。どの部位がどのような知的活動に関わっているのかは、昔から研究者の注目を集めてきた。動物は頭を外科的に開いて調べることができるが、人間に対してこれを行うことは倫理的に難しい。よって、字を読むとか、人の話を聞くとか、人間のみが実行可能な知的行為の担当部位を知るためには、特定の部位を損傷した人の出現を待つしかなかった。ところが、一九九〇年あたりになると脳イメージング技術が進歩し、外科的な方法によらず脳の活動部位を明らかにできる装置が開発された。これらの装置では、脳内の電気活動や血流量の変化を計測し、ある知的活動がどの脳領野で行われているかを調べることができる。これらはそれまでの方法に比べて、複雑な知的情報処理を担当する部位を詳細なレベルで見つけられるという特徴がある。これによって、知的行為と脳部位との関係を明らかにする研究が飛躍的に増加した。もう一つの特徴は、行動には現れない人間の反応を得ることができるという点にある。ある入力を得ても、それが人間の行動レベルまで影響を及ぼすとは限らない。一方、脳計測を用いることで、行動以外の指標をも得ることが可能になった。これによって外からは見えない認知のプロセスに容易にアクセスできるわけである。

脳計測

脳の計測方法はさまざまある。大きく分けると、外科的に脳を開けて調べる侵襲的な方法と頭を傷つけることなく調べる非侵襲的な方法の二つがある。侵襲的な方法では、電気生理学と呼ばれる方法が代表的である。ここでは開頭した裸の脳に電極を刺したりしながら、神経活動を観察する。これは脳の活動をニューロンレベルで計測できるという意味で非常に精度の高い研究方法である。ただしこれは人間はもちろんチンパンジーなど大型の類人猿に行うことも禁止されており、高度な知性のはたらきを調べることは難しい。

非侵襲的な方法には、脳内の微弱な電気活動（およびそれによる磁場の変化）を計測する脳波（ＥＥＧ）や脳磁図（ＭＥＧ）と、血流量を計測する機能的核磁気共鳴画像法（ｆＭＲＩ）、近赤外分光計測（ＮＩＲＳ）がある。各々、時間的な正確さ（時間分解能）と、場所の特定の正確さ（空間分解能）に違いがある。

脳波や近赤外分光法を利用した計測は、リッチな研究室に所属すれば可能である。一方、脳磁図やｆＭＲＩを利用するような研究は、特殊な施設を利用しなければならないので、すごくリッチな研究環境でないと無理である。

三番目のインパクトは進化論である。生物が自然淘汰の法則に従って進化してきたことを疑う日本人はあまり多くはないだろう。私たちの体の構造や内臓の機能などが進化の結果生み出されてきたことには、ほとんどの人が同意してくれるはずである。しかし、一九九〇年あたりには進化論に発想を得た進化心理学と呼ばれる分野の研究者たちが、私たちの心も進化の結果生み出されたという主張を展開し始めた。それも協力する心、共感、論理的推論など、およそ人間社会における教育によって身につけるとされてきたものまでもが進化の産物であると主張した。この立場は私たち人間がなぜこのような心を持つのかについて、きわめて示唆に富む知見を提供してきている。

四番目のインパクトは、生態心理学からもたらされた。生態心理学とは、二〇世紀半ばに独自の立場から心理学を築き上げたギブソン（J. J. Gibson）が唱えた立場である。彼は知覚の研究者であるが、それまでの実験室的な知覚心理学を鋭く批判し、人は与えられた情報の中から認識のために知覚を行うのではなく、環境の中で自らの身体を用いて行為を行い、その中で行為に直結した情報の取得を行うのだと主張した。この立場に立つ研究者たちは、心と体の関係、運動、環境について、従来のパラダイムを根源から問い直す必要性を説き、知性の研究に大きなインパクトを与えた。

これらの研究は、素朴なコンピュータメタファーでは取り上げられてこなかった、知性の生物的特質、つまりその柔軟さ、適応性に焦点を当てている。そういう意味で生物学的シフトとまとめることができるだろう。

生物学的シフトは、新しい研究方法や研究対象を生み出しただけではない。この動きを作り出したグループの中では、認知科学者が当然と考えてきた、情報とその処理という前提に疑問を投げかける研究も活発に行われた。こうしたことで認知科学者たちは、自らの研究の基盤自体を見直すチャンスを得ることができ、リアルな知性にまた一歩近づくことが可能になったと思う。

7　認知科学を取り巻く常識？

認知科学の話を他の分野の人の前でするると、いろいろな質問や批判を受ける。そこで、本論からやや外れるのだがそうしたものの代表例を三つ取り上げて答えてみたい。

心は見えないでしょ

「心は物質ではないわけで、そういう意味で観察不可能ですよね、だったら認知科学なんていう学問は……」というようなことを言われることがある。このタイプの批判は物理学、化学などのハードサイエンスをやっている人に多いような気がする。同じように心を扱う科学である心理学に対しても、同じ批判が投げかけられる。確かに、心はマグカップやアルミニウムではないので、その重さを量ったり、密度を計算したりすることができない。

しかし、そうやって手に取って測定することができないものは科学の対象外となるのだろうか。そうではないだろう。物理のさまざまな概念（力、電流、質量、速度などなど）は直接目に見えたりはしないし、手に取ってみることもできない。ただ計測によって把握されるだけである。だからといって、物理学が架空の対象を扱う疑似科学だと言う人はいない。

子どもの頃に台風が近づいてくると、台風の目を見られるとドキドキしたものである。しかし、むろんそんなものは見えるはずもなく、いつもがっかりした記憶がある。台風に目がないのは当然として、低気圧、前線など気象に関わるものは目に見えないし、物質でもない。しかしそれについての研究は十分に可能であるし、実際に盛んに行われている。

そういう次第で「見えないから研究できない」はもちろん却下となる。

脳科学で決着つくでしょ

脳科学がここ数十年で急速に進歩してきた。そして、通常の人間の知的活動時の脳の状態がわかるようになってきた。こうしたことから脳科学ブームが到来し、脳を究めればすべてがわかると思っている人たちが増えてきた。巷にもこうした考えが広まっており、脳のことなんか具体的には何も論じてもいないのに、『……する脳』などという本が出て、よく売れているようだ。実際、この本のタイトルにも「脳」を入れようかと悩んだくらいだ。

脳科学の成果が認知科学と結びつくことは、知性の研究にとってきわめて重要な意味を持っているし、医療や教育などの現実的な場面にも大きな影響を与えることは間違いない。実際、第2章のコラムでも述べるように、盲視についての研究は、脳の研究と結びつくことによって大きな展開を遂げることができた。そういう意味で脳の解明は認知科学の発展にとって不可欠である。

逆もまた成り立つ。脳科学の発展のためには認知科学を中心とした心の研究は不可欠である。脳科学は、ある認知機能が働くと考えられるタスクを実行している時に、脳のどの部位が活動しているかを研究している。つまり、認知機能と脳活動との対応づけを目標としている。いわゆる関数関係の特定である。どちらが定義域でどちらが値域かはどうでもよいが、対応づくもの同士がそれぞれある程度まで明らかになっていなければ、関数関係の特定はできない。だから認知機能についての解明がある程度進んでいる領域では、認知研究の助けを借りなければ脳科学の研究は意味を持たない。単に脳のどこが活性していたということがわかるだけである。

当然、同じレベルで双方の研究が進んでいるわけではない。よって、認知機能の研究が先行していることについては、脳科学は認知研究をベースにせざるを得ない。つまり、「認知機能はこうなっているのだから、脳のここが活動すべきだ」という形で研究が進むだろう。もちろん逆もある。脳科学の研究が進んだことについては、「脳でこうなっているのだから、認知はこう実行されているはずだ」という形で研究が進む。このように、両者はどちらがどちらを飲み込むとか、どちらがどちらかに還元されるというものではない。

また、社会的な問題に関わることに関しては、脳科学の知見は限定的である。たとえば二〇〇九年の衆議院選挙では民主党が大勝し、二〇一二年の選挙では自民党が大勝した。二つの選挙の間で投票者の脳活動、たとえば右側頭葉の活動に違いがあったとしよう。この時、二〇〇九年の選挙における民主党の勝因は右側頭葉が活性したためであり、二〇一二年の自民党の勝因はその不活性にある、という話を聞いたらどうだろうか。こういう「説明」は誰も受け入れないと思う。教育などについても同様である。脳科学と教育はホットなテーマとなっている。確かに不適応の子どもや、ある種の障がいを持った学習者を見つけ出すことには、脳科学はかなりの貢献があるように思う。しかし、どんな玩具を与えて育てるべきかとか、割り算はどんな例題で教えるのがよいのかなどを考える時に、脳科学の知見が役立つ可能性はとても低い。

社会にはさまざまなレベルの問いがあり、各々の学問はそうした問いの解明のために存在し、その問いのレベルに適した答えを出そうとしている。ある現象の原因が解明された時、その原因に関わる事柄をコントロールできることが、社会的なレベルではとても重要になる。究極がわかったからと言って、それが関連するすべての社会的問題が解決されるわけではないのだ。

自分のことは自分でわかります

「自分の考えていることは自分が一番わかるので、認知科学者などに説明してもらう必要はない」などという話を聞くこともある。体験的ではあるが文系の人に多いように思う。

残念ながら、この反論は次のような質問により簡単に却下される。「あなたは奥行きを感じているはずですが、どうやって奥行きを感じたかを説明してください」、「boy の日本語は何かを思い出してください。思い出したらどのようにしてそれを思い出したのかを説明してください」。こうした質問に適切に答えられる人はいない。つまり、これらに関わる自分の認知プロセスを内省することはできない。だから研究が必要なのである。

ある人はこう言うかもしれない。「そういう低次のことは確かにわからないが、思考や判断などは自分で考えているのだからわかる」と。そういう場合も確かにあるかもしれない。しかし、そうでない場合も多い。こうした現象については、社会心理学者たちが長年にわたって蓄積してきたデータがある。たとえばある実験では、同じメーカーの同じ女性用ストッキングを四つ参加者の前に並べる。そして、それらはあたかも別製品であるように彼らに説明し、どれがよいかを決めてもらう（むろん四つの順番は毎回入れ替えている）。同じものなのだから、選ばれる確率はすべて四分の一になるはずである。しかし、最初の二つのどちらかを選んだ人は全体の三〇パーセント未満で、残りの人たちは後の二つのうちの一方を選んでいる。つまり、最初のほうのものは選ばれにくいのである。ここでおもしろいのは、実験参加者が述べる選択の理由である。後の二つを選んだ人たちにどうしてそれらを選んだかを尋ねた時に、順番を理由に挙げる人は皆無なのである。代わりに、「やはり三番目は手触りが滑らかでした」とか、「四番目は軽い感じがして」などという答えが出てくる。

さらに衝撃的な話もある。ヨハンソンたちが行った実験(5)では、参加者に二人の女性の顔写真を見せ、どちらが好きかを選んでもらい、その写真を直後に再度呈示してその理由を尋ねる。ただ、時々手品を用いて、選んでいないもう一方の女性の写真を見せて、それを選んだ（？）理由を尋ねる。ところが、この入れ替えの手品に気づく人はたったの一三パーセントでしかないという。そして気づかなかった人たちは、ちゃんと自分がそれを選んだ理由（?）を答えるという。これらのことは、自分が選んだ理由はそれを問われたその場の思いつきであり、真の理由ではないことを示している。

このように、私たちは知覚や記憶の文脈ではその認知プロセスを内省できないし、より高度な判断や決定についてもその真の理由にアクセスすることはできない場合があるのだ。内省や内観をあてにして研究を進めることがまずいのは、こういう理由による。

ブックガイド

以下、章ごとに関連する書籍を紹介する。取り上げる本は簡単に手にとって読める、日本語の本を中心としている。専門的な議論を知りたいとか、元々の論文の所在を知りたいという場合は、（無責任であるが）以下に挙げたシリーズ本の該当章を読んで調べていただきたい。また翻訳書が多数含まれているが、その出版年は翻訳書のそれである。

行動主義から認知科学、認知心理学への展開は認知革命とも呼ばれる。この経緯をみごとに描き出したのは、

佐伯胖『認知科学の方法』東京大学出版会、一九八六年／新装版二〇〇七年

である。筆者の卓越した語り口に、認知科学はこんなにエキサイティングなのだと感銘を受ける。

認知科学の歴史と未来を描き出した最近の著書は、

安西祐一郎『心と脳――認知科学入門』岩波書店、二〇一一年

である。この本は情報科学、脳科学に対してかなりの言及があり、認知科学の裾野がこういうところまで広がるのかとやはり感銘を受ける。

本書と同時期に刊行された、

日本認知科学会（監修）内村直之・植田一博・今井むつみ・川合伸幸・嶋田総太郎・橋田浩一『はじめての認知科学（「認知科学のススメ」シリーズ1）』新曜社、二〇一六年

は、学会を代表するメンバーとサイエンス・ライターの協働による入門書であるが、中身は相当に濃い。

認知科学を専門的に学びたい人には、以下のシリーズ本がある。

乾敏郎、安西祐一郎（編）『認知科学の新展開』（全四巻）岩波書店、二〇〇一年

日本認知心理学会（監修）『現代の認知心理学』（全七巻）北大路書房、二〇一〇〜一一年

生物学的シフトについては、

鈴木宏昭（編）『知性の創発と起源』オーム社、二〇〇六年

を見ていただきたい。このシフトで取り上げたさまざまな新しい動向については、

ヴィラヤヌル・S・ラマチャンドラン、サンドラ・ブレイクスリー『脳のなかの幽霊』山下篤子（訳）角川書店、一九九九年

ロルフ・ファイファー、クリスチャン・シャイアー『知の創成——身体性認知科学への招待』石黒章夫、小林宏、細田耕（監訳）共立出版、二〇〇一年

佐倉統『進化論という考えかた』講談社、二〇〇二年

三嶋博之『エコロジカル・マインド——知性と環境をつなぐ心理学』日本放送出版協会、二〇〇〇年

を見ていただきたい。最初のものは脳の不思議さ、脳科学のアプローチのおもしろさを存分に伝えてくれる。二番目はロボットについての新しい設計方法が、非常に説得的な例を多数用いて語られている。三番目の本は進化について、最後のものは生態心理学へのよい入門書である。

哲学における心の探求については、

伊藤邦武『物語　哲学の歴史――自分と世界を考えるために』中央公論新社、二〇一二年

を勧める。大哲学者たちの思想とその人たちが織りなす思索の波がコンパクトにわかりやすくまとめられている。最後のあたりには生態心理学も顔を出す。

脳科学系では、きわめつけは、

エリック・R・カンデル他（編）『カンデル神経科学』金澤一郎、宮下保司（監修）メディカル・サイエンス・インターナショナル、二〇一四年

である。ただし、重量二・五キロ超であり、持ち運びには不便である。一方、コンパクトでありながら包括的な内容を含むのが、

嶋田総太郎『認知脳科学』コロナ社、二〇一七年

である。また同じ著者による

嶋田総太郎『脳のなかの自己と他者――身体性・社会性の認知脳科学と哲学』共立出版、二〇一九年

は、脳科学と哲学（特に現象学）の見事な対話が見られる。シリーズ本では、

甘利俊一（監修）『シリーズ脳科学』（全六巻）東京大学出版会、二〇〇八〜〇九年

も、本書で取り上げる概念、現象を扱っている。

なお、コラムで取り上げたマルチモーダル、共感覚については、

リチャード・E・サイトウィック、デイヴィッド・M・イーグルマン『脳のなかの万華鏡――「共感覚」のめくるめく世界』山下篤子（訳）河出書房新社、二〇一〇年

が読み物的であるが、事例から脳計測までをわかりやすく伝えている。

第2章　認知科学のフレームワーク

前章で、認知科学は情報とその処理をキーワードにして、学際研究を行ってきたと述べた。もう少し正確に言うと、これは表象と計算ということになる。私たちは入力情報に対して、さまざまな計算（処理）を行うことで表象を作り出し、またその表象に基づいて出力がなされると考える。もちろん表象は何段階にもわたって作り直され、豊かになったり抽象的になったりするし、この中では数多くの計算が行われる。これが認知のプロセスである。このプロセスの中でどのような表象が生み出されるのか、それはどんな計算によるのか、そうしたことを明らかにすることが知性の解明につながる。

この章では、表象という考え方が、認知科学の中でどのように扱われてきたのか、またそれがどのように研究を支えてきたのかについて詳しく論じるとともに、なぜこの考え方が必要なのか、そしてどこに問題があるのかについて考えてみたい。

1　表象と計算という考え方

表象は representation という言葉の訳である。representation という言葉を英和辞典でひくと、

「代表（する）」、「代理（となる）」という訳語が出てくる。代表も代理も代表する、代理となる元のものがなければ意味をなさない。「私は代表した」と突然言われれば、代表した元のものを問う「何の」という質問が当然なされることになる。

このことから、表象という言葉には二つのことがらが関係していることがわかる。元のものとそれを代表、代理するものである。当たり前のことだが、この時、元のものと、それを代表、代理するものとは別のものでなければならない。「私は家族を代表して」はあり得るが、「私は私を代表して」という言葉は成立し得ない。別の言い方をすると、表象、代表、代理、representation とは、元々あることがらXを、別のことがらYで表すということになる。

このことを踏まえた上で、認知科学における表象という言葉の意味を考えてみると、元々あるXのほうは世界、私たちが今いる状況であり、別のことがらYのほうは私たちの頭の中にでき上がる世界、状況のモデルということである。私の前には今マグカップが置かれている。マグカップは私が認識しようとしまいとそこに存在している、客観的な実在である。これを私が「マグカップがある」とわかるということは、私という情報処理システムがマグカップの表象を頭の中に作り出したと考えるわけである。別の言い方をすれば、マグカップの代理物が私の中に生み出されたということとなる。

マグカップの代理物なのだから、マグカップ自体が私の中にでき上がるわけではむろんない。またマグカップの写真のようなものが私の頭の中にでき上がるわけでもない。たとえば、マグカップの持つ微細な汚れや傷などは私のマグカップ表象の中には含まれない。その一方で、裏側にあり、私からは見えないマグカップの後部は視覚情報としては存在していないが、私のマグカップ表象には存在している。

こうした表象は自然にできるわけではない。脳内、情報処理システム内でさまざまな処理がなされて作り出される。これを認知科学者たちは計算と呼んでいる。この計算プロセスの入力は、光の反射のパターンである。これが網膜に到達すると、網膜にならぶ一億個程度の視細胞がその光のタイプと強度に応じて、異なる反応をする。一万×一万程度の巨大な行列を考えるとよいかもしれない。この時点でマグカップの持つ曲線、直線、でこぼこ、色のパターンなどは、すべてこの巨大な行列の中の活性度のパターンとして表現されてしまう。また、網膜は膜なので二次元である。よって、この時点で外界にあるマグカップの奥行きのような情報もむろんなくなってしまう。

この後、これらの情報は視神経を介して、後頭部に存在する視覚野と呼ばれる場所に運ばれる。視覚野はさまざまな分業体制をしいて、当初の無味乾燥な神経細胞の活動パターンの計算を行い、その結果を側頭葉や頭頂葉などに送る。そして脳内各部位のさらなる計算が行われ、今見ているマグカップの表象が作り出される。これが知覚レベルの表象である。

以上の話は、実際のプロセスをずいぶんと簡略化している。次節で詳しく述べるが、表象は知覚レベルのものだけではない。そもそもマグカップという認識が生じるということは、私たちの中にマグカップの原型、あるいはそのありうべき姿というものがあるはずである。こうしたものは概念と呼ばれるタイプの記憶表象である。また、マグカップに手を伸ばして適切な場所を適度な力でつかむという行為も行われる。こうした行為を可能にするのも表象であり、これは運動表象とか、手続き的知識と呼ばれる。こうした表象のおかげで、私はいつものマグカップに手を伸ばして、コーヒーを飲むことが可能になる。

盲点・盲視　行為のための知覚

網膜には視細胞が存在しない場所がある。これを盲点（あるいは暗点）という。それは網膜から視神経につながる場所にある。視細胞が存在していないので、そこに対応する世界は見えないはずである。実際、適当な間隔で紙に二つの小さめの点を描いて、片目をつぶり残りの目で一方の点を注視しながら、顔を近づけたりすると、もう一つの点が見えなくなる。うまく使うと見たくない人の顔を見なくてすむ。しかし、日常的には盲点を感じることはない。これは補塡（filling-in）というメカニズムによる。

盲視は、損傷などにより視覚が成立していないはずなのに、あたかも視覚があるかのように振る舞える現象を指している。グッデイルとミルナーは一酸化炭素中毒により一次視覚野の大半を失った患者が、何ら問題なく行動できる場面があることを報告している。たとえば万年筆を指してその名前を言えと言われると全く答えられないが、それが置かれている場所に正確に手を伸ばし、用紙の所定の位置に自分の名前をサインできたりする。

この本では触れないが、この研究はきわめて重要なことを示している。それは視覚についての私たちの常識を覆したからである。私たちはマグカップを手に取る時、まずマグカップとその場所を認識して、それから手を伸ばすと考えている。しかし、この例はそうした常識が成り立たないことを示している。この事例は、視覚が対象の認識のため（だけ）ではなく、対象に対する主体の行為のために存在しているということ、そしてそれらを支える神経系が別々に存在しているというアイディアを提供している。またこの不思議な現象は、脳内の２つの視覚情報処理の経路と密接に関係していることも明らかにされている。こうした考え方のコアはギブソンに代表される生態心理学とも深く関連する。

2　さまざまな表象

私たち人間は（いや動物も）、さまざまな表象を作り出し、利用している。ここでは表象のタイプを明確にしていくことにする。大枠は図２-１で示したようになる。まず表象が私たちの内部にあるのか外部にあるのかということで大きく二つに分けられる。

内的表象

内的表象はそれが一時的にだけ保持されているか、比較的永続的に保持されているかによって区別される。たとえば私たちが職場に行くまでには多くの人と会い、その顔を見る。しかし、そのほとんどは一瞬だけ知覚表象として存在するが、ほぼ消えてしまう。そして、翌日その人たちともう一度会っても思い出すことはない。私はあまり芸能界には詳しくないので、ＡＫＢ48とかＥＸＩＬＥのメンバーはよほどど真ん中にいる人以外は何度見ても既視感が湧いてこない。彼らは一時的には表象として私の中に存在するが定着することはないのだろう。

表象の中には比較的永続的に存在するものもある。これはいわゆる思い出であったり、知識であったり、技能であったりする。これらは記憶表象、知識表象と呼ばれる。以下、一つずつ説明を行っていく。

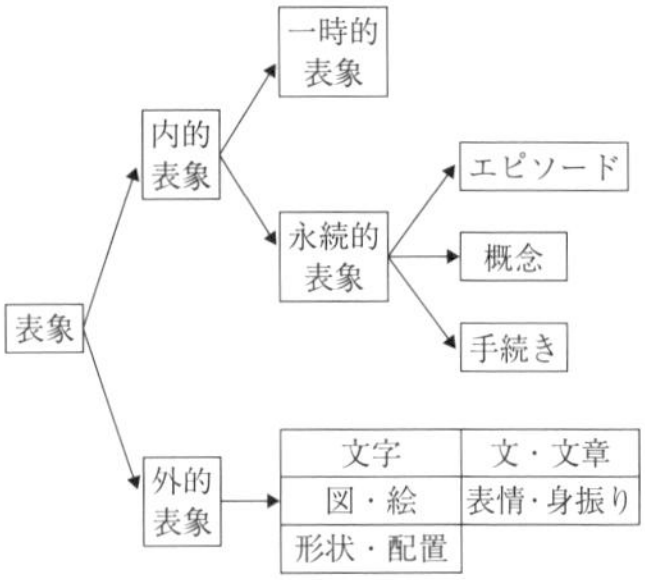

図 2-1　知識と表象の体系

一つはエピソード記憶と呼ばれるものである。これは思い出に対応する記憶表象である。この記憶表象の特徴は、表象の中の主要な要素が時間的に結びついているという点である。たとえば昨日の昼に何を食べたかを思い出してほしい。ぱっと思いつくだろうか。毎日同じものを食べている人以外はそうはならないだろう。「昨日は火曜日だから、二限にクラスの英語の授業があって、終わった後、田中と一緒に学生食堂で……ああ、カツ丼だ」などという形で思い出すのがふつうだろう。こうした思い出し方は、（もう最近はあまり使われないが）ビデオテープを巻き戻して、該当する場面まで再生しているさまに似ている。だとすれば、エピソード記憶内の情報は、テープ同様、事象が時間順にならんでいる可能性が高い。またこの記憶表象は言語と相性がよく、言語化が容易である。

実験心理学におけるエピソード記憶

本文中で挙げたような日常場面でのエピソード記憶が扱われるようになったのは、長い記憶研究の歴史の中で、ここ数十年である。これは思い出したことが本当にあったことなのか、それとも作話なのかの区別が難しいからである。通常のエピソード記憶課題では、単語などのリストが与えられ、それを覚えて再生することが求められる。こうした実験状況もある特定の時点で起きた出来事であるので、エピソード記憶と考えることができるわけである。これだと何が正しい想起で何が間違いか、どんな歪みがあるのかを把握しやすい。

ただ、こういう記憶とふつうのエピソードの記憶はずいぶんと異なっているという批判が起こり、日常場面での記憶の研究が一挙に展開してきている。この中の一つに自伝的記憶と呼ばれているものがある。この記憶は、自分が関わる過去の経験についての記憶のことである。この記憶の想起においては、想起されたことの中に自分が含まれており、その時の感情や心的状態などが構成要素の一部となっている。また、こうした記憶は、実験室の中の記憶とは異なり、自己、アイデンティティ、他者との関わりなど、生活上きわめて重要な役割を果たしている。

もう一つのタイプは、概念と呼ばれる記憶表象である。これはカテゴリー、意味記憶とも呼ばれる。これは言葉の意味に対応した表象であり、いわゆる知識の一部をなす。私たちはマグカップと言えば、それがどんなものであるかを容易に想像することができる。それは通常どのような形をしていて、大きさや、材質はどのようなものかについて知っている。これは経験の記憶を通して私たちがマグカップの表象を作り上げてきた結果である。

このタイプの表象は、エピソードとは異なり、時系列によって他と結びついているわけではなく、意味的な関係によって組織化されていると考えられる。マグカップから連想をしてみると「コーヒーカップ」、「ティーカップ」などが浮かぶだろう。これは同じカテゴリーに属する、つまり意味的な類似が存在するからである。また「コーヒー」というのもすぐに連想されるだろう。これはコーヒーをそこに入れるからであり、これは「入れるもの―入れられるもの」という機能的な関係の存在を示唆する。

この表象は、辞書の記述に比べれば途方もなく微細な、しかし本質的な情報を含んでいる。たとえばマグカップとは、ある辞書を引くと「筒型をした取っ手のついた大きめのカップ」とされる。ここには材質についての記述はない。だから材質はなんでもいいのかと言えば、そうではない。たとえばガラスでできたマグカップが出てくれば、へぇ変わっていると思うだろうし、取っ手のついた竹筒にコーヒーが入っていれば相当に驚くだろう。よって、これら概念の一部は簡単に言語化できるが、言語では簡単に記述しきれないようなものも含んでいる。

もう一つの表象は手続き的知識であり、行為、運動に関わる表象である。これは技能とも呼ばれる。歩いたり、自転車に乗ったり、字を書いたり、水泳をしたりなど、私たちはいろいろな運動を行う。こうした運動を支えるのも表象である。よくスポーツの世界では「体で覚えろ」などという言葉を耳にするが、体は記憶する組織を持たない。よってこれはウソである。

木藤亜也さんという若い女性をモデルにした「1リットルの涙」という映画、あるいはテレビドラマを見た人、そして涙を流した人は少なくないだろう。彼女は脊髄小脳変性症というきわめて珍しく、かつ治療法のない病気に罹患した。はじめはわけもなく転ぶとか、箸でうまくものがつかめないとか、書字ができなくなるなどの症状が出始め、徐々に歩行が困難になっていき、車椅子の生活を余儀なくされる。脊髄小脳変性症とはその名の通り、小脳などの組織が徐々に失われていく病気であるが、小脳は日常的な運動を支えると言われている。つまり、ここに保持されていた運動表象が組織の消失によって失われた結果、木藤さんをとてつもない困難に直面させたのだ。

運動表象、手続き的知識がエピソード記憶や意味記憶と大きく異なるのは、言語化の可能性である。手続き的知識はおそろしく言語化しにくい。私たちは何のことなく立ち上がったり、歩いたりすることができる。しかし、「立ち上がり方を忘れたので教えてくれ」という人が仮にいたら何と伝えるだろうか。以前私は講義で学生にこの質問をよくした。すると、たいがいはわからないと答えるのだが、一部の学生は「足に力を入れて踏ん張ります」などと答えてくれる。しかし、ある程度行儀よく座っている状態でどんなに足に力を込めても、どんなに踏ん張ってみても立ち上がることはできない。私たちが立ち上がるときは、足を少しひき、体を前のめりにして、お尻の部分にあった重心を前に移動し、前のめりに倒れそうな不安定な状態にした後に、足に力を入れて（筋を伸縮させて）立ち上がるのである。もちろんこれでも非常に大ざっぱな記述ではあるが、このレベルの行為ですら気づいている人はほとんどいないだろう。気づいていないので言語化もそもそもできないのである。

手続き的知識は言語と相性が悪いと言っても、発話は完全に運動である。口、舌、声帯が絶妙なタイミングとバランスを持って動くことで、発話がなされている。だから木藤さんは最後の段階では話すこともできなくなる。また、言語でも文法的なことがらについての私たちの理解の仕方は、エピソード記憶や概念とは大きく異なり、手続き的な表象とよく似た性質を持っている。「車が来た」と「車は来た」というのは外側から見れば同じ状況を示している。つまり車と発話者の距離がだんだん小さくなっている状況が両者で成立している。だからといってどちらを使ってもよいというわけではなく、その場で適切なものを迷わず選択している。ところが、どんな時が「は」でどんな時は「が」かと言われて、すぐに答えられる人はほとんどいないだろう。つまり、ちゃんと使えるのだが、どうやってそれを使っているかがよくわからないのである。これは立ち上がり方の説明における困難とよく似ている。そういう意味で、文法的なことがらの一部も手続き的に表象されている可能性がある。

外的表象

表象は私たちの頭の中だけに存在するわけではない。それどころか私たちは多様な表象に囲まれ、表象だらけの世界で生活していると言ってもよいくらいである。以下ではその中の代表的なものを取り上げてみる。

文字・文　文字は音を表象している。「は」という文字、あるいはその視覚的なパターンは、「ハ」

という音を表象している。この視覚的なパターンのどこを探しても、「ハ」という音が表されているわけではない。文化的な規約によって、「は」の視覚パターンと「ハ」という音の代理物として用いられているのである。だから子どもたちはこの規約を覚えなければならない。

文字が組み合わさった単語は二つの表象作用を持つ。まずそれはそもそも文字の組み合わせであるから、音（の組み合わせ）を表象している。「はと」という文字は「ハ・ト」という音を表象する。これに加えて、文字は意味や概念も表象している。「はと」という文字の組み合わせは、「鳩」の概念の代理物として用いられる。

ここでおもしろいのは、概念自体は現実世界のカテゴリーを表象しているということである。つまり、「はと」という文字は鳩の概念を表象することを通して、「鳩」の概念が表象している現実世界の「鳩」カテゴリーを表象するという二重の表象関係になっていることになる。

対称性

対称性とは、二つの対象、事象の間に双方向の結合があることを言う。もし「AならばB」という関係を学習したのならば、「BならばA」という関係も成り立つことを対称性と言う。ここで重要なことは、二つの対象の間に物理的な類似性が存在しないこと、および逆の関係（BならばA）は全く学習しなくても成り立つということである。

これは外国語の単語の学習を例に取るとわかりやすい。たとえば「本」はフランス語で“livre”であると学習する。すると“livre”が「本」であることは、教わらなくてもわかる。また、日本語の「本」という文字、あるいは音声は、フランス語の"livre"とは全く物理的な類似性を有していない。

こうした双方向の結合は、人間の日常生活の中によく存在しており、ごくごく自然なことではないかと考えたくなる。しかしながら、動物を用いた実験において対称性が確認されることはきわめて例外的で、訓練された特定のチンパンジーとアシカ以外では見られない。

人間では簡単に成り立つ対称性が、なぜ動物では成り立たないのだろうか。このことにはある種の驚きを伴う。なぜならばA↓Bという結合は、それがもし単なる物理的な結合であるのであれば、逆方向にも当然結合が生じるように思えるからである。AからBに道を通せば、BからAに別の道を通す必要はない。動物は「下等」であり、自然の摂理（物理）に従った方向性のない結合を作り出すように思える。

一方、「高等」である人間においては、こうした物理的な必然を超えて、AとBの間にはより複雑な関係を作り出すはずである。いわゆる条件文推論ではA↓BはB↓Aを含意しない。そうした推論は妥当性の保証のないものとされる。また「XはYである（たとえば「猫は哺乳類だ」）」という発話も、XからYへの関係と、YからXへの関係は異なっており、「YはXである（哺乳類は猫だ）」とは言えない。このように、人間は単なる結合ではない、方向つきの結合関係をも自在に操っているように思える。

ところが事態は逆であり、動物において形成されるのは方向つきの関係であり、人間においては少なからぬ関係が方向なしとなるという。もし話を論理的推論という場面に限れば、動物は論理的であり、人間は非論理的となる。そして人間は厳しい教育を受け、双方向結合を抑制し、動物が難なく達成している方向つき推論を後から身につける、という何とも奇妙な事態が私たちの前に現れる。


単語が特定の仕方で組み合わされた文も表象作用を持つ。文は状況を表象している。「鳩がいる」

という文は、発話者の前に鳩が存在しているという状況を表象している。もちろんここで登場している鳩は鳩の概念、またはそれが代理するところの現実の鳩ということになる。そういう意味で入れ子構造を持つ表象が生み出されているのである。

図・絵　図や絵などの文字以外の視覚パターンも表象作用を持つ。わかりやすいのは交通標識である。図2-2左は（説明の必要もないだろうが）「工事が行われている」という状況を具象的に表している。また、より抽象性の高い図2-2右のようなものもある。ここでは色も重要である。印刷上色は出せないが、左はもともと黄色であり、これは「注意」を表象している。一方、右は赤色であり、これは「禁止」や「危険」を表象している。他にも地図記号、アイコン、絵画作品など、さまざまな図や画像が別の何かの代理物として機能している。

これらの図的な表象も、文字と音の場合と同様に文化的慣習が強く作用するため、文化によって異なる意味を持つことがある。たとえば、日本では試験の答案に丸がついていれば喜ぶし、チェックマークがあればがっかりする。しかし、アメリカでは逆に、間違ったところに丸、できたところはチェックということもよくある。

また、文脈によって異なる意味を持つものもある。たとえば矢印は単純である

図 2-2　左は工事中、右は追い越しのための右側部分はみ出し通行禁止の標識

が（いや単純であるがゆえ）、文脈によってさまざまな意味を表象する。駅などの案内に描かれている時には、「その方向に進め」ということを意味することが多い。地図では、矢印の矢羽ではない側に文字、たとえば「郵便局」などと書かれてあれば、「郵便局はこの矢印の矢の先端の部分にある」こと、つまり特定の場所を表象している。矢印は学問領域ではまた別の意味を持つ。数学で文字の上に矢印（$\vec{a}$）があればベクトルであるし、論理学では含意（「ならば」）、化学では円の弧の先に矢羽をつけた巻矢印で電子の移動を示す。

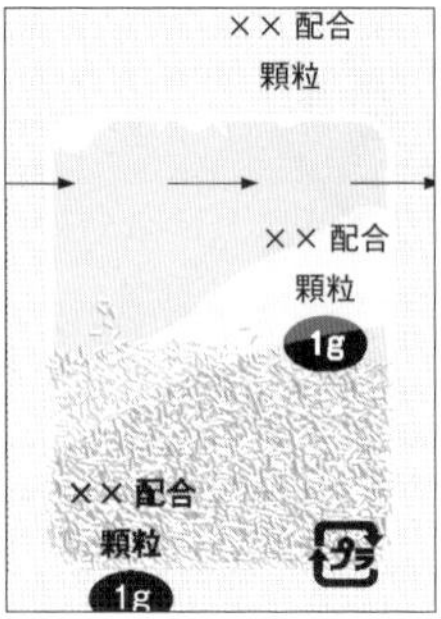

図 2-3　（私には）わからない矢印

矢印の指すほうから破るのか、矢印の方向に沿って破るのか。なぜか実際にはどちらからでもふつうの力で破れる。

矢印にはこういう多重の意味があるために、混乱することもある。お菓子とか薬が入っている袋の端に矢印が書いてあると（図2-3）、矢印の先から破れという意味なのか、この方向に沿って破れという意味なのかが（少なくとも私は）わからなくなる。

表情・身振り　人間の体はさまざまな意味を表象している。表情が心のさまざまな状態を表象していることは説明の必要もないだろう。口角が上がり目尻が下がれば、それはその人が喜んでいる、満足していることを表象している。眉間にしわがよっているのを見れば、その人が不満足、怒り、嫌悪の状態にあることを表象している。

表情フィードバック

一般的には、ある感情状態になると特定の表情、身振りが現れると思われている。つまり、感情状態が原因であり、その結果が表情、身振りという図式である。しかし、それは逆だという主張がある。これはジェームズ・ランゲ説と呼ばれている。この説では、人は悲しいから泣くのではなく、泣くから悲しいのだということになる。

こうした考えに着想を得た研究(6)もある。口を開けてボールペンを前歯でくわえるグループと唇でくわえるグループに、（あまりおもしろくない）漫画を読ませてそのおもしろさを評定させる。すると、前者の評価のほうが高くなる。前歯でくわえると大頬骨筋や笑筋を収縮させるので口角が上がり、「喜」の時の表情になる。一方、唇でくわえる際には、口角あたりにある口輪筋を収縮させ、文句を言う時のような口を突き出す表情を生み出す。このような筋の運動が感情状態を生み出し、その感情状態が漫画のおもしろさ評定に影響を与えてしまうのである。これは表情フィードバックと呼ばれている。

ちなみに、私もあまりやる気が起きない講義の時には、教室に入る前に口角を上げて笑みの表情を作ることにしている。個人的にはそうとう効果があるように思う。

また、身振りも多くのことを表象する。親指を上に向けて立てればそれは good を意味するし、下向きにすれば no good を意味する。つまり、そうした身振りを行った人がその事態に対して何を考えているかが、相手にわかるのである。身振りは非常に深刻な結果をもたらすこともある。図2-4は一九六八年のオリンピックにおける表彰式の光景である。メダリストのアメリカ人二人が黒い手袋をして手を突き上げている。これは当時のアメリカにおける人種差別への抗議を表象していた。オリンピックでは政治的活動が禁じられているため、この二人の選手はメダル剥奪の上、選手村を追われた。

図 2-4　メキシコオリンピックの表彰式でのジェスチャー（©AFP/EPU）

このジェスチャーによって、2 人はメダルを剥奪された上、選手村を追放された。

もちろん文化によって身振りが表象するものは異なる。昔インド人と話をしていた時に、しきりに首を横に微妙に振るので当惑したことがある。これはうなずきを表象する身振りということをしばらく後になって知った（インドと言ってもさまざまなので、インドの特定の地域だけかもしれない）。これもまた個人談だが、昔ドイツ人たちと日独科学セミナーという会議をしたことがあるが、はじめの発表が終わったとたん彼らは机をどんどんと叩き始めた。当時私は外国人との付き合いがなかったので震え上がった経験がある。この後、ドイツ人の参加者の一人が、「ドイツでは拍手の代わりに机を叩く習慣がある。これをやると他国の人はひどく驚くことは知っているが、ドイツ人同士で打ち合わせてわざとやった」と述べていた。皆さんもドイツ人には気をつけられたい。

形状・配置　ものの形状や配置も、表象作用を持つことがある。たとえば膝の高さぐらいのところに安定した適度な広さの平面があるとする。それに対して行うことができる身体行為は原理的にはかなりたくさんあるはずである（蹴る、つつく、なめる、匂いを嗅ぐ、ほおずりをする、などなど）。しかし私たちはそうしたさまざまな行為の可能性の中から、座ることを選択する。つまり、こうした形状は特定の行為の可能性を表象していると考えることができる。

製品のデザインではこうした表象が積極的に用いられる。ボタンは指から手のサイズの突起となっている。こういうものを見ると、人は自然に押すという行為を行う。つまり、突起という形状が押すという行為の可能性を表象しているのである。この表象関係は文化的なもののようにも思えるが、十分な文化的経験にさらされていないはずの赤ちゃんでも、ボタンは押したがる。わが家でも子どもがはいはいをし始めたころ、そこらじゅうのボタンをとにかく押すという行為に悩まされた。

図 2-5　開けにくい窓

突起部分を持ち上げて、右側のレバーを回すと開く。

逆に、ある行為をさせないために特定の形状をさせるということもある。図２-５はビルなどでよく見るものである。これと初対面の人がこの窓を開けられる可能性はとても低い。ふつうの人は真ん中あたりの突起物を押したり、これがねじ状になっているので回したりしているうちに諦める。正しくはこの突起物を引っ張りながら、右側の棒状のものを手前に引く。おそらくビルの設計者は、何らかの理由で窓をできるだけ開けてほしくないと思っており、そこで押す、回すという行為の可能性を表象するねじ状の突起物に、通常ならば行わない、引くという行為を行わないと開かないようにしたのだろう。

3　知識の表象のしかた

さまざまなタイプの表象は、ある経験から計算の結果作り出され、認知のシステムの中に知識として保存される。どのような形式で保存されるのだろうか。これは知識表現の問題と呼ばれる。また、保存された知識は、別の経験を処理する時に、ある種のプログラムのようにはたらく。どのようにして知識が利用されるのだろうか。ここでは、認知科学が取り上げた知識と、それを表現し利用する仕組み（アーキテクチャと呼ばれたりする）について考えてみる。

知識の有用性

知識についての探究を重ねてきた哲学の標準的な（現代的ではない）知識の条件、つまり「私はXを知っている」と言える条件は、Xが真であること、Xを信じていること、Xについての根拠があることの三つとされる。これについては二〇世紀に集中的な検討が行われて、各条件が妥当なのか否かについて、現在も議論の最中である。

ここでこれから論じる知識は、こうした議論の上にあるものではない。有用性という制限を加えた時に、知識がどのような条件を満たすべきかを考えてみたい。というのも、「うちのマウスには緑の線がある」は前述の条件から言えば確かに知識なのだが、こういう知識は論じても意味がない、つまり有用性がないように思えるからである。そこで、有用性を持つ知識とはどんな性質を帯びているのかについて考えてみたい。また、そうした性質を持つ知識を、認知科学はどのように扱ってきたのかについて、簡単な紹介をしてみようと思う。

さて、有用な知識は、いろいろな場面で使えるという性質、つまり一般性を持っているはずである。たとえば私たちはマグカップについてさまざまなことを知っている。取っ手があるとか、筒状であるとか、液体を貯えることができるとか、高温の液体を入れてしばらくすると取っ手以外の部分で持つのがつらくなるとか、落とすと割れる、などなどのことを知っている。これらはマグカップ一般にかなりの確率で当てはまる。そして、それによってさまざまなマグカップに対して適切な行動をとることができる。私たちはマグカップのような名詞的なものについての知識だけでなく、動詞的なものについても膨大な知識を持っている。「走る」ということならば、速いスピードで生き物が移動しているとか、両足が地面から離れる瞬間があるとか、腕は曲げられているとか、歩いては追いつかない、などなどである。この「走る」についての知識も、さまざまな場面で、走っているいろいろな人や生き物の理解、それに対する行為の予測に役立つ。

また、有用な知識は、応答性を持っているはずである。知識は特定の場面でそれが活用されねばならない。だとすると、知識はそれが活用されるべき場面の情報を含んでいなければならない。マグカップ知識がコーヒーを飲むときに起動されず、風呂に入っている時に起動するのであれば、それは何の役にも立たない、つまり有用ではないだろう。マグカップを手にした時、それが会話の話題になった時、そうした時にうまく起動することがだいじである。

関係性も知識が有用か否かにとって重要な性質である。前述したマグカップ知識も、カップ、取っ手、筒（状）、液体、割れるなど、他の多くの知識をうちに含んでいる。こうした他の知識との豊かな関係が、知識の有用性を保証している。他の知識と関係を持つことがもたらすものは非常に大きい。たとえばマグカップはカップであるということから、それは誰かが作ったものであり、野原に咲いていたりはしないとか、筒状であるということから、内部に空間があるので何かを保持できるとか、割れるものだということからそれは鉄や紙でできているわけではないなどの、さまざまな性質を予測することができる。

知識はさまざまな関係によって他の知識と結びついているが、特に大事なのは階層的な関係である。概念は、最上位の「もの」、「こと」などから、具体的な「チワワ」、「東京オリンピック」に至るまで、階層的な関係を築いている。こうした関係が存在することで、上位の概念に適用できる用語や性質はそれよりも下位の概念に必ず適用できるという便利な性質が生まれる（これを属性の継承という）。「チワワ」は「もの」の階層の下にあるので「重さを持つ」、生物の階層の下にあるので「呼吸をする」、哺乳類の階層の下にもあるので「卵から生まれるわけではない」などの性質があることが観察なしにわかる。

次項はやや技術的なことがらが多くなっているので、場合によってはスキップしてもらっても構わない。

知識を表現し利用するしくみ

以上で述べてきた性質を持つ知識をうまく表現、利用するために、認知科学ではさまざまな試みが行われてきた。ここではスキーマ、プロダクションシステム、ニューラルネットワークの三つを取り上げて少し説明をしてみる。

スキーマ　認知科学の初期に、スキーマという知識の表現方法がラメハートらによって考案された。スキーマは主に、さまざまなタイプの概念を表現するのに用いられる。

たとえば「太郎が金魚を買った」という文があったとする。すると、太郎が「買う」行為の主体であり、「買われた」対象は金魚だろうと考える。これは、買うというイベントの中で、金魚とか、太郎とかがどんな形で結びついているか、つまりその場面での役割を特定し、各々を関係づけることで整理したことになる。だから私たちは、「誰が金魚を買ったのか」、「太郎は何を買ったのか」という質問に答えることができる。さらに、私たちはその文から、「太郎がその金魚を所有している」、「太郎は支払いをした」、「太郎の所有するお金は減少した」、「店の金魚は減少した」など、文の中では明示されていないことがらを推論する。また、どこで買ったのかは示されていないが、おそらくそれは金魚屋だろうという推測も行う。

このような人の認知は、これらを可能にする構造を持った知識によって支えられていると考え、ラメハートたち(7)はスキーマという知識の存在とその表現方法についての理論を提案した。前述の例では「買う」スキーマが起動し、これが文の中の情報を、それぞれの役割とともに関係づけて表現している。また、こうした役割や関係性は、特定の場面だけで生じるのではなく、似たような場面に共通するものである。よって、「買い手」や「売り手」などの情報は、スキーマの中で変数として表現されている。これによって一般性が保証される。さらに前述の推論を可能にするために、行為の帰結に関わる情報も、一般化された形でスキーマ上に存在しているとされる。先の例で言えば、「買う」スキーマが、買う時の物品やお金の移動についての情報をそのうちに表現している。これによって、支払いが行われたとか、太郎がその金魚を現在所有しているなどの推論が行われる。スキーマ表現においてもう一つ重要なのは、デフォルトと呼ばれる情報である。通常ものを買う場合には金銭の移動があるが、カードで払う、小切手で払うなどの場合もある。こうしたいくつかの可能性の中から、その状況で自然に推定される情報をデフォルト（特に述べない限り「現金」）として表現している。なお、類似した知識表現方法にフレーム、スクリプトなどがある。

「買う」スキーマは動詞タイプのスキーマだが、むろん名詞タイプのものもある。先の文の中の「金魚」も「金魚」スキーマによりさまざまな組織化された情報が付け加えられ、豊かな推論を生み出すことが可能になる。特に名詞タイプのスキーマにとっては階層的な関係が重要な意味がある。「金魚」スキーマはより抽象的なスキーマと階層的な関係を持つ。「魚」スキーマとの関係から水中で生活するとか、ヒレやエラがあるという魚類一般が持つ特徴を受け継ぐし、生物なのだから呼吸をするとか、代謝をするとかいった特徴も受け継ぐ。

こうしたスキーマ表現は、有用な知識を記述するために重要である。しかし、関係を表す用語や変数を表す用語が無制限に使われれば、それらのためのスキーマをまた作り出さねばならなくなり、いたちごっことなる。そこでこれらの用語をいくつかに絞り込み、限定したほうがよいという考え方が出てくる。シャンクという認知科学のパイオニアの一人は、概念依存理論という表現方法を提案した。現在はオントロジーという分野が人工知能研究の中に確立され、これをより精密にかつ体系的に展開してきている。残念ながら認知科学とオントロジーの間の交流は現時点まではほとんどないと言ってよい。

プロダクションシステム　スキーマは、概念や意味を表現するのに適したものである。しかし、問題を解くような場合にはあまりうまく機能しない。このような場面では、人は手順に従った行為を行っている。つまり、ある状況とそこで行う行為が結びついた、応答性を持つ知識を使っていると考えられる。こうした知識の表現を手続き表現と呼ぶ。

この表現方法を直接的に取り入れたのが、プロダクションシステムである（図2-6）。これは、認知科学、人工知能両分野のパイオニアであるニューウェルとサイモン[8]によって提案された、知識の表現と利用のための基本枠組み（アーキテクチャ）である。この枠組みでは、知識はプロダクションルールというif-then形式で表現される。if部分ではそれが発動されるための条件が書かれており、then部分ではその時に行う行為（頭の中の操作も含めて）が書かれている。外からの情報や処理の途中に生み出される情報は、ワーキングメモリという一時的な情報の保存場所に置かれる。ここの情報とマッチするif部分を持ったプロダクションルールが、ワーキングメモリの内容を書き換える。すると、ワーキングメモリ内の新しい内容に合致したif部分を持つプロダクションルールが発動される。これを繰り返していくことで課題を達成する。一定程度以上複雑な課題を行う場合、ワーキングメモリの内容に合致するプロダクションルールは複数出てくる。この場合は競合解消というメカニズムがはたらき、特定のプロダクションを一つ実

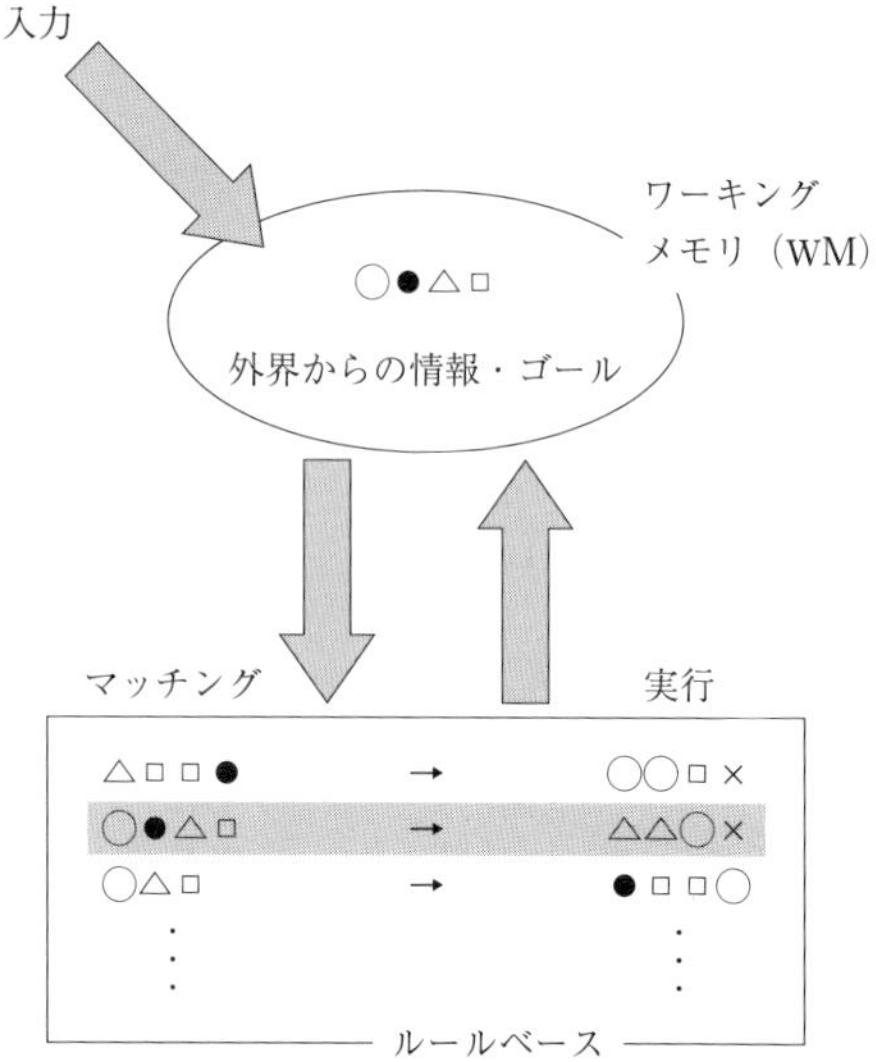

図 2-6　プロダクションシステムの構造

ワーキングメモリに外界からの情報やゴールが与えられる。この内容と一致する条件説を持ったルールが検索され、その行為部分が実行される。

行する。

この方法は非常に単純に見えるが、一九八〇年代に展開したエキスパートシステムの基盤として活用された。エキスパートシステムとは医療、法律などの分野のエキスパート（つまり医師や法律家）の代わりをする人工知能システムである。感染症の診断、プロセス制御などに使われるシステムが実際に開発された。しかし、エキスパートの持つ知識をどうやって取り出すか、取り出した知識間の整合性をどう確保するか、ある領域の問題を解くためのプロダクションシステムが類似した他の領域へ容易に拡張できない、などの問題を抱えていることも明らかになった。

一方、人間の認知システムの持つさまざまな特徴が、プロダクションシステムをベースにして理解できることを示すＡＣＴ‐Ｒというアーキテクチャがアンダーソンによって提案され、発展を続けている。この取り組みは人間の視覚、聴覚レベルのデータから、記憶、学習、問題解決に関わるさまざまな現象を統一的に予測、説明しようとするものである。近年は行動データだけでなく、神経科学的データも扱うことができるよう拡張されている。

ニューラルネットワーク　これまでの二つの知識表現方法では、概念が一つの記号的な実体として表現されていた。またその間には、記号で表現できるような関係があったりした。しかし、脳を見てみると、そこにあるのはニューロンとグリア細胞だけである。ニューロンは基本的に電気的に活性し、シナプスにおいて他のニューロンと化学的なやり取りを行い、その活性を伝えているだけである。どこにもマグカップの概念とか、「移動」などという意味のある実体は存在しないし、そうした記号を置き換えるルールらしきものも見当たらない。にもかかわらず、このニューロンの物理的な反応によって、私たちはマグカップや友人の顔を認識したりする。だとすれば、マグカップや友人の顔はさまざまなニューロンに分散されて、その活性のパターンとして表現されていると考えたほうがよいという見方も出てくる。

このようにして現れたのが、ラメハートやマックレランドらのグループの提唱するニューラルネットワークの知識表現である。これはさまざまな呼ばれ方をして、並列分散処理（PDP）とか、コネクショニズムなどと呼ばれている。この試みは一九五〇年代からあったが、八〇年代初頭にマックレランドら[9]が拡張と洗練を加えたことによって爆発的に普及し、認知科学における標準的な知識表現方法の一つとなった。

さまざまなタイプのニューラルネットワークがあるが、ここではフィードフォワード型のものを取り上げて説明しようと思う（図2-7）。基本的には、入力を受け付ける多数のノード（ニューロンに相当する）からなる層がある。これらは入力値を非線形の関数で加工して、活性値として次の層＝中間層に渡す。このあいだの結合はリンクと呼ばれ、つながったノード間の関連性の強さを表す重みが割り当てられている。中間層にも多数のノードが存在し、中間層のノードは入力層から受け取った重み付きの活性値をまとめ（通常は足し算）、出力層に渡す。出力層はこれらの活性値をまとめて、出力情報の表現を行う。やり取りされるのは数値で表された活性値のみである。

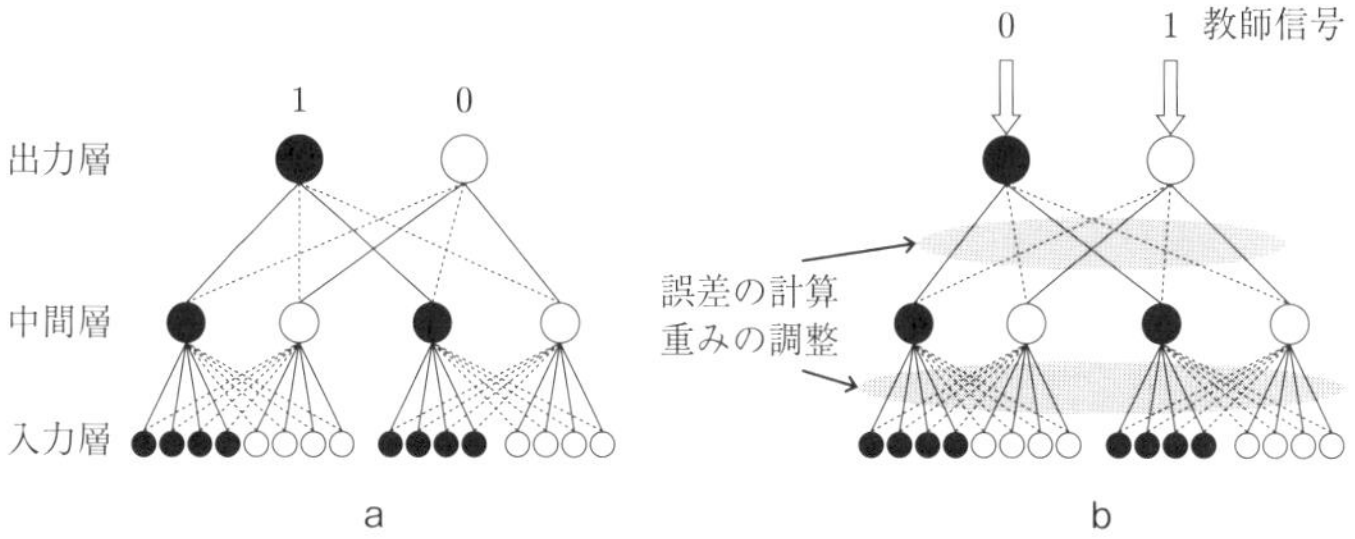

図 2-7　三層のフィードフォワード型ネットワーク

a は入力が与えられ、出力が出るまでを表し、b は教師信号に基づいて重みの調整が行われる場面を表す。実線は興奮性、点線は抑制性のリンクを表す。

ポイントとなるのは、各々の層のノードをつなぐリンクの重みである。はじめはもちろん何もわからないので、すべての重みがでたらめに設定される。よってネットワークは正しい出力をすることはできない。しかし、出力が行われるたびに正解（教師信号）を出力層に渡し、誤差を計算する。この誤差に基づいて、ノード間の重みの調整をあるアルゴリズムによって行う。こうしたことを繰り返すと、このネットワークは相当な精度で正解を出すようになる。

こんな簡単なもので何ができるのかと思うかもしれないが、パターンの認識に関しては非常に多くのことが実行可能である。たとえば3という数字は人によっていろいろな書き方がある。印刷された3のようにきれいに3を書く人もいるだろうが、途中がループしているような3とか、上の部分のほうが大きい3とか、丸文字のかわいらしい3とか、液晶時計の表示のような釘文字的な3とか、さまざまな3がある。私たちはこういうものをすべて3と見なせるが、同様のことを前述したようなネットワークは簡単に行うことができる。一方、これをプロダクションルールやスキーマで表すことはとてつもなく面倒である。

このアプローチが知識表現の問題にもたらしたものは多数ある。まず、知識は言語的な記号のようなものを持たずに、分散されたパターンとして表現されるということである。もう一つは単純な活性（数値）のやり取りを行うネットワークが、知識の獲得、保持、利用の三つを同時にこなせることを明らかにしたことが挙げられる。また、データが欠損していても（一部が見えない3とか）、正しく認識できる可能性が高い。さらに、一般化の能力も持っており、学習する時には使わなかったデータを提供しても（今までにネットワークに与えられてこなかったものでも）、かなりの確率で正しく認識できる。

ニューラルネットワークにはさまざまなパターンがあるが、近年ディープ・ニューラルネットワーク（深層学習とか、ディープ・ラーニングなどとも言われる）という、ネットワークを多層（六層以上）にしたものが話題になっている。これらは人工知能の各種のコンテストで圧倒的な成績をおさめている。また手書き文字の認識は人間を超えたという報告もある。

4　認知プロセスにおける表象の役割

さて、表象と計算について長々と述べてきた。一部の読者はイライラしているかもしれない。「表象なんていうのは、デカルト由来の古くさい破綻した考え方であり、哲学の中でここ五〇年（いや一〇〇年？）徹底的に批判されてきたではないか」というのが代表的な理由だろう。また認知科学の内部においても、生態心理学、身体性認知科学、状況論などの立場から、表象と計算をベースにした考え方に対して強い批判がなされている。

はじめに述べたように、この本では表象という概念を、世界の中の何かに対する心的な代理物という意味で用いている。物理的な刺激は、脳というシステム、あるいはそれを抽象化した情報処理システムに入力される。入力の前にある物理世界というシステムと、それが入力される脳や情報処理のシステムは異なるのだから、前者の情報は何らかの別の形に変換される。この変換されたものは、物理世界の代理物、つまり表象となる。初期の表象は単なる物理量の相関物に過ぎないが、何重もの計算の過程を経ることで人間的な意味を持つ表象へと変換されていく。

この意味での表象と計算という考え方を捨て去ることはできない。それは、この代理物の存在を認めないとうまく説明できない現象があるからである。その一方、先の批判には適切な部分が含まれているのも事実である。これらの検討を通して表象の必要性を述べるとともに、新しい表象像を探る糸口を見つけてみたい。

錯　視

表象という考え方に反対する一つの立場に、私たちは世界のあるがままをそのまま認識しており、世界の代理物＝表象を認識しているわけではないというものがある。そこにマグカップがあるからマ

図 2-8　ミューラー＝リアーの錯視

二つの矢印の中心にある水平線は物理的には同じであるが、心理的には同じにならない。

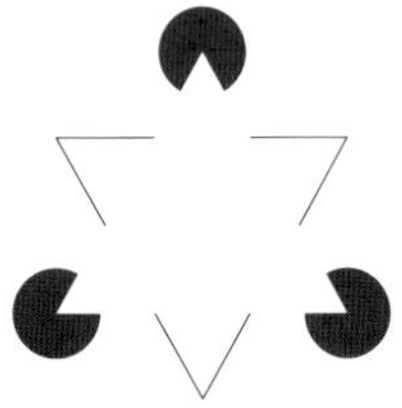

図 2-9　カニッツァの三角形

真ん中に白い正三角形が浮き出て見える。

グカップを認識するのであって、マグカップの表象を作ってから認識が行われるわけではないという立場である。

　こういう立場がまずいのは、錯覚と呼ばれる現象をうまく説明できないことだろう。図2-8に示したのは、ミューラー＝リアーの錯視としてとても有名なものである。上と下の水平線は同じ長さなのだが、どうしても下のほうが長く見えてしまう。物理的には同じもの、網膜上では同じものが違うように見える時には何が起きているのだろうか。これは脳という情報処理システムが何かのいたずらをして、長さの異なる代理物を作ったのだとしか言いようがないのではないだろうか。

　このように述べると、これは直線上の構造物がたくさんある文化的環境において育った人間が、奥行きを考える際に有効な情報をここでも使ったのであり、この見えは適応的である、と反論されることがある。もちろんここで議論したいのはこれが適切なのかとか、適応的かどうかということではないので、この反論は意味がない。さらに、この反論、つまり育った環境によって世界が変わって見えてくるということ自体が、表象と計算という考え方の有力な証拠となるのではないだろうか（だって自分が受けた教育によって、世界自体が変わることはないでしょう）。

もう一つは、世界に実在しないものが見えるという錯視もある。図２-９は先のミューラー＝リアーの錯視同様きわめて有名な、カニッツァの三角形である。角度を表す記号のようなものとパックマン状のもの、各々三つが特定の形で配列されている。だがそういうふうに見える人はいない。真ん中に白い正三角形が見えるはずである。しかしこの三角形を構成しているはずの三つの直線は全く存在しない。存在していないものがあるかのように見える、これも頭の中で何かのいたずらが起き、現実とは異なる、私たちの心の中にだけ存在するもの、すなわち表象が作られたということの証拠になるだろう。

もう一つだけ錯視の例を挙げてみよう。現実世界においては人間も含めて物体はアイデンティティ（自己同一性）を持っている。私の目の前のマグカップはそのマグカップであり他のマグカップではないし、あなたが今読んでいるこの本はあなたが買った（借りた）その本であり他の本ではない。

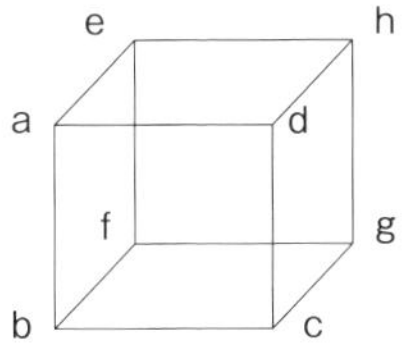

図 2-10　ネッカーの立方体

一つの物理的な図の中に二つの立方体が交互に現れる。

ところが、人の認識世界においてはこうしたアイデンティティが成立しないこともある。図２-10に示したのは、これまたきわめて有名なものでネッカーの立方体と呼ばれるものである。これをじっと見ていると、はじめは（おそらく）面ａｂｃｄが前方にある立方体が見えるだろう。しかしさらにじっと見ていると面ｅｆｇｈが前面にある別の立方体が見えてくる。さらにしばらく見ていると、また元の立方体が見えてくる。印刷物として、つまりインクのシミの集合として紙の上に固定されているのであるから、途中で入れ替わっているわけではない。しかし私たちの前には同一の物理的情報が二つのアイデンティティを持つように見えてしまうのである。

同じものが異なって見える、ないはずのものが見える、一つの物体が二つのアイデンティティを持つ、こういうことは現実には生じ得ないことである。現実をいくら計測してもそういうことはない。だとしたら、これは計算の結果、現実とは異なるその代理物、つまり表象ができ上がったと考えるのが自然だろう。

モデルづくりとしての文章理解

表象と計算の必要性は知覚以外でも、というよりは知覚よりも高次の認知過程においてより明白である。ここでは文章理解を例に、この説明を行う。

以下の文を読んでできるだけ正確に記憶してもらいたい。

手順は全く簡単である。まずものをいくつかの山にまとめる。もちろん、量によっては一山でもよい。設備がその場にない場合は、次の段階としてどこか適当な場所に行くことになるが、そうでない場合は準備完了である。やりすぎないことが重要である。つまり、一度にあまり多くの量をこなすくらいなら、少なすぎる量をこなすほうがよいということである。短期的には、これは重要なことでもないように見えるかもしれないが、やっかいなことはすぐに起こる。これをミスると高くつくこともある。最初は手順全体が複雑なものに見えるだろう。しかし、すぐにそれは単なる生活の一側面にすぎなくなってしまうだろう。近い将来この仕事が必要でなくなるという見通しを立てることは難しい。誰にもわからないことである。手順が完了すると、またものをいくつかの山にまとめ上げ、それらを適切な場所に入れる。やがてそれらはもう一度使われ、このサイクル全体を繰り返さなければならなくなる。しかしこれは生活の一部なのである。[10]

どうだろうか、あまり覚えられないと思う。全体は一五の文からなっているが、かなりラフに採点しても通常は四～七文程度しか思い出すことはできない。これはこの文章が何を言っているのかわからないからだろう。

ところが単語を一つ足すだけでこの文章はがらりと様相を変える。その単語とは「洗濯」である。これが文の最初にタイトルのような形で与えられる。すると思い出せる文の数は飛躍的に多くなる。この理由は、この話は洗濯の話だと思って読めば、すべての文が意味あるものとして理解できるからである。

さて、ここで意味がわかるとか、理解するという言葉を用いたが、それはどういうことなのだろうか。私の中高時代、英語の先生は「単語の意味と文法がわかれば英文は必ずわかる（よって、この二つを勉強せよ）」とよく言っていた。例に挙げたのは日本語であるが、同じことが適用できるのだろうか。難しい単語はあっただろうか、また文法的にわからないことがあっただろうか。この本の読者にそう感じる人はいないはずである。単語も文法も完全に理解可能であるが、やはり文章全体として理解することはできない。つまり文の理解は単語と文法だけでは説明できないのだ。

人工知能第一世代の失敗

実は、文章の理解が単語と文法だけではすまないことは、一九六〇年代の人工知能第一世代により実証済みである。計算機が徐々に普及し始め（といっても大きな大学や研究機関にやっと一台導入というレベルだが）、計算機のパワーを数値計算以外のところに使おうという試みが徐々に広まっていった。

その中の一つで、かつ有望視されたものに機械翻訳がある。基本的に外国語の辞書というのはすでに存在していて、英語の“I”がフランス語の“je”に対応することはわかっている。よって英文中の“I”を“Je”に置き換えればよいことになる。言語によって語順が異なることもある。英語では目的語は動詞の後に来るが、フランス語では目的語が代名詞の時には動詞の前に来る。よって、たとえば“I eat it”という英文は、“Je le mange”となる。こういう規則も明確な形で定式化されている。よって、その言語の文法にそった形に訳語を並べればよいということになる。

ところが、このようなアプローチではまったく翻訳がうまくいかないことが明らかになった。つまり、言語を理解するというのは文法による単語（記号）の操作ではないことが明らかになったのである。

私は言語理解、機械による翻訳については全く素人だが、最近になっておもしろい話を聞いた。知識表現、推論研究の大家であるレベック[11]が提案した問題を用いた、「ウィノグラード・スキーマ・チャレンジ」にまつわる話である。これはコンピュータプログラムが文に正しく答えることができるかどうかで、それが人間並みの知能を持つのか否かを判断しようというものである。さぞや難しい文が出るのかと思うだろうが、使われるのはたとえば以下のようなもので、正解を0か1のどちらかから選ぶというものである。これは日本人でも答えがすぐにわかるくらい簡単である。

The trophy would not fit in the brown suitcase because it was too big. What was too big?

・Answer 0: the trophy
・Answer 1: the suitcase
これに正しい答えを返すプログラムを書くことは難しくはないかもしれない。でも最後が"big"ではなく、"small"の時にも同じプログラムは正しい答えを返せるだろうか。人間にとってはごくごく簡単なテストが提案されるということは、これまでに開発された自然言語処理プログラムや推論プログラムではこの問題の解決が困難であることを示している。

それでは何が必要なのだろうか。このことを考える時に、理解の二つの次元を区別する必要がある。一つは内包的な次元の理解と呼んでいいもので、単語の意味や文の中での役割についての理解である。これは、前述の英語の先生が言ったところのものと考えられる。この本の読者はこの次元の理解は完全だと思う。

しかし、理解にはもう一つの次元が必要なのだ。それは外延的な次元の理解と呼べるものである。前に述べたが、文というものはある状況を表象しており、文の中で用いられる名詞は、その状況の中の特定の事物を表象している。読み手はこの表象関係を理解しなければならない。つまり、この文中の単語が特定の状況の中で何を指し示しているか、そして文全体としてはどのような状況を表象しているのかを理解するということである。言い方を換えれば、文が表象する状況と同じ状況を頭の中に表象するということである。そして、この二つの表象が一致した時に、理解が成立するのである。ちなみに、文章理解研究において、以上で述べてきた状況の表象は状況モデルと呼ばれることが多い。

先の洗濯に関する例文は、わざとこの外延的な次元の理解が難しくなるように作られている。「手順」、「もの」、「設備」などは、内包的な次元では全く問題なく理解できているが、外延的な次元、つまりそれが何を具体的に指し示すのかがわからない。だから結果として文章が表象する状況と等価な表象が頭の中に形成されない。よって理解できず、覚えることもできないということになる。

このように、文章の理解は表象づくりを抜きにして考えることはできない。書いてあることがあるだけだという立場では、先の例文の難しさ、簡単さを説明することは不可能だろう。

表象に対する新しい見方に向けて

表象主義というものが、認知科学の内部からも外部からも批判されていることはこの節の最初に書いた。この中には、表象は存在しないという主張を行う人たちもいる。しかし、錯視の例、文章理解の例からもこうした批判が成立する可能性は低い。また、イメージ、記憶、学習、推論など、さまざまな知的活動が表象抜きに説明できる可能性は限りなくゼロに近い。確かに、明らかに表象を持たない生き物が知的な振る舞いをすることが報告されたりもするが、このことだけを根拠に知性に表象は不要であるというのは論理的飛躍である。なぜならそうした例は単に、知性的なものを表象抜きに実現する方法もあることを意味しているだけだからである。また、私たちが豊かな内面生活を営んでいることは自明のことであり、これを否定するような言説は、言葉の遊戯に過ぎないだろう。

一方で、反表象主義の主張の中には重要なものが含まれている。一つは、知的行為の実行における、外の世界との絶えざる相互作用の必要性である。これまでの研究においてはっきりと述べられているわけではないが、一度情報が入ったら、そこからは外の参照なしに一挙に表象ができ上がる、というような仮定が入り込んでいる研究は少なくない。古いコンピュータや一部の家電機器のように、バッチ処理のような形で人間が表象を形成しているという考え方は、再検討の必要がある（なお、バッチ処理という言葉の代わりにオフライン処理ということもある。これは外の世界と断絶した、断線した状態という意味で用いられる）。

もう一つの重要な主張は、計算の結果でき上がる表象の性質についてである。知覚表象はきわめて堅固なものであり、外界をおおむね正しく写し取り、その情報が存在する限り安定していると考えられてきた。また、記憶表象はもう少し歪みや欠落の程度が大きいが、それでも安定して心の中に存在し、いつでもそれを呼び出せるという常識もあるだろう。これはあたかもコンピュータにおいて、磁気のパターンとして情報が保存され、呼び出されるようなイメージである。おそらく反表象主義を標榜する人たちは、こうした表象の不在を言っているのであると思われる。このような考えは、近年の認知科学の研究から見ても重要な部分を含んでいる。よってこの意味においても、表象の性質についての再検討が必要だろう。

次の章以降では、主に記憶の研究を取り上げ、表象の性質についてのより詳細な検討を行っていこうと思う。

ブックガイド

哲学上、特に近年の科学哲学での知識についての議論は、

戸田山和久『知識の哲学』産業図書、二〇〇二年

に詳しい。また哲学者とはこういうふうにものを考える人たちなのかがわかるという点でもおもしろい。

第2節で述べた外的表象に関しては、

喜多壮太郎『ジェスチャー――考えるからだ』金子書房、二〇〇二年

ドナルド・A・ノーマン『誰のためのデザイン?――認知科学者のデザイン原論（増補・改訂版）』岡本明ほか（訳）新曜社、二〇一五年

がある。タイトルから自明だが、前者はジェスチャーへの認知科学的アプローチであり、ジェスチャーが発話の単なる補足では全くないことを明確に示している。後者の著者のノーマンは認知科学のパイオニアの一人であり、この他にも何冊もの著書があり、その多くが翻訳されている。ただ最初はここから読むとよいと思う。

第3節で取り上げた知識の表現方法については、

安西祐一郎『認識と学習』岩波書店、二〇〇二年

スチュアート・ラッセル、ピーター・ノービッグ『エージェントアプローチ人工知能 第2版』古川康一（訳）共立出版、二〇〇八年

麻生英樹『ニューラルネットワーク情報処理――コネクショニズム入門、あるいは柔らかな記号に向けて』産業図書、一九八八年

守一雄、都築誉史、楠見孝（編著）『コネクショニストモデルと心理学――脳のシミュレーションによる心の理解』北大路書房、二〇〇一年

前二者は人工知能におけるさまざまな知識表現と処理が総合的に取り上げられている。後二者はタイトルからわかるようにニューラルネットワークの入門書である。

表象の必要性についての議論では知覚、錯覚を取り上げているが、この分野の概要を知るには

横澤一彦『視覚科学』勁草書房、二〇一〇年

一川誠『錯覚学――知覚の謎を解く』集英社、二〇一二年

を勧める。新しい展開を示すものとしては、

『シリーズ統合的認知』（続刊）勁草書房、二〇一五年〜

が刊行されている。錯視（覚）については、

北岡明佳『錯視入門』朝倉書店、二〇一〇年

がよい。またNTTコミュニケーション科学基礎研究所の「イリュージョンフォーラム」では、さまざまな錯覚をWeb上で体験できる。

コラムで取り上げた盲視については

メルヴィン・グッデイル、デイヴィッド・ミルナー『もうひとつの視覚――〈見えない視覚〉はどのように発見されたか』鈴木光太郎、工藤信雄（訳）新曜社、二〇〇八年

に詳しい記述がある。とてもおもしろい。こういうふうに研究をしたいし、こういうふうに書きたいと思ってしまう。

表象の意義、役割については、

鈴木貴之『ぼくらが原子の集まりなら、なぜ痛みや悲しみを感じるのだろう――意識のハード・プロブレムに挑む』勁草書房、二〇一五年

が、意識との関わりから緻密に論じている。また、

野矢茂樹『心という難問——空間・身体・意味』講談社、二〇一六年

は本書とは反対の立場＝素朴実在論からではあるが、表象、錯覚について丁寧な議論を行っている。

第3章　記憶のベーシックス

記憶は、私たちの生活を支える基盤である。読者の皆さんがこうやって本を読めるのは、文字の記憶、文法の記憶、言葉の意味の記憶（概念）のおかげである。また、この本を読むことで新たな記憶が形成されるだろう。あるいは、自分の似たような経験を思い出したかもしれない（これは自伝的記憶という）。さらに一部の人は、この本に刺激されて「今度図書館に行ったら認知科学の本を探そう」などと考えるかもしれないが、これも記憶である（展望記憶という）。このように私たちの日常は、記憶というタイプの表象によって支えられていると言ってもよい。

さて、記憶というと学校での（つらい？）勉強のことを思い出す人も多いだろう。「あれ覚えられなかったなぁ」とか、「あいつ何でも記憶できちゃうんだよ」とか、そういう経験である。こうした考え方の背後には、日常語で言うところの記憶力というものが存在している。そして多くの人にとって記憶というのは、頭の中の箱であり、人によって大きかったり、小さかったりするというイメージがあるのではないだろうか。コンピュータにたとえれば、一ギガバイトのメモリがある人と五ギガバイトもある人のようなイメージである。

本章では、人間の記憶を扱った研究を通してこうしたイメージを覆してみたい。そして、記憶は箱ではなく、つながりであるという主張をしたい。また、これを通して、記憶はハードディスクのようなものだという単純なコンピュータメタファーは成立しないことも強調してみたい。

1 記憶の流れ

記憶は、覚える段階、保持する段階、思い出す段階の三つからなる。これらはもともとは記銘、保持、想起と呼ばれていた。認知科学、認知心理学ではこれらに各々符号化（エンコード）、貯蔵、検索という用語を当てる。こういう用語を用いるのはまさにコンピュータメタファーである。コンピュータでは、コンピュータの外側にあるもの（人間の頭の中とか、印刷され物理的に存在する文字など）をコンピュータの形式にそった形で符号化（コード化）することで入力が行われる。そしてそれは記憶装置に「貯蔵」され、必要な時に「検索」される。これらの用語を使うということは、人間の記憶がコンピュータの記憶と類似しているというイメージを作り出すことにつながっている。

記憶を研究するためには、記憶させたものを何らかの形で思い出させなければならない。そのため、想起、検索の方法がいくつか考案されてきた。まず、自由再生というものがある。これは覚えさせた後に、「さあ今覚えたことを思い出してください」というように、自由に思い出させる方法である。これに何らかの手がかりを与えて思い出させる場合もある。これを手がかり再生という。これの特殊な場合を、対《つい》連合学習という。二つの項目をペアで呈示して覚えてもらう。そして、検索の段階ではこのうちの片方を手掛かりとして呈示して、もう一方を言わせる。もう一つの想起の検査方法は、再認である。ここではまず記憶項目を呈示する。検査時点では、前に呈示した項目に加えて、呈示しなかった新しい項目も含める。そして参加者にそれらを見せ、前に覚えたものであるか否かをYES／NOで答えさせるものである。むろん検査時には覚えさせていないものも含める。言うまでもないが、自由再生のほうが手がかり再生よりも、手がかり再生のほうが再認よりも難しい。人間の再認能力はかなり高い。再認が再生よりも容易であることについてはいろいろな説があるが、後で述べる符号化特定性による説明がわかりやすい。

2　記憶と意図

記憶というと学校での勉強を思い出し、がんばって覚えてがんばって思い出すというイメージがあると思う。つまり意図的に覚えて意図的に思い出すということである。確かにそういう記憶もあるが、そうでない記憶もある。

まず、記銘、符号化段階での意図の介在の有無により、意図的学習と偶発学習が区別できる。むろん意図的学習は覚えようとして、あるいは覚えることを求められて覚えるタイプの記憶を指す。一方、偶発学習は意図なしに覚えてしまうことを指す。

このように言うと偶発学習はオカルトのように聞こえるかもしれないが、日常を振り返ればほとんどがこのタイプの学習であることに気づく。たとえば友人の顔や声は一度、あるいは数度で覚えてしまう。では私たちは友人の顔や声を覚えようと、「こいつは眉が太くて鼻がまるっこいな」、「低くて響く声だな」などと特徴を分析して努力して記憶したことがあるだろうか。そういうことをしたことがある人はほぼいないだろう。子どもの言葉の獲得もそうである。子どもは一歳半くらいから毎日一〇語程度の単語を覚えていくと言われている。確かに子どもは一時期「これ何」を連発し、親を閉口させることがある。しかし、どんな親でも幼児から「これ何」を毎日一〇回ずつ、数年間言われ続けるという経験はない。また子どもは受験勉強中の生徒たちとは異なり、復唱したり、語呂合わせをしたり、ノートに書いたり（?）、といった努力をしながら覚えているようには到底思えない。こうしたことからすれば、子どもの言葉も大半は偶発学習の結果と言えるだろう。

偶発学習はこのように日常的なのだが、研究者たちは必ずしも日常性が高いという理由でこの方法を用いているわけではない。通常は記憶の実験では単語のリストが与えられて、それを記銘、符号化させることが多い。この時、後で再生するということがわかっていると、人は意図的記憶のモードで処理を行う。意図的記憶においては、人はさまざまな努力をする（後で述べる精緻化を行う）。この努力は人それぞれで、その効果の程度もそれぞれ異なる。そうすると個人差が大きくなってしまい、きちんと測定したいことがらの検知が難しくなる。そこでそうした努力をさせないように、単語のリストは与えるが、その単語の心地よさを七段階で評定しなさいとか、「ん」が含まれているものに丸をつけなさい、などの副次的な課題を課し、記憶課題ではないように見せて実験を行う。この場合は覚えるためのさまざまな努力を行わないので、そこでの個人差が入り込まなくなり、目的とすることがらの効果が検知しやすくなる（ただし、実験参加者の不信を招く）。

もう一つの区分は想起、検索場面における意図の有無に基づいている。意図的に思い出そうとするのは、顕在記憶と呼ばれる。「あの人の名前何だったたっけ」とか、「スペインの南にあるアフリカの国何だったたっけ」などとがんばって意図的に思い出そうとするものである。思い出そうとせずに思い出すのは、一般には潜在記憶と呼ばれる。最も典型的なのは、意図せず思い出し、思い出したという意識も伴わない潜在記憶である。これについては後で詳しく解説するので、ここでは直感的にわかる例のみを呈示する。たとえば読者の皆さんは今この本を読んでいる。この時にはこの章の最初に述べたように文字の記憶、文法の記憶、言葉の意味の記憶が想起され、活用されている。しかし、これらを思い出しているという意識は存在しないだろう。むろんここで「就中興味を惹かれるのは……」などというのが出てくると、多くの人では「就中って何だっけ」と一挙に顕在記憶システムが入り込んでくる。また、記憶研究者は潜在記憶の例としては取り上げないが、手続き的な記憶もそうである。私たちは自動車学校でギアチェンジの時にはクラッチを切ることを教わり、はじめは「ギアチェンジするんだからクラッチ、クラッチ」などと顕在記憶のレベルで想起を行っているが、慣れてしまえばそんなふうに思い出すことはない。

ふと思い出す記憶

本文で例に挙げたのは、思い出そうという意識的な努力も、思い出した（頭に浮かんだ）ことがらが過去の特定の経験だという意識も伴わない潜在記憶である。潜在記憶の研究はこの種のものがほとんどである。ただ、思い出そうと意図したわけではないが、それが特定の過去のことがらだという明確な意識を伴う記憶もある。このようなことを言う時には、よくプルーストの『失われた時を求めて』のプティット・マドレーヌの話が出てくる。主人公がこのお菓子を紅茶につけて口にした瞬間、過去のさまざまな記憶がよみがえってくるというあの話である。主人公はここでは過去を思い出そうとはしていないが、思い出したことは意識の上にしっかりとのぼっている。このプルーストの小説の中の想起のようなことは日常茶飯事だろう。なぜか知らないが過去のいやな経験がしょっちゅう思い出されてしまうとか、昼食後にぼうっとしていたら突然友人の顔が思い浮かんだなどである。

想起の意図はないという意味でこれを潜在記憶と言うかというと、ふつうは言わない。つまり、想起の意図がないことだけではなく、頭に浮かんだことがらが過去の何かを参照しているという意識がないということも、潜在記憶の要件となっている。

これまでの説明は、情報処理的なアプローチが始まる前から行われてきたことがらについてである。記憶についての情報処理的アプローチが進むと、私たちの中にはいくつかの異なる貯蔵庫があることがわかってきた。概略は図3-1に示した通りである。以下、この図にしたがって各貯蔵庫についての解説を行う。

3　一瞬だけの記憶——感覚記憶

首を非常に素早く回して元に戻してみる。すると回した先の情景の画像が知覚レベルで得られる、つまり視覚表象ができる。首を元に戻す過程でこの画像を生み出すもととなった情景は視界から消えるが、なんとなく残像のような形で頭の中に残り、間もなく消える。

この残像のようなものが残っている場所が感覚記憶と呼ばれる貯蔵庫である。外界から得られた情報はまず非常に短い時間、感覚記憶と呼ばれる貯蔵庫に入る（感覚登録器とか、視覚情報の場合にはアイコニック・メモリ、聴覚情報の場合にはエコイック・メモリなどと呼ばれたりする）。こうした意味で感覚記憶というのは、日常的な記憶という言葉とは全く一致していない。ただ視覚的な情報が届いていないのに、それらしきものが見えているという意味で記憶と呼ぶことができるだろう。この記憶はとても短い時間しか存在していない。だいたい視覚情報の場合で〇・五から一秒程度、聴覚情報では五秒程度保持可能と言われている。

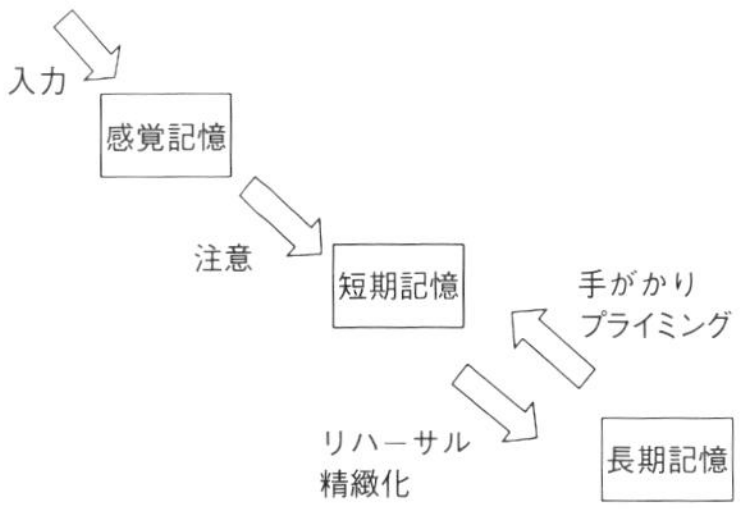

図 3-1　記憶の情報処理の流れ

ここにはどのくらいの量の情報が入るのだろうか。こうしたことを研究していたスパーリング[12]は、通常の方法だと視覚情報はごくわずかしか保持されないことを確認していた。しかし、もしこのレベルの記憶の保持時間がとても短いとすれば、参加者が見たものを報告している間に消えてしまう可能性もある。

そこでスパーリングはもっと多量の情報を保持している可能性を検討するために、とても巧みな実験方法を考えついた。実験参加者に、これまで同様、縦横三文字ずつくらいのものを非常に短い時間（〇・〇五秒くらい）だけ呈示するのだが、参加者は全部を報告する必要はない。呈示後に音がなり、それが高ければ上段の文字、中くらいであれば中段の文字、低ければ下段の文字を報告する。また参加者はどの音がなるかは事前にはわからないので、とりあえず全部覚えるしかないが、一度に報告する文字の数は三個ですむ。このような方法で感覚記憶を測定すると、どの音の場合にも正しく答えることができた。つまり、感覚記憶は相当たくさんの量の情報を保持しているのである。

しかし、一方でこの情報は視覚刺激の全体をそのままの形で写し取ったようなものであり、分析された情報ではないこともわかっている。これもスパーリングが行ったものだが、彼は前と同じような方法で、今度は数字とアルファベットを混ぜたものを呈示した。そして短い音がすればアルファベット、長い音がすれば数字を報告するように実験参加者に伝えた。ところが、これだと音なしで実験をやった時と同じくらいの文字しか報告できないことがわかった。つまり、感覚記憶では何が入っているのかの意識が伴わず、外界の情報がそのままの形で分析抜きに存在しているのである。

こんな例がこのことの理解に役立つかもしれない。たとえば、ふつうワープロソフトで原稿を書いていれば、検索の命令をすることによって特定の文字がどこにあるかがわかる。しかし、もしこの原稿を写真に撮って画像ファイルとして保存したとしたら、特定の文字を検索することはできない。つまり、確かに文字は画像ファイルの中にあるのだが、それが何かが分析できない形で保存されているのである。感覚記憶に貯蔵された情報も、これと同じような形になっている可能性がある。

4 人間の記憶はRAMか――短期記憶とチャンク

短期記憶は、感覚記憶の中で注意を惹く情報が次に転送される場所である。ここは情報を保持する一時的な貯蔵庫である。たとえば今「3、2、6」という数字を覚える時に、皆さんの意識の上に「3、2、6」という数字が存在しているはずである。これは短期記憶中にこれらの数字の表象が存在していることを示している。もちろん情報は外部からだけもたらされるわけではない。たとえば「アフリカの国を三つ思い出して」と言われて、「エジプト、ナイジェリア、ケニア」を思い出したとする。これらの情報も短期記憶中に存在する。つまり主体の内部が想起した、あるいは生み出した情報もここに存在するのである。

短期記憶の容量には制限があることも直感的に理解できる。たとえば東京都の電話番号は八桁であるが、これを一度聞いて覚えることはギリギリ可能だろう。しかし、内線番号四桁もついでに覚えるとなると、ほぼ不可能な課題となる。

そこで、どのくらいの容量があるのかを確かめようということになるのだが、電話番号の例からもわかるように、七、八くらいじゃないかとあたりがつく。実際そうである。ミラー[13]という認知科学のパイオニアは、さまざまな記憶材料を用いた記憶の実験をまとめ、記憶容量はほとんどの場合、七±二になることを見出し、それを『不思議な数7±2』という論文として一九五六年に心理学の世界で最も権威ある学術誌に発表した。

こういうのを聞くと、なるほどその通りと思う反面、「昔はこんな程度のことをやって論文が書けたのだ、牧歌的でよかったなぁ（自分も昔に生まれたかった）」という気もしてくるし、なんで「不思議」なんていう言葉を使うのだろうという疑問も湧いてくる。

心理学という学問は「客観性」をとても大事にするので、容量の問題を考える時にも客観的な単位が欲しくなる。客観的で揺るぎのない情報の単位とは何だろうか。すると、短期記憶も記憶装置つまりメモリなのだから、情報科学での単位を使えばいいのではないかという考えが浮かんでくる。

情報科学では情報の単位はビットが基本である。一ビットとは二進数一桁、つまり0と1だけで表せる情報のことである。たとえば性別は男か女かしかない。よってどっちがどっちでもよいが、男を0、女を1とすればこの二つを区別できる。日本人か外国人かというのも同じように表せる。つまり場合の数が二つであれば一ビットの情報量を持つと言える。もちろんなんでも場合の数が二つというわけにはいかない。たとえば方位（東西南北）には四つの場合がある。この場合、東00、西01、南10、北11とすればよいので、何ビットになるかと言えば二ビットである。これで方位は二ビットの情報量を持つと言える。

一般に情報量は2を底とする場合の数Nの対数、つまり$\log_2 N$で表現できる。こうなるといろいろなものの情報量を求めることができる。数字は0から9までの一〇個の数字からなるから、数字一文字は$\log_2 10$でおおよそ三・三となるが、コンピュータの場合は小数は扱わないので切り上げて四ビットということになる。アルファベットは二六文字なので五ビット、ひらがなは四六文字に濁音などをくわえると七〇くらいあるので七ビット必要になる。

このように考えると、覚えるものの種類によって短期記憶に保持できる量が変わってくるはずである。仮に人間の短期記憶の容量が五〇ビットだとすると、数字ならば一二文字程度（$50 \div 4 \fallingdotseq 12$）、アルファベットならば一〇文字、ひらがなだと七文字程度となるはずである。

ところがミラーが明らかにしたように、短期記憶の容量はどんな素材を使ってもだいたい七±二となる。私もよく講義で疑似実験を行う。そこでは数字一八個、アルファベット一七文字、日本人の姓一三を使う。大勢の受講者がいた時に行った結果は、表3-1のようになった。大半の人は七±二に入ることがわかる。

表3-1　講義で行った疑似実験の結果

	5未満	7±2	10以上
数　字	15	185	50
アルファベット	25	185	40
名　前	20	190	40

しかし、ビットで考えてみればとても「不思議」な結果となる。この三つの記憶課題の平均再生数が、どれも七項目だったとしよう。すると人間の短期記憶の容量は数字で測ると二八ビット、アルファベットだと三五ビットとなる。名前はひらがなが三、四文字で表されるので三・五文字とすると一七〇ビット以上になる。仮に数字で測った時の二八ビットが人間の短期記憶容量だとすると、「にし

むら」という名前を覚えた時点で短期記憶がいっぱいになってしまう。何とも不思議ではないだろうか。

おもしろい研究

皆さんは、ミラーの研究は「おもしろい」と感じただろうか。少なくとも講義で話をする限り、受講者たちの反応はとてもよい。実際、ミラーの研究は心理学のほとんどの教科書で引かれている。Google Scholarで見ると二万件近くの論文が、ミラーの論文を引用している（電子化されたものだけだろうから、実際はそれをはるかに超えるだろう）。

さて、おもしろい研究とはどんな研究なのだろうか。ミラーの研究は、このことを考える時にだいじなポイントを示しているように思う。単に、人間の短期記憶容量はどんなものを覚える時でも七±二ということだけであれば、特におもしろいとも何とも思わないだろう。おもしろいと感じるのは、それがコンピュータのメモリと対比されるからなのである。

ここでは何か他のものとの対比がなされている。もう少し専門的にいうと、参照枠があるということになる。ある参照枠から考えると、当たり前のことが当たり前でなくなる、そのことに私たちは驚き、おもしろさを感じるのである。

参照枠は、いわゆる常識でもよいかもしれないが、ある理論的な枠組みがあるとさらに学術的な価値が高まることが多い。研究しようとする分野の標準的な枠組みでもおもしろいものが出るかもしれないが、ふつうはやり尽くされている場合が多い。そうした場合は、ミラーがやったように、他の分野の参照枠組みを持ってくることが有効だと思う。

ミラーはこうした疑問を解決するために、チャンク、チャンキングというしくみが必要であると主張した。チャンクとは意味ある一まとまりの情報のことである。数字の3、アルファベットC、名前の「にしむら」は同じ一チャンクで表現され、少なくとも記憶課題においては等価なのである。

日本人にとって、「にしむら」を「に」、「し」、「む」、「ら」と四つに分けて覚えることなどそもそもできない。だからこれらは自然な一チャンクとなる。一方、外国人にとって、「にしむら」というのは自然な一チャンクにはならないだろう。だとすると、日本人は何らかの認知的な操作を行ってチャンクを形成していると考えるのが自然である。このチャンクを作り出す操作はチャンキングと呼ばれている。

この例からもわかるように、チャンキングは人の知識に依存している。よって学習を重ねることによりチャンクがうまく作れるようになり、結果としてたくさんのことを覚えられるようになる。たとえば、伊藤ら(14)の研究によると、将棋で数々のタイトルを得てきた羽生善治さんは九×九の盤面にあるおよそ四〇の駒の位置をたった三秒見ただけで正確に再現することができるという。むろん羽生さんはふつうの人間とは異なる記憶力を持っており、もともとすごいのだという反論もあるかもしれない。しかし羽生さんのこの驚異的な記憶力が発揮されるのは、将棋の駒の配置が現実的な場面の時に限られるのである。コンピュータでランダムに将棋の駒を並べてしまうと、記憶成績はがくんと落ちてしまう。このことは、彼がそれまでに獲得した知識を用いて呈示された盤面の部分部分をチャンキングしていたことを示唆している。また自分の知識をうまく使いながら記憶をしていく訓練を二年ほど続けた結果、八〇桁もの数字を覚えられるようになったりすることも報告されている。

最初に述べたように、私たちは記憶力が優れているということは頭の箱が大きいことを意味するかのように捉えている。しかしミラーが発見したチャンクを考えると、そうした見方は一面的であることがわかる。旅行に行く時にバッグに荷物を詰める。でたらめに放り込んでいくとあっという間にいっぱいになってしまう。しかしきちんとたたんだり、配置を考えながら詰めていくと、同じバッグにずっとたくさんのものを収納することができる。短期記憶もこれと似ている。やみくもに覚えようとすれば七個程度で終わってしまう。しかし、チャンクを作りうまく情報を整理して覚えていくことで、ずっとたくさんのことを保持しておくことができるようになる。もちろん無限に覚えられるわけではない。七±二の限界はある。しかし、七のうちの一つ一つにどれだけのものを入れられるかによって、記憶はずいぶんと変わってくる。

5　ワーキングメモリ――保持と処理のための記憶

短期記憶のだいじな性質は、そこにある情報は操作が可能だということである。感覚記憶は、写真のような形で全体像がそのまま入っているので、認知的な操作を行うことはできなかった。しかし、短期記憶中の情報はそうではない。たとえば最初に挙げた「3、2、6」という三つの数字を逆順に言ってみるとか、小さい順に並べ替えるとか、足し算を行うなどといった操作は容易にできる。

こうしたことから考えれば、短期記憶というのは単なる貯蔵庫ではなく、このような認知的な操作とペアにして考えるべきだろう。こうした立場を取る人たちは短期記憶という用語ではなく、ワーキングメモリ（作動記憶）という用語を使う。この立場に立つ研究は爆発的に広がっている。

これらの研究は、単に短期記憶をワーキングメモリという用語に置き換えるだけではなく、その内容についてもさまざまな新しい知見を生み出し、それをまとめあげるモデルを作り上げている。この考え方を最初に提案したバドリーとヒッチ[15]によれば、ワーキングメモリは音韻ループ、視空間スケッチパッド、中央実行系の三つからなっているとされる（近年はこれにエピソードバッファも加えられている）。音韻ループは大ざっぱに言って、音韻的な情報の保持に用いられる。視空間スケッチパッドは視覚的な情報の保持に用いられる。中央実行系はこれらの保持と処理のために用いられる認知的資源を管理する。

たとえば先ほどの数字の逆唱や足し算は簡単だったが、覚えておくべき数字の数がグッと増えて「３、２、６、８、７、４、３、１」というようになると、逆唱や足し算はほぼできなくなってしまう。こうしたことは、中央実行系が保持のためにその資源を使ってしまい、操作のための資源がなくなってしまうというように考えるのである（あるいは操作を行おうとすると保持のための資源がなくなってしまう）。一方、視覚系の情報と聴覚系の情報は独立して保持されるために、聴き取りで数字を覚える際に、視覚情報を使った処理課題を行っても、あまり干渉を受けないこともわかっている。

こうしたことを反映して、ＷＭスパンテストと呼ばれるものが開発されている。この中のリーディングスパンテストでは、次のような文が一文ずつ与えられ、それを読みながら傍線の語を記憶していくというものである。

・ドライアイスは氷菓子を冷やすのにちょうどよい。
・弟の健二がまぶしそうに目を動かしながら尋ねました。
・老人は私を隣りに座らせ、風変わりな話を聞かせてくれた。
・母親は封筒の名前を初めて見た時、ひどく驚いた。

このようにすると、七個などは全然覚えられなくなる。この文を使って実験を行った苧阪ら[16]によると、大学生の平均は三個程度であるという。ワーキングメモリ保持容量は、読解力など知的な課題の成績との相関が高いことが知られている（いわゆる単純な短期記憶の容量と読解力の相関はとても低い）。

こうした試みは、記憶が持つ、よりアクティブでダイナミックな性質を解明するために、とても重要なことだと思う。その一方で、個人的には、資源配分、操作、処理機構までを記憶というカテゴリーに含めてしまうことに戸惑いもある。

6　知識のありか——長期記憶

感覚記憶から短期記憶（またはワーキングメモリ）へと移った情報の一部は、永続的な知識の貯蔵庫である長期記憶に保持されるようになる。長期記憶は単一の貯蔵庫ではなく、いくつかのタイプに分けられている。これらはエピソード記憶、意味記憶、手続き記憶の三つであり、前の章で述べたエピソード表象、概念、手続き的表象の三つがそれぞれ格納されている。

さて、記憶が短期記憶と長期記憶に分けられると言ったが、どうしてそのような区別が必要なのだろうか。単一の貯蔵庫だと考えてはいけない理由はあるのだろうか。

このことを考える時に役に立つのが、系列内位置曲線と呼ばれるものである。単語を一つずつ呈示して記憶させ、その後に再生を行う。すると、ほとんどの場合、図3-2に実線で示したような曲線が得られる。このグラフは、最初と最後はよく覚えているが、真ん中あたりはそれほど覚えていないという、読者の皆さんの経験にもよくあることを示している。

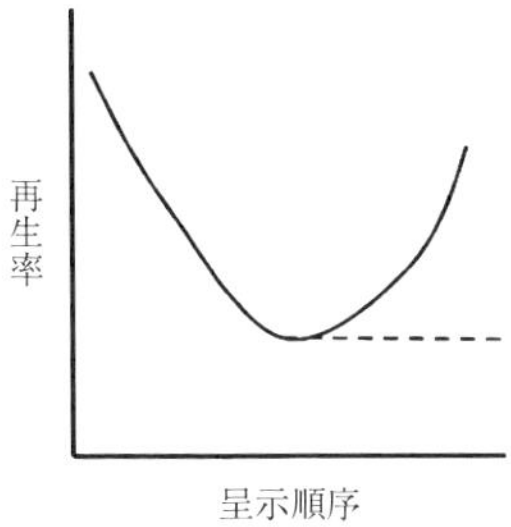

図3-2　系列内位置曲線

実線は直後再生の時の再生率。最初と最後の再生率が高くなる。破線部分は遅延再生の時の再生率で、最後の部分が高くならない。

なぜ最後の部分は覚えているのだろうか。これは情報がまだ短期記憶、つまり意識の範囲内に残っているからというのが定説である。たとえば、記憶項目を呈示してからすぐに再生させるのではなく、遅らせて再生を行う。そしてその間に何か別の作業、たとえば簡単な計算をさせたりする。すると、最初の部分の成績はあまり変わらないのだが、最後の部分の成績はかなり落ち込み、中間あたりの項目の再生率と変わらなくなる。

このことは計算問題を解くという作業が記憶に干渉したということを意味しているわけだが、もし記憶が一つの貯蔵庫だとすれば、この干渉は記憶項目全体におおむね均等にはたらくことが予想され、結果として図3-2の曲線全体が下に平行移動するような形になるはずである。しかし、実際にはこの曲線のある部分（最後の部分）に対してだけ干渉が見られたわけである。だとすれば、はじめの部分と最後の部分は別の場所に保持されていたと考えたほうがよい。

7　情報を加工する――短期記憶から長期記憶へ

リハーサル

系列内位置曲線の終端部分の成績がよいのはわかったが、先頭部分がよいのはなぜなのだろうか。これについてはリハーサルというメカニズムによる説明がある。記憶におけるリハーサルとは、何かを覚えなければならない時に頭の中で行う復唱のことである。たとえば、「つくえ、はた、かぎ、ねこ、ちゃわん」という単語を一つずつ読み上げられながら記憶する場面を考えてみよう。こうした時には一語読み上げられるたびに頭の中で「つくえ、つくえ、つくえ、つくえ」というように復唱を行うだろう。仮に一つの単語から次の単語が読み上げられるまでに二〇回の復唱ができたとする。先の五単語が読み上げられるまでにトータルで何度復唱ができるかを示したのが表3-2である。このように最初の単語が圧倒的にリハーサルの回数が多く、単語の順番が後に行くにしたがって急激に少なくなっていく。こうしたリハーサルの回数が系列内位置曲線の最初の部分の成績を説明するとされている。

処理の深さ

確かにあることを繰り返し復唱していれば、それはそのうち記憶に定着する、つまり長期記憶という永続的な知識の貯蔵庫に保存され、いつでも簡単に思い出すことができるようになる。ただし、短期記憶から長期記憶への情報の移動はこれに尽きるわけではない。というか、リハーサルしかないとすれば悲しすぎる。

長期記憶への情報の保持には、情報にどのような操作、処理を加えたかも強く影響することが、クレイクら(17)の研究から明らかになっている。彼らの研究では、あるグループの人たちには、単語のリストを与え、その中に特定の文字が含まれているか否かを判断させる。別のグループには、そのリストの中に特定の音が含まれているか否かを判断させる。そして最後のグループには、リスト中の単語各々についてそこから連想する単語を一つ挙げてもらう。これらの課題が終わった後に、リストの単語をできるだけたくさん思い出してもらう。つまり偶発学習をさせるわけである。結果は容易に想像できると思うが、単語連想のグループが最もよく、文字を探したグループが最も悪い。つまり、単語連想グループは単語の意味に基づく処理を行ったのに対して、文字探しのグループは単語レベルの処理すら行っておらず、視覚パターンの探索を行っただけである可能性が高い。処理の

表3-2　リハーサルの回数

	つくえ	はた	かぎ	ねこ	ちゃわん
一語目	20				
二語目	10	10			
三語目	7	7	6		
四語目	5	5	5	5	
五語目	4	4	4	4	4
トータル	46	26	15	9	4

仕方（クレイクたちは処理の深さとか処理のレベルと呼んでいる）によっても、長期記憶への転送に差が出てくるのである。

精緻化

意味処理をすればより覚えられるというのは、当たり前のこととも言える。しかし意味処理にもさまざまなタイプがあり、それによって記憶成績は異なってくる。図3-3にある単語を三分間でできるだけたくさん覚えるという状況を考えてみる。

どのくらい思い出せただろうか。これについても講義で疑似実験のようなことをするのだが、最も多いのは一五〜一九項目くらいで、二〇〜二四くらいの人たちもけっこう出てくる。もっと興味深いのは一〇未満（五〜九）という人はほとんどいないということである。つい数ページ前に短期記憶の容量は七±二と述べたはずなのに、今回はその二〜三倍程度の再生数になる。

これはチャンクの概念を借りれば、一つのチャンクに複数の項目が含まれたからということになる。ミラーはこうしたチャンクづくりのことをチャンキングと呼んだが、現代の認知科学者たちは精緻化と呼ぶことが多い。精緻化とは、推論を行うことで、与えられた情報に何らかの別の情報を付け加えることを言う。

その定義に「何らかの情報」などという曖昧な言葉が入るのは、精緻化にはさまざまなタイプがあるからである。最もよくあるものの一つに、カテゴリー情報を用いた精緻化がある。いちご、りん

げんき	たぬき	ひるね	とくい	こだま	いちご
にしん	じしょ	おぼん	こうか	たばこ	こねこ
たおる	つばき	かんじ	きよう	たかさ	りんご
かれい	せなか	てくび	しせい	すきま	おとこ
たから	いとこ	くもり	ぶどう	きけん	そうじ

図3-3　三分間かけて覚えてみよう

その後すぐに思い出してみよう。何個思い出せただろうか。

ご、ぶどうはすべて「果物」というカテゴリーに属している。そこでこれらをその特徴を用いてまとめるわけである。これに「かれい」と「にしん」も加えて「食べ物」というカテゴリーを作ることもできるだろう。一方、物語法、つまりお話づくりという方法もある。「**げんき**な**たぬき**は**ひるね**が**とくい**だが、なにかの**こだま**を聞いて起きてみると**いちご**がそばにあった」などというような、へんてこりんでもよいのでお話を作ってしまうのである。こうした方法も記憶成績をとても向上させてくれる。また、物語と共通する部分もあるが、単語のイメージを思い浮かべるとか、そうしたイメージをつなぎ合わせて頭の中に情景を作り出すという方法もある。

　どの精緻化が優れているのかという問いは意味をなさない。なぜならそれは、記憶する人の得手不得手に関係するからである。記憶する人のことに関して言えば、自己生成効果と呼ばれるものが挙げられる。これは人が行った精緻化を聞くよりも、仮に拙くても自分で精緻化を行ったほうが成績がよくなる現象を指している。自分で精緻化を行う場合は自分のよく知っていることがらが付け加えられ、それはよく知っているがゆえに思い出しやすく、よい手がかりになるからだろう。

　記憶成績を左右するのは、もちろんそれだけでない。記憶する項目の性質や再生の状況とも関連している。図3-3のようなリストの場合には、おそらく情景を思い浮かべることや、物語づくりが有効だろうが、カテゴリーによる精緻化はあまり有効ではないだろう。なぜならば「げんき」、「こだま」、「きよう」などカテゴリーがしにくい抽象的な単語が入っているからである。

また、手がかり再生（対連合学習）のような状況の場合は、覚えるべき二つの項目の間のありえそうな関係を作り出すような精緻化が効果的であることがわかっている。たとえば、「話し下手の男が新聞を読んだ」という文を覚える時に、「今日録画する番組を探すため」という精緻化を行うよりは、「受けるネタを探すため」というほうがずっと思い出しやすくなる。つまり、その特定の特性を持った人が行うべき行動の理由を考え、精緻化を行うことが有効である。むろんこれはこうした題材が用いられる時、そして「話し下手の男」という手がかりが与えられる時という限定がつく。

精緻化をある程度定型化してしまい、記憶術として用いるという場合もある。有名なのは場所記憶法と呼ばれるものである。これは自分がとてもよくなじんでいる場所（自分の部屋とか通勤路など）をイメージして、リスト中の項目をその場所に仮想的に置いていくという方法である。ただ、かなりの時間のトレーニングを行わなければ、こうした方法を使いこなすことはできない。

さて、なぜ第4節の記憶課題では、七十二個の項目しか覚えられなかったのだろうか。それは前述の記憶課題では精緻化が行いにくかったからである。まず項目として使われた数字、アルファベット、名字はとても精緻化がしにくいタイプの情報だ。数字を偶数、奇数、三の倍数などとカテゴリー化してもあまり役に立つとは思えないし、数字だけではとても物語や情景づくりはできない。人の名前もそうである。人の名前がなかなか覚えられないという人は少なくないが、これも精緻化がしにくいからだと考えられる。人の顔の形状とその人の名前という音声情報はどういう精緻化を行っても結びつけ難い。

また、第４節の実験では、単語は聴覚的に一つずつ呈示されていたため、仲間を見つけたり、物語の登場（人）物として適当なものを探しにくいということも挙げられる。一方、今回は一度に三〇個の単語が呈示されており、さまざまな精緻化を試してみられるようになっている。こうした呈示した情報のタイプ、呈示方法の違いが、第４節とこの節での記憶成績の違いに関連しているのである。

さて、今まで述べてきたことは、読者の皆さんがよく知っていることだと思う。ただ、ここで特に注意してもらいたいことがある。どのような精緻化、記憶術であっても、記憶すべきことに何かを付け加えているということだ。

人間の記憶のこのような特徴は、箱のイメージや、コンピュータの記憶装置のイメージとは大きく異なっていることを示している。「げんき」、「たぬき」、「ひるね」、「とくい」というその単語だけを覚えたほうがよさそうなのに、物語化して余計な情報を付け加えている。カテゴリーによる精緻化もそうであり、「いちご」、「りんご」、「ぶどう」とだけ覚えればよいのに、「各々果物である」などと余計なことを付け加えている。そしてそれを込みにして覚えているのである。ふつう、記憶項目は少なければ少ないほど思い出しやすいのに、ここではまるで逆で、記憶項目以外のことまでわざわざ自分で作り出して覚えておくことで、記憶成績を向上させているのである。

これについては、とても印象的な体験がある。一五年以上前のことになるが、保育園児だった娘が他の子同様にポケモン（ポケットモンスター）ファンになったので、ゲームソフトとポケモン（たしか）一五一匹の図鑑を買ってあげた。子どもとの対話を豊かな（？）ものにしようと、私自身もポケモンの名前をすべて覚える決心をした。なんとか一週間くらいで覚えたのだが、その時には娘は完全に覚えきっていた。就学前の子どもと、覚えることが職業（？）の大人の私が、ほぼ同程度のスピードで課題を達成したということになる。

こうした不思議なことが起こる原因はまさに精緻化に関係している。娘は「これは○○系ポケモンだから、あれに強い（弱い）」とか、「この間テレビで出ていて、△△と戦ってたんだよ」とか、そんなことまで覚えていた。つまり彼女は物語づくりや、カテゴリーや、過去経験に基づくイメージをふんだんに利用して、覚えることがらにまつわる情報をどんどん増やしていた、つまりリッチな精緻化を行っていたのである。一方の私は、本当に名前だけ覚えようとして、文字だけを見て、「エビワラー」、「サワムラー」などという音韻的なレベルの精緻化程度の省エネ（？）モードで覚えていた。こうしたことが、この不思議な結果の原因なのだろう。

8　思い出しやすさ――符号化特定性原理

さて精緻化、つまり情報を付け加えて覚えるべきことがらを増やすことが、すぐれた記憶成績につながると述べてきた。しかし、それはなぜなのだろうか。このなぞを解くかぎは、タルビングが明らかにした符号化特定性原理というものにある。これは、思い出すべき記憶痕跡（記憶表象）と、思い出す時（検索）の手がかりが一致しているほど思い出しやすくなる、というものである。

ここで、思い出すべき記憶表象とはどんなものなのかということが問題になる。私たちは、実は単語のリストを覚える時にその単語だけではなく、その場のいろいろな情報を含めたエピソード記憶表象を作り出している。たとえば今「符号化特定性原理」という、意味不明（？）な言葉を覚えようとする時、この単語だけが頭に入るわけではない。この本の周りにあるPC、マグカップ（また？・）、スタンド、茶色い机などの対象物、暑いなどの気温、汗がにじんでくるというような自分の体調、「符号化って確か覚えるっていうことだったな」、「英語で何ていうのだろうか」というような自分の認知的な操作など、さまざまなものが込みになって、複雑なネットワークからなるエピソード記憶表象を作り出しているのである。

思い出す時の手がかりについても同様である。心理学の実験では手がかり再生というと、手がかりには主に単語が用いられる。しかし、この単語は単体として認識されるわけではない。意味記憶、概念の複雑な関係性の中に存在しているので、手がかり語が呈示されれば、それに関連する単語や概念もある程度まで活性する（活性については次の節で述べる）。

こうした複雑なネットワークからなる記憶表象と手がかり表象のマッチの度合いが高ければ高いほど思い出しやすくなるというのが、符号化特定性原理である。以上のことを図式的に説明してみたい

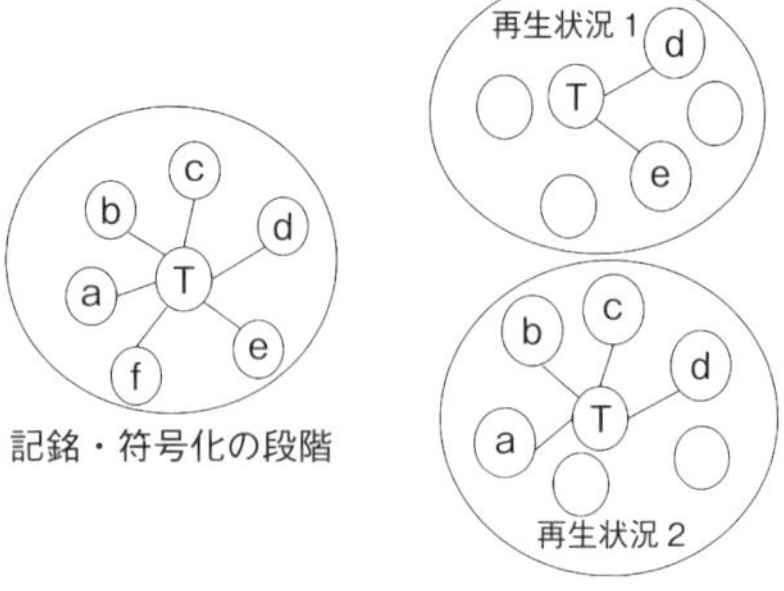

図 3-4　符号化特定性の概念図

記銘・符号化の段階ではターゲット語の T は関連する多くの情報（a, b, c, d, e, f）と結びついている。再生状況 1 は符号化状況とはあまり似ておらず d, e の要素だけが共通である。一方、再生状況 2 では多くの情報が符号化状況と共有されており、結果としてターゲット語は周辺情報から多くの活性を受け取り、再生されやすくなる。

と思う。まず図3-4の左側の記銘・符号化の段階では、ターゲットとなるTが、その状況で生み出されたさまざまな情報と結びついた形で記憶システム内に表象されていることが表されている。図3-4の再生状況1は、それとはあまり類似性がない時の再生状況である。ターゲットTの周りにはその時の状況の要素が配置してあるが、符号化段階と共通するのはdとeしかない。とするとターゲット語はそこからの活性のみを受け取ることになるので思い出される確率は高くない。

一方、図3-4の再生状況2では、記憶表象と再生状況の表象の間で多くの要素が共有されている。よってターゲット語は多くの活性を受けることになり、思い出す確率はずっと高くなるだろう。

この原理を用いることによって、いろいろとおもしろい結果が整合的に説明できることがわかっている。たとえば、第1節にも書いたが、一般に記憶テストでは再認は最も容易であり、次に手がかり再生、そして自由再生という順に並ぶ。しかし、場合によっては対連合学習した項目の手がかり再生が再認の倍以上の再生率を生み出すこともある。タルビングたちが行ったこの巧妙な実験は、符号化特定性原理をゆるぎないものにした。また、その後、別の研究者たちはかなり変わった実験状況を使ってこの原理の検証を行っている。この実験では潜水夫が参加者となり、水中あるいは陸上で単語の学習を行い、その後、また水中あるいは陸上で再生を行った。その結果、同じ環境で学習と再生を行ったグループは、違う環境のグループよりも成績がよいことがわかった。これも符号化特定性から無理なく説明できる現象と考えられる。

もっと日常的な場面でも、符号化特定性原理を見出すことができる。一人暮らしの人に多いのだが、こんな経験はないだろうか。家を出ようと思ったらいつも置いてある場所にかぎがなくて探しまわるという、あのいやな経験である。自分がかぎを使って入ったのだから、かぎは当然家の中にある。どこだろうと思ってめぼしい場所を探すが出てこない。そうなると、私はよく昨日家に入った時の状況を再現してみる。つまり玄関に入って、鞄を置いて、靴を脱いでというようなことをし始める。こうすると、昨日の状況が次々に思い出されてきて、探すべき場所の候補が続々と現れる。結果として「バッグをリビングにおいて、その後買ってきたビールを冷蔵庫に入れた時……、まさか冷蔵庫！」のようなことが思い浮かぶ。このように、人は教わらなくても、符号化特定性に準拠したような検索方法を身につけている。

このように考えると、精緻化、つまり、情報を増やすことが、なぜ記憶の障害とならずに助けになるのかもわかってくる。精緻化を行うことは、記憶すべき項目に関する表象のネットワークを豊かにすることである。この中には、記憶する項目と概念的につながっているものや、連想的につながるものも多数含まれるだろうし、またその時に行った自分の認知的な操作も当然入るだろう。こうした豊かなネットワークは、再生状況に存在するさまざまな情報と親和性が高くなると考えられる。このことが想起を助けているのである。

9　思い出していないのに思い出す——潜在記憶とプライミング

この節では、ここ数十年、記憶研究者たちを魅了している潜在記憶について考えてみたい。これを通して、前節で少しだけ導入した「活性」という用語の解説もしてみたい。

繰り返しになるが、潜在記憶とは想起の意図や意識を伴わないのに、知識が活性化することを言う。これは第2節で述べたように、それほどめずらしいことではない、というよりも、日常茶飯事であって、ことさら取り上げて論じるようなことではないようにも思える。しかし、この現象は知識のはたらきについて、また長期記憶の構造について多くのことを教えてくれるのである。

潜在記憶は、ふつうプライミングという方法を用いて研究される。プライミングとは、ある課題を行う時の情報の受容と処理が、その後に行われる課題に与える影響を検討する手法のことである。プライミング効果という時もあるが、これは、はじめの課題の受容、処理が、その後の課題に影響を与えたことを指す。これまた当たり前のことで、最初に聞いた人は「だから何?」と言いたくなるだろう。私もそうだったのだが、実はとてもだいじなことを伝えている。もうしばらくおつきあい願いたい。

直接プライミングと活性

プライミングには、直接プライミングというものがある（反復プライミングとも呼ばれる）。典型的に、次のような実験が行われる。たとえばある単語からなるリストが与えられ、これに対して読むなり、覚えるなりの処理を行う。その後に語彙判断課題と呼ばれる、とても簡単な課題が実施される。この課題は呈示された単語が単語なのか、無意味な文字列なのかを判断する課題である。「りんご」と出ればYESと答え、「むわぱ」が出ればNOと答える、そんな課題である。この語彙判断課題で出てくる文字列の中に、はじめの課題の単語リストに含まれているものとそうでないものがある。このYES／NOの反応のボタンを押すまでにかかる時間を測定すると、以前の課題に出ていた単語への反応時間は、そうでないものに比べて短くなる。つまりプライミング効果が観察されるわけである。

負のプライミング

プライミングは、後続課題の何かを促進するだけではない。逆に、後続の遂行を抑制する場合もある。こうしたことを負のプライミングと呼ぶ。これを明らかにした代表的な実験は、次の通りである。まず、二つの線画像を重ね合わせたものを呈示する。この二つの画像は異なる色（たとえば赤と緑）で描かれており、実験参加者はこのうちの一方の色（緑）は無視して、もう一方の色（赤）で書かれた線画の命名を行う。その後に語彙判断課題を行う。すると、無視したほうの線画が表す単語の判断が遅くなってしまう。命名しないほう、つまり注意を向けないほうの線画も見えており、その意味では活性が何らかの形で生じているはずである。しかし、その活性が活かされないどころか、逆に反応を抑制する（といっても一〇〇分の数秒だが）というのはなかなか考えにくい。

これは潜在記憶における自動的な（つまり無意識的な）活性の拡散と、意識的な注意との間の複雑な関係を示している。

これの何がだいじなのかというと、想起は必ずしも意識的に行われるわけではないということである。語彙判断課題は大変に簡単な課題で、通常の単語を用いる限り〇・五秒程度で判断できる。つまり、「あっ」と言う間もなく完了する。こうした簡単な課題の遂行では、「前にやった課題の中に……」などと考えるよりも、それ自体を見てさっさと判断したほうがずっと早くすむ。実際、この課題の遂行中に前の課題のことを思い出す人は誰もいない。にもかかわらず、前の課題の影響が現れる。だとすれば、前の課題で見た単語が、何らかの形で語彙判断課題処理過程に入り込んできた、つまり想起されたと考えざるを得ない。

この実験は、想起は二分法では語れないという、もう一つのだいじなことを伝えている。私たちは思い出した、思い出せないという二つの状態しか意識できないことが多いが、実はそうではないのだ。全然思い出せない状態から少しは思い出す方向に向かって、もうちょっとで思い出せる状態を経て、思い出したという状態に至るのである。ここで思い出すまでの状態は「思い出していない」と一くくりにされるが、そうではないのである。つまり、連続量として表せるような、思い出し具合とでも呼ぶべきものがあるのだ。これを活性（度）と呼ぶ。

舌の先現象

日常生活では想起は二分法、つまり思い出したか、出さないかの二つで語られる、と述べた。しかし、これはちょっと考えればウソ（?）であることがわかる。日常生活でも実は、「もうちょっとで思い出せそう（だがどうしても思い出せない）」という経験はよくある。こうした現象は日本では、「喉元まで出かかっている」と言うが、英語では「舌の先現象（tip of the tongue）」と呼ばれている。

こうしたことが起こる理由については、いろいろな可能性が指摘されている。そもそも舌の先現象は錯覚だというものもある。この仮説では、とてもなじみのある単語の手がかりが与えられると、手がかり自体のなじみ深さが、思い出すべき単語の既知感を生み出してしまうと考える。

他の仮説の中でわかりやすいのは、思い出すべきことがらが十分なレベルまで活性していないというものである。あるいは、手がかりが他の類似したことがらに活性を渡してしまい、本当に思い出すべきことがらに十分な活性が渡されなかったというものもある。

この最後の仮説は、検索誘導性忘却と呼ばれる現象とも関係している[18]。これはあることがらを思い出すことで、それと関連する別のことがらが思い出せなくなるという現象である。以前私が経験したことであるが、「アメリカの州で『お』で始まる州を言いなさい」というクイズを見た時、とっさに「オレゴン」を思いつき、他にあるのはわかっているのだがなかなか出てこない。こういう状況でなければ、「オハイオ」、「オクラホマ」などが出てくるのである。

以上で述べたことをまとめつつ、語彙判断課題での反応時間のことについて説明することにしよう。図3-5は、事前課題、語彙判断課題におけるイベントの時間系列（横軸）と活性度（縦軸）からなっている。この図の真ん中あたりに破線が引かれているが、これは閾値と呼ばれるものを表している。この線以上に活性度が高くなれば情報は意識でき、それ以下の場合は意識できない。思い出せたというのは、その項目の活性度がこの閾値を超えたということを意味する。

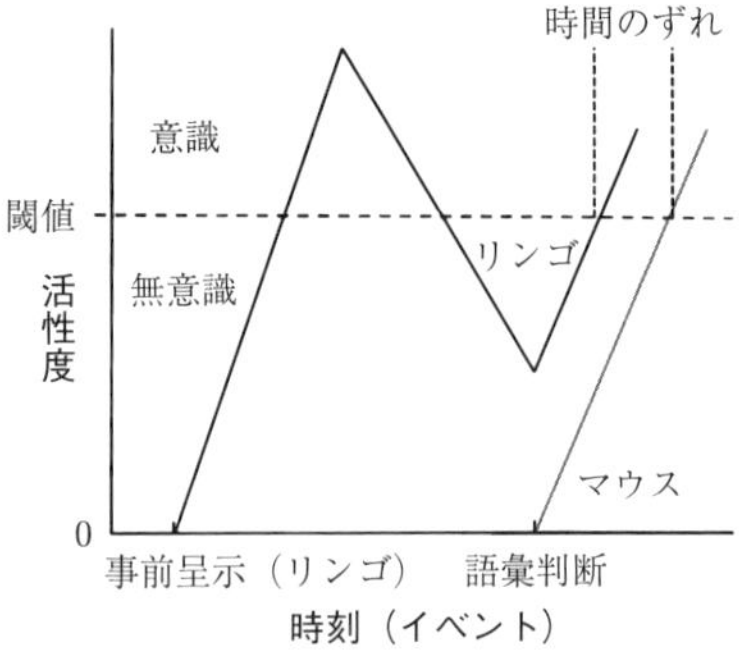

図 3-5　語彙判断課題中の概念の活性度

縦軸は活性度、横軸は時間の流れを示す。真ん中の破線は閾値を表す。

横軸に、事前呈示（リンゴ）と書かれているところは、はじめの課題で仮にリンゴという文字が呈示されたことを示している。呈示されれば「リンゴ」という文字が見える、つまり意識できるので、リンゴ概念の活性度は急激に上昇し、閾値を超える。ただ事前課題で出される次の単語に注意を向けてその処理を行えば、リンゴ概念の活性度は減少して、閾値以下のレベル、つまり意識が向かないレベルにまで下がってくる。この後に、次の語彙判断課題が行われる。ここでまたリンゴという単語が呈示されると、活性していたリンゴ概念はゼロまで活性値が落ちていないので、すぐに閾値を超えてYESという反応を生み出すのに貢献する。一方、事前には呈示されていなかった「マウス」はゼロからの活性になるので閾値を超えるまでに時間が余分に

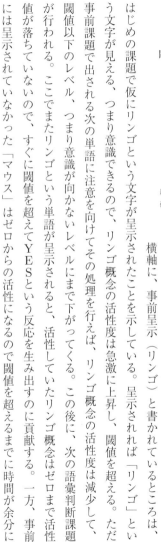

かかることになる。概略このように、プライミング効果（ここでは語彙判断課題における反応時間の差）が生み出される。

ところで、この説明には一つ仮定がある。はじめに出てきた「リンゴ」概念の活性値が次の課題の実施までにゼロになっていないという仮定である。それは本当なのだろうか。少なくとも事前に出てこなかった「マウス」概念の活性値よりは高くなっていないと、先の説明は説得力がなくなってしまう。

これについては、少なくともそんなに急激に下がるわけではないという証拠が得られている。単語完成課題というもので測定したプライミングの効果は、五週間程度までは持続し、一年以上経っても消えないという研究結果すら存在する。そうした次第であるから、たかだか一〇分程度後に実施される二番目の課題までの間に活性値が元に戻ってしまうことは考えにくい。

間接プライミングと活性拡散

もう一つのプライミングは、間接プライミング（意味プライミングともいう）である。この方法は一番目の課題中の情報と二番目の課題の情報が異なっているが、意味的に関連しているものを用いる。たとえば一番目の課題のリストの中に「パン」が含まれ、二番目の語彙判断課題で「バター」が出てきた時に、促進効果が見られるかを検討するわけである。このような実験を行うと、やはりプライミング効果が観察される。関連する語が事前に呈示された場合には、そうでない場合に比べて判断が早くなるのである。

このような現象が生み出されるということは、何を意味するのだろうか。これは関連する語は比喩的にではなく、私たちの記憶システムの中で実際に結びついているということである。そしてこのシステムの中である部分が活性すると、その活性はそれと結びついた部分に拡散していく。つまり、パンは一度活性するとその活性値を保持するだけでなく、記憶ネットワーク上で近傍にあるバターの概念にその活性値を分け与えるというか、流し込むというか、そうしたことを行うのである。それである程度まで活性したバター概念は、ゼロからの活性よりも早く閾値に到達することができ、結果として語彙判断のスピードを速めることになる。こうした活性値の広がりは、活性拡散と呼ばれている。

このように述べると、認知システムはまことに見事にできているという気になる人もいるかもしれない。ただ、プライミングはよいことだけを促すわけではないことも頭に入れておいたほうがよい。実はプライミングがどのような影響を与えるかについては、実験社会心理学が認知科学とは全く独立に膨大な研究を行ってきている。この中にはあまり嬉しくないものも含まれている。

たとえばある実験では、はじめに単語リストを呈示して、それらを入れ替えて文を作らせる。単語リストの中に「無謀」、「うぬぼれ」などネガティブな意味の単語が含まれているグループと、そうでないグループが設けられた。その後に別課題と称して、ある人物のプロフィールを見せ、その人物の特徴などを評価させる。するとネガティブな意味を含む単語リストから文を作ったグループは、その人物に対する評価をネガティブな方向に変えやすくなることが明らかになった[19]。

これは事前の課題で活性値のあがった敵意性やそれに関連する概念群が、人物のプロフィールを見た時に活性しやすい状態にあったからと考えることができる。人間の行動にかかわる記述は両面性を持っている。「毎日自宅で勉強を五時間やる」というのは、「真面目で向学心がある」と捉えることもできるが、「勉強ばかりしているもやしっ子」というように捉えることもできる。こうした文を前にした時に、おそらく二つの解釈が頭の中では拮抗するのだろうが、事前に活性値が高まっている概念を含む解釈が有力になる可能性は高いだろう。

他にこんな研究[20]もある。はじめにマウスを用いてスクリーン上の点を追いかけるというような簡単な実験課題を参加者に行わせる（ちなみにこの実験の参加者はすべて異性愛者の男性である）。その後に、最初の実験とは無関係なある文章を読ませる。そこには「行きずりのセックス」を暗示するような文が含まれている。その文章に関する簡単な質問に答えた後、参加者は最初のマウスの実験は学部生が企画したものであり、さまざまな問題があるだろうからその人にアドバイスを与えてほしいと言われる。この時、ある参加者たちにはその学部生が女性であること、別の参加者たちには男性であることがわかるように伝える（たとえばジェーンとジョンなどと名前を伝える）。このようなことを行うと、とてもおもしろい結果が得られる。実験企画者が女子大生と聞いたグループは男性と聞いたグループより、多くのアドバイスを書くようになる。むろんこれは「女性には優しく」という気持ちの現れだという人もいるかもしれない。しかし、二番目に行う文章を読ませる課題において「行きずりのセックス」に関わる一文を削除してしまうと、実験企画者が女子大生であろうと男子大生であろうと、同じくらいのアドバイスをするのである。

おもしろいのは、これも潜在記憶だということである。実験参加者の多くは自分のコメント量が多いことについて、全く別の理由を挙げ、読んだ文章のせいであるという人はいない。つまり想起の意識はないが、潜在レベルでその文の記憶表象が活性化しているのである。

つまり、「行きずりのセックス」文を見た実験参加者たちは、その文によるプライミングが生じて、女性に気に入られるような行為をとるようになったのだろう。ここでは意味的な関係というよりは、手段とその目標のネットワークを介した活性拡散が起きているのかもしれない。女性とセックスをするという目標を達成するためにはいろいろな手段があるらしいが、優しくするというのはその中でもだいじなものだろう。よって、おそらく私たちの記憶システムの中には、こうしたものが含まれているはずである。文章を読んでこの目標の活性値が高くなることで、その活性が「優しくする」という手段へと拡散したのかもしれない。

10 まとめ

記憶は単一の箱ではなく、さまざまな処理機構と貯蔵庫の連結なのである。情報を受容した時点で一時的にそれが貯えられる感覚記憶、注意が向けられた感覚記憶内の情報が貯えられ、操作される短期記憶、リハーサルや精緻化によりほぼ永続的にアクセス可能になった情報が存在する長期記憶――

人間の記憶システムはこういうふうに作られている。

こうした記憶システムは、コンピュータのそれと似ているように感じられる。感覚記憶は入力用のバッファ、短期記憶はメモリ、長期記憶はハードディスク、という具合である。

しかし、こうしたたとえはとても限定的と考えなければならないだろう。第一の理由は、人間の記憶においては、その時に行う操作によって記憶容量が変わってしまう、あるいは記憶単位が可変であるからである。チャンキングや精緻化によって、通常測定される記憶量の限界をはるかに超えた量の情報を貯蔵できるという事実は、これの直接的な証拠となる。

また、想起はふつうは思い出したか、思い出さないかの二分法で語られるし、コンピュータでももう少しでメモリに載りそうな状態にある情報などというのは考えられない。しかし、私たちの記憶システム中の情報は、連続値で表せるような活性度を持っており、あまり活性していないものから、相当に活性しもう少しで思い出せるような状態の情報、そして活性度が閾値を超えて完全に思い出せている情報などが存在している。

思い出せはしないが活性した情報は、私たちの意識の外でさまざまなはたらきをする。後続課題の遂行に影響を与え、単語の処理が早くなったり、ある人の人物像の形成に影響を与えたり、女性に親切になったりする。コンピュータで言えば、ＲＡＭに載っていない情報が現在の作業に影響を与えてしまうという奇妙なことが起きている。さらに、さまざまな記憶はまさにつながっている。つながっているだけでなく、その間に活性のやり取りがあり、記憶システム内のある情報の活性は別の情報に広がっていく。こうしたはたらきが連想を支えている。
このようなことから、私たちの記憶はある部分、常識やコンピュータの記憶装置と合致する部分もあるが、かなりの部分で異なっていることがわかるだろう。しかし、人間の記憶はさらに不思議な性質を持っていることが明らかになってきた。これらの研究は表象という概念に根本的な再検討を迫っている。このことについては、次の章で検討していきたいと思う。

ブックガイド

読みやすくおもしろいのは、記憶の研究の最先端を切り拓いてきたシャクターによる、

ダニエル・L・シャクター『なぜ、「あれ」が思い出せなくなるのか――記憶と脳の7つの謎』春日井晶子（訳）日経ビジネス人文庫、二〇〇四年

高橋雅延『記憶力の正体――人はなぜ忘れるのか？』ちくま新書、二〇一四年

である。

専門性が高いが、記憶については良書がたくさんある。たとえば、

太田信夫、多鹿秀継（編著）『記憶研究の最前線』北大路書房、二〇〇〇年

また、より新しいものとしては第1章に挙げた「現代の認知心理学」シリーズの中に、

太田信夫、厳島行雄（編）『記憶と日常』北大路書房、二〇一一年

がある。

人はふと思い出すという心のはたらきによりいろいろなことができる。こうしたユニークな視点から研究をま

とめたのが、

関口貴裕、森田泰介、雨宮有里（編著）『ふと浮かぶ記憶と思考の心理学――無意図的な心的活動の基礎と臨床』北大路書房、二〇一四年

である。

ワーキングメモリについては、以下の二冊を挙げる。

苧阪満里子『ワーキングメモリ――脳のメモ帳』新曜社、二〇〇二年

アラン・バドリー『ワーキングメモリ――思考と行為の心理学的基礎』井関龍太、齊藤智、川﨑惠里子（訳）誠信書房、二〇一二年

まず前者から読むことを勧める。後者はこの概念の提唱者による大著であるが、非専門家にはちょっと難しいかもしれない。

この章の後半で取り上げたプライミングを用いた研究は、認知心理学の領域でも盛んだが、社会心理学でも膨大な数の研究が行われている。それらについては、

ジョン・バージ（編）『無意識と社会心理学――高次心理過程の自動性』及川昌典、木村晴、北村英哉（編訳）ナカニシヤ出版、二〇〇九年

が詳しい。ただしこれも専門性が高い。

第4章　生み出す知性――表象とその生成

第2章で述べたように、表象と計算という考え方についてはさまざまな疑義が呈せられている。一つは、表象そのものの性質に関わることである。従来、表象とは外界を（一定程度まで）正しく反映したものであり、それは意識可能であり、よって言語的に、あるいは命題のような形で、明確に表すことができると考えられてきた。もう一つは、表象の作り方に関わる疑義である。従来は、一度入力を受け取ると外の世界と無関係に、あたかも入力を受け取ったプログラムがバッチ処理を行うような形で表象が作り出されるかのように語られてきた。こうした暗黙の仮定は、論理的にも実証的にもかなり怪しいということが、さまざまな分野の研究からわかってきた。そこで、本章ではこれらの研究を紹介しながら、表象概念を再検討してみたいと思う。

1　はかない知覚表象

第2章ではマグカップを例にとり、マグカップが見えるということ、マグカップが認識されるということは、私たちの中にマグカップの表象、正確に言うとその知覚表象が成立していることであると述べた。今、私にはマグカップ、その後ろにあるPCやそれが載っている黒い机、左前方にあるライトなどが、位置関係も含めて、その全体関係がしっかりと見えている。ということは、それらのさまざまなものやその空間的関係を含む視覚表象が存在しているということになる。

ところが、そうとは言えないことが知覚や注意の研究者たちの努力によって明らかにされたのである。レンシンクら[21]の実験では、二枚の画像が用いられる。この画像はだいたい同じなのだが、一ヵ所だけ違う部分がある。この異なっている部分はきわめて明白で、もし二つを並べて呈示されれば瞬時にわかるようなものである。実験ではこの二つの画像が一秒程度の短い間隔で交互に何度も呈示される。ただ、一秒とは言っても、何が映っているのかは明確にわかるレベルである。参加者には、この画像を見ながら違っている部分を見つける、つまり間違い探しをすることが求められた。

二枚並べれば瞬時にわかるレベルの違いなのであるから、数秒以内で多くの人は違いに気づくはずと考えられる。しかし、実際は全く違う。数秒で気づくという人はほとんどおらず、数十秒経っても気づかない人たちが多数存在する。私も講義でこれを使ったデモ実験を行うが、一〇〇名程度の受講者のうち、すぐにわかる人は二、三名程度しかいない。一分近く流し続けても気づけない人も相当数存在する。一方、これに気づいてしまうと、その違いはあまりに明白になり、それを長い時間気づけなかった自分にひどく驚いてしまう。

この現象は、チェンジ・ブラインドネスと呼ばれ、非常に多くの研究者の注目を集めた（日本語では変化の見落とし、変化盲などと呼ばれる）。なぜ注目を集めるかは明白だろう。私たちはものを見ている時、それは完全に見えていると信じている。見えているものはあるし、あるものは見える。ないものは見えないし、見えなければ（おそらく）ない。人が何かを見たと言えば、その人が見た場面にそれが確実に存在したということになる。逆に見ていないと言えば、その場面にそれは存在していない。目撃者の証言が法的な判断・決定にきわめて重要な役割を果たすのも、心霊写真が怖いのも、これが理由である。しかし、チェンジ・ブラインドネスは、こうした私たちの常識を根底から覆してしまうのである。

当然のことながら、あまりにも劇的な実験結果と驚くべき解釈に対して、さまざまな反論が加えられた。つまり、チェンジ・ブラインドネスの実験状況には不自然なものが何か混入しており、それによって変化の知覚が妨げられているのではないか、という反論である。実際、そういうものはある。はじめの説明ではわざと省いたが、この実験で交互に繰り返して呈示される二つの画像の間に、きわめて短い時間（〇・一秒程度）何も描かれていないブランク画像が挿入されている。そしてそれをとってしまい、単純に二つの画像を交互に呈示すると、誰でもほぼ瞬時に変化に気づいてしまう。

これは、心理学の世界では古くからよく知られている、マスキングと呼ばれる現象が関与していることを強く示唆している。マスキングとは、ある刺激の呈示直後に別の刺激を呈示すると、はじめに呈示した刺激の知覚が妨害されるという現象である。つまり、後から来た情報が前の情報を上書きしてしまうのだ。これをチェンジ・ブラインドネスに当てはめると、はじめの画像はちゃんとすべてが認識されるが（つまり正確な知覚表象が作り出される）、ブランク画面の情報によってその表象が上書きされてしまうがゆえに変化の知覚が生じない、という説明が可能になる。だとすれば、チェンジ・ブラインドネスはマスキングが伴うような、ある特殊な状況だけで生じる、ということになり、見ることについての私たちの常識は維持され、伝統的な表象観を変える必要もなくなる。

しかし、そうはいかないことが別のタイプのチェンジ・ブラインドネスによって明らかにされた。これは、図4-1の左に示したような一枚の画像のある部分を、数十秒かけて少しずつ変化させていくというタイプのものである。この画像では全体の四分の一を占める台座の部分が明るい橙色から紫色に変化する。このことからわかるようにある部分といっても相当に大きな部分であり、これもはじめの画像と最後の画像を同時に見せられれば、すべての人が瞬時にその違いに気づく。もちろんこの実験では一枚の画像しか用いられておらずマスキングは生じない。こういう条件で実験を行っても、人間は変化に気づくことはほとんどできない。つまりマスキングが生じない環境下でも、人間はある意味で自明な変化に気づくことができないのである。

このことは、人間が作り出す視覚表象はきわめておおざっぱなものであり、カメラやスキャナで取り込まれるような画像とは大きく異なるものであることを示している。どうしてこのようなことが生じるのだろうか。さまざまなレベルの説明が可能である。まず挙げるべきは人間の注視点である。図4-1右はゆっくりと変化していく画像を用いたチェンジ・ブラインドネスの時に、人間がどこを見ているかを表したものである。明るいところは視線が何度も向けられた部分、暗い部分は少しだけ向けられたところ、そして何もないところは視線が向けられなかった部分を示している。この画像か

図 4-1　スローチェンジタイプのチェンジ・ブラインドネス[22]

左は初期画面であり、この中のかなりの部分を占める台座の色が橙色から徐々に変化し、最終的には紫色になる。右はこの変化検出課題を行っている時の注視点。白の楕円の内部あたりを最もよく見ている。左図と変化のない部分は見ていない。

ら、数十秒の画像の呈示にもかかわらず、人間は特定の部分を集中的に見ており、それ以外の部分には全く注意を向けていないことがわかる。これは変化を検出してくださいという課題中のものであることを考えるとさらに驚きである。意識的には、「どこか変化しているはずだ」と考え、画像をくまなく見ている気になっているが、実際にはそうではないのだ。

このメリーゴーランドの画像をよく見てみると、主要な部分、つまりメリーゴーランドの馬やその起動装置あたりに集中的に視線が集まっている。同様のことは二枚の画像が入れ替わる、最初のタイプのチェンジ・ブラインドネスの実験でも確認されている。ある画像では、男女が食事をしている場面で、背後にある鉄柵の水平部分が上下するのだが、そこには全く視線が向けられず、二人の顔や食べているものに集中的に視線が向けられている。こうした事情で、人間は変化を検出することがなかなかできないと考えられる。要するに、私たちの目は節穴なのである。

では、なぜ節穴になるのだろうか。これについては、視覚性のワーキングメモリが限定されているからという説明がある。一度にワーキングメモリ内に貯蔵できる視覚情報はどうやら四つくらいしかないと言われている。つまり、いっぱい見てもどうせ保持できないから、限定されたところしか見ていないというわけである。

しかし、節穴になる理由はそれだけではない。目は万能のように思えるが、ひどい欠陥を抱えた器官でもある。網膜上の視細胞は、カメラのように均一な構造になっているわけではない。視野全体の範囲はほぼ二〇〇度程度といわれているが、文字などの判別に使われる非常に解像度の高い部分は数度程度でしかない。色がわかる程度の範囲でもせいぜい七〇度程度である。よく見える範囲がこれほど狭いので、人は頻繁に眼球を動かす。こうした眼球の動きはサッケードと呼ばれる。サッケードは〇・〇五秒程度の時間で行われるが、この間とその前後〇・〇一〜〇・〇二秒程度は視覚情報の処理が大幅に制限されてしまう。つまり、目の持つ構造、働きによって、得られる情報はそもそもがひどく欠損したものになっているのである。

抽象度の高い別の説明もなされている。この研究を長年行ってきたオリーガンと哲学者のノエ[23]は、視覚情報処理プロセスが外の世界を前提とし、そことの密な相互作用が視覚表象を生み出しているという考えを提案している。伝統的な考え方では、人は視覚情報を取り込み、それの関係を整理して、見ている場面全体の表象を内部に作り出すとしてきた。しかし、彼らの考え方にしたがえば、視覚情報処理においては、一定の情報を取り込み、部分的な表象だけを作り、あとは必要に応じて外の世界に目を向けて、その時その時に必要な部分の表象を作っているだけなのである。

こうした説明を支持する実験も、別の研究者によって行われている[24]。参加者の課題は、さまざまな色のピースが並べてある場所から適切なものを選んで、モデルとなっている簡単な二次元図形と同じもの＝コピーを作るという簡単なものである。ふつうに考えると、モデルの特定の場所を見てそこの色を確認し、ピースの山から同じものを取り出して、所定の位置に置く行為を繰り返すということになるだろう。つまり、モデル上のピースの位置と色を確認し、それを山から探し、所定の位置に置くことの繰り返しとなるはずである。

しかしながら、参加者の行為のシークエンスはこれとは異なっている。まずモデルの特定の場所をみる。そしてその色を確認した上で山の中から同じ色のものを探す。そして次に行うのはそれを所定の場所に置くことではなく、またモデルの配置を見直し（おそらく位置を確認して）、そして所定の場所に置くということなのである。つまり、最初にモデルを見た時には場所の情報は取り込んでおらず、色しか把握していないのだ。色と場所くらい一度に覚えられそうなものだが、この結果はそうした期待とは異なった人間の姿をあらわにしている。だから、参加者が最初にモデルを見てピースを探す時に、こっそりとモデルのほうの色を変えてしまってもほとんどの参加者はそれに気づくことなく、自分が取り上げたピースの色とマッチする部分をモデルの中に探して淡々と作業を進める。これはチェンジ・ブラインドネスとは全く違った状況で行われたものだが、チェンジ・ブラインドネスで見た人間の姿とよく一致している。

どの説明が正しいのかは、現在のところはよくわからない。ただ、この事実だけからしても、表象の性質についての従来の仮定、すなわち表象が世界をある程度まで正しく写し取り、安定して私たちの心の中に存在するという仮定は捨て去らねばならないことは確実である。また、もしオリーガンたちの説明が正しいとすれば、一度情報を受け取ったらあとは世界と没交渉で（これをオフラインと呼んだりする）表象を作り出すという、表象の作り方についての従来の仮定も相当に疑わしいものとなるだろう。

注視点、アイトラッカー

人間の網膜は、どの部分でも同じ感度で対象を把握できるわけではない。字などの微細なパターンを識別するためには、空間的な識別能力が特に高い中心窩と呼ばれる部分を用いなければならない。この部分はとても小さく、だいたい数度程度（二〜五度）とされている。つまり、六〇センチメートル離れた場所にある数センチメートル程度のものが中心視可能な領域となる。

こうした次第だから、本を読んだりする時には目を頻繁に動かし、中心視の領域を移動させていかねばならない。この時、目は滑らかにスキャンするように動くのではなく、急速な運動＝サッカードと停留を繰り返す。

アイトラッカーという装置を用いることにより、こうした目の動きを記録していくことができる。現在は赤外線を眼にあててその反射を計測するものが多い。著者が大学院生の頃には古いアイトラッカーがあったので、かなり前から用いられていたようである。当時は頭を固定する必要があり、かなり拘束が強かった。しかし、近年は頭を固定する必要がない上、きわめて軽量で、そもそも何も装着しなくてもよいものなどが開発されている。また、分析用のソフトも充実しており、注視点がわかるだけでなく、注視点の移動の順番、軌跡、注視回数などを自動的に計算し、わかりやすい形でビジュアルに表示することなどができる。この装置は広告や商品のパッケージのデザイン、コンピュータソフト、ウェブサイトの画面構成など、さまざまな分野で活用されている。

2 言葉と表象

これまでに挙げてきた人間の表象のはかなさ、もろさについて、他の原因を考えることもできる。それは言葉である。

同じものを何度も見ているとそれは記憶される。別の言い方をすると、視覚表象が繰り返されることで、それは記憶表象となる。この記憶表象は外界で見たものをそれと認識する時、つまりカテゴリー化を行う際に用いられる。たとえば「馬」を実物で何度も見たことのある人はそれほど多くないだろうが、写真、テレビを通して見ることを繰り返すことで安定した記憶表象となっている。だから、私たちは馬の姿を見た時に、それがサラブレッドであろうが、ポニーであろうが、馬車を引くような馬であろうが、すぐに馬と認識することができる。こうしたことからすると、さぞや精密な馬の記憶表象ができていると考えたくなる。

さて図4-2を見ていただきたい。これは馬の絵である。描いた人たちは幼稚園児ではない、大学

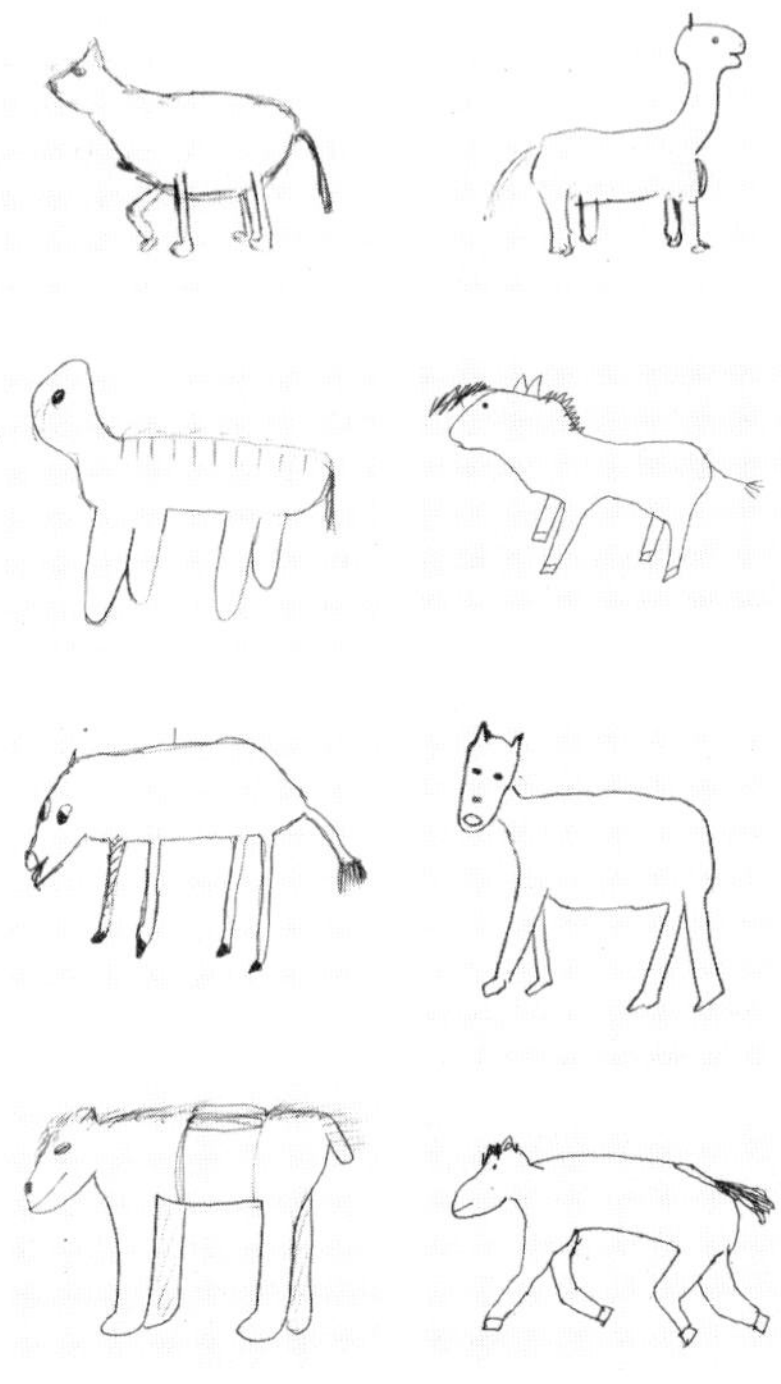

図 4–2　大学生の描いた馬の絵

生である。そして彼らは「おもしろい馬を描いてください」と言われたわけではなく、「できるだけ写実的に馬の絵を描いてください」と言われていた。これは講義の時にやると、大いにウケる。隣の人の絵を見て大笑いしている人自身の絵も、大差ないものであることが多い。

　私たちの洗練された馬認識能力から見て、この絵はどう解釈すればいいのだろうか。むろん絵が下手というのは間違いないのだが、それだけではすまない部分もある。たとえば、絵の中にはたてがみが首だけでなく、背中を超えて、臀部まで伸び、しっぽとつながっているというものがあったりする。もちろんそんな毛深い馬はいない。またこの図の中にもあるが、獅子舞のように見える馬もいる。これは後ろ足の関節の曲がり方が馬としてはあり得ないためであると思われる。つまり、見たことのない要素が写実的な（？）絵の中に入り込んでしまっているのである。

さて、次は図４-３を見ていただきたい。この絵は美術部の学生が描いたものではない。重度の自閉症のナディアという名前の女性が、五歳の時に描いた馬の絵である。ナディアはこの時、ほとんど言葉を発することができず、社会的にも無反応で、体の動きもぎこちないものであったという。しかし、三歳の時に突然教えられてもいないのに（そもそも教えることができない）、突然に人や動物の線画を描き始めたという。この絵は何よりも写実的な正確さがある。また、図４-２とは異なり、馬が動いている時の姿を描いており、大変に躍動感あふれるものとなっている。これは、ナディアが視覚経験から、驚くべき精密さの記憶表象を作り出していることを示している。まるで写真で写したかのようなこの記憶は、直観像とか、写真的記憶と呼ばれるものに基づいていると考えられる。

サバン症候群

サバンというのは、フランス語の「知る」という動詞から派生して、「知恵ある」という意味である。もともとはこれに idiot という言葉がついており、「知恵ある愚者」と表現されていた。このことからわかるように、知的な障害があり、通常の生活が難しいが、ある特殊な分野に並外れた才能を示す人たちを指す。非常に多数の数字を覚える能力、風景などを覚えた上で絵に表す能力、音楽的な才能など、現れ方はさまざまであるが、一部の例外を除くとその能力が発揮される範囲は限定されている。

本文で紹介したナディアは自閉症とされているが、こうした特異な能力は自閉症者にだけ現れるわけではない。また自閉症者のすべてがこうした能力を持っているわけでもない。

図 4-3　五歳の自閉症児ナディアの馬の絵[25]

もう一つの驚くべき例は、チンパンジーを用いた実験から得られる。川合ら[26]はアイというチンパンジーを用いた実験から、このチンパンジーが驚くべき直観像を持っていることを明らかにした。この実験では、六〜九程度の数字がランダムな位置にタッチパネル上に表示される。アイに課された課題は、この数字を順番に押していくことである。ちなみにアイは数字の順番についての訓練を受けており、1の次は2、2の次は3というようなことは学習ずみである。さてこの課題が難しいのは、呈示されてから一つ目の数字に触ると、残りの数字の上にはマスクがかけられてしまい、何がその位置にあったのかがわからなくなるという点にある。しかしこうした事態でも、アイは何のことなく、淡々とこの課題を正確にこなしていく。ビデオが京都大学霊長類研究所のウェブサイト[27]上にあるが、これを見ると、アイが全く悩んだり迷ったりせずに、きわめて迅速かつ正確に行っていることがわかる。

ちなみに、人間はどうかというと、大学生であってもアイのようにできることはまずないという。

こうした例に共通するのは何なのだろうか。ここからは哲学者であり、進化学者であるハンフリーの考え方に従ってこの問題を考えてみたい。彼はナディアの描いた絵を、一万五千年から三万年前にクロマニヨン人によって描かれたとされる、写実的で、躍動的、遠近感のある馬の洞窟画と比較している。彼の『喪失と獲得』に掲載されているクロマニヨン人による馬の群れの洞窟画とナディアの絵との類似性は衝撃的なほどである。ここからハンフリーは、優れた視覚的な記憶の背後には、言語の欠如があると主張している。裏を返せば、私たちの視覚的記憶が驚くほど貧弱なのは、言語を獲得したせいということになる。

ハンフリーの議論は、私たちにいくつものだいじなことを気づかせてくれる。まず言語的な記述が持つ特質である。私たち人間は、進化の過程で言語というものを発見し、それを洗練させてきた。言語は単語の組み合わせであり、単語、特に名詞は具体的な対象の代理物=表象となっている。だから場面の中から対象を抜き出し、それを単語に置き換えるという作業が必要になる。そしてそれらの役割を特定した上で、ある語順に並べ替える（あるいは付属語をつける）ことでその役割を表現する。つまり、茫漠とした全体を個々の要素と関係に切り分けるという作業、すなわち「分析」を可能にした。そしてそれが概念と組み合わさることで、些細な差異を無視して本質への注目を可能にさせた。また言語の持つ階層性、生産性を利用して多様な状況を記述したり、非現実の世界をも構築できるようになった。

しかし、言語は万能ではない。何でも記述できるわけではない。得意なものとそうでないものがある。言語は全体的な形状、布置などを伝えるのには向いていない。たとえば人の顔を考えてみる。私たちはある程度の時間、ある人の顔を見ればそれを忘れることはない。どこで見たか、何という名前だったかを忘れることはあっても、顔の記憶ははっきりと残ることが多い。しかし、人の顔を言語的に記述しようとするととても難しい。風景などもそうである。旅行中に見たすばらしい景観を言葉で伝えられる人は、優れた文筆家を除けばほとんどいない。

さて、こうした事情にもかかわらず、無理に全体的布置を言語的に表現しようとすると、「天然パーマで、目はぎょろっとしていて、口は小さいけど、唇は厚い」などという記述になってしまう。ここでは全体的な形状や布置がそれを構成する部分の記述、つまり分析的な記述になっている。しかし、こうした分析的記述から実際の顔を復元することは全く不可能である。

スクーラーら(28)が行った実験は、このことをまさに明らかにしている。この実験では、一方のグループにはあるビデオに登場する人の顔を詳細に言語的に記述するように求め、もう一方のグループにはそうしたことをさせなかった。その後に何人もの人の顔を見せ、その中にビデオに登場した人物がいるかを尋ねた（つまり、再認実験を行った）。すると言語的に記述したグループの成績は、もう一方のグループの成績よりも悪くなったのである。こうした現象は、言語隠蔽効果と呼ばれている。つまり、ここで言語的に記述したグループは、顔の記憶や再生には不適当な言語化しやすい特徴に焦点化してしまったために、再生が劣化してしまったのだ。

言語化は、記憶だけではなくて好みも変えてしまうこともある。山田[29]は、具象画と抽象画を用いてこのことを明らかにした。各々の絵について、好きなところを書くグループと、嫌いなところを書くグループを作る。次に、どちらの絵が好きかを選んでもらう。さて、するとどういう結果が出てくるだろうか。好きなところを書いたグループは具象画を好ましいとする人が多くなり、嫌いなところを書いたグループは抽象画を好ましいと考える人が多くなる。つまり、言語的に記述することによって好みが変わってしまうのである。この理由は、理由の記述のしやすさにある。具象画は具体的なので、好きなところも嫌いなところもいろいろと書ける。好きなところをいっぱい書くことにより、その絵を好きになってしまう。一方、嫌いなところもいっぱい書けるので、嫌な点が多く見つかり、結果として抽象画のほうが好きになってしまう。

ハンフリーの考察がもたらすもう一つのだいじな点は、私たちが二つの認知システムを持っていること、そしてそれらは両立が難しいということである。前述した顔の認識のように、私たち人間は、分析を行わず全体的な布置、構造を一挙に理解する、非言語的でイメージ的な認知システムを持っている。これは多くの動物にも共通したものと言える。一方、私たちは言語を獲得、洗練させることにより、分析的な認知システムも築き上げてきた。そして、この後からやってきたシステムは、少なくとも文化的な生活を送る場合には優先的に作動するようになった。その結果、非言語的なイメージ的認知システムのはたらきは抑制され、限られた状況以外では表に現れなくなったと考えられる。

だから、言語的、分析的なシステムのはたらきを弱めることで、非言語的、イメージ的な認知システムのはたらきが表に出やすくなる可能性もある。経頭蓋磁気刺激法（ＴＭＳ）と呼ばれる装置（方法）によって、磁気を発生させることで、それが当てられた部分の神経活動を一時的に抑制することができる。これを概念や抽象的な意味の処理に深く関与するという場所（側頭葉前部）に当てた後にデッサンをさせると、これを行う前に比べて描かれた絵の質がよい方向に変化するという研究もある[30]。このことは二つの処理システムの両立が難しいことの傍証となるかもしれない。

直観像や写真的記憶は人間にも残っているが、それは言語の発達とともに力を弱めるという説もある。個人談で申し訳ないが、一部の幼稚園児にはこうした能力があるように思う。彼らの中には神経衰弱というトランプのゲームがおそろしく得意な連中がいる。私たち大人は「左上がスペードの３で、その隣がハートのキング」などという言語的、分析的な形でこのゲームを行う。だからどこかにキングが出た時には、「えーと、たしか左上の隣だったから」などという形でがんばる。しかし、子どもたちの中には、どうもそうやって覚えているとは思えない者もいる。まるで前述のチンパンジー、アイのように、全く逡巡することなくカードをめくって枚数を稼いでいったりする。

さて、前節で見た表象のはかなさ、もろさはもしかすると、人間の言語依存性が原因である可能性もある。つまり、画像を構成する部分を分析的に検討していくという言語的な分析的認知モードがはたらくために、私たちは変化を見落としているのかもしれないということである。もちろんこれは仮説であり、今後の検証が必要だと思う。特に、言語が未発達の子どもや、言語を用いない動物たちを対象とした実験が待たれる。

3　作り出される記憶

前節で、知覚表象がこれだけ不正確ではかないことがわかったのだから、記憶表象はもっとそうだろうと予測できる。実際にその通りである。この節では、記憶表象がはかないものであること、そしてそのはかなさを補うために人はどのようなことをするかについて、考えてみたい。

記憶は、記銘、保持、想起からなると述べた。記憶がはかない、歪むという場合、きちんと覚えなかったからという記銘の段階の問題、徐々に薄れていくからという保持の段階の問題、覚えてはいるはずだが思い出せなかったという想起の段階の問題として捉えられることが多いと思う。しかしこうした説明とは相容れない現象もある。

この分野の研究をリードしてきたロフタスという研究者が、四〇年以上も前に行った研究[31]は、非常に印象的である。この実験では、参加者は車が衝突する場面のビデオを視聴する。その後に、一方の参加者には「車がぶつかった時にどのくらいのスピードでしたか」と訊ねる。もう一方の参加者には「車が激突した時にどのくらいのスピードでしたか」と訊ねる。このように訊ねると、後のグループのほうが前のグループよりも車の速度を高く報告することがわかった。さらに、一週間後に同じ人たちに、「車のガラスは割れましたか」という質問をする。実際には割れてはいないのだが、激突という言葉を聞いたグループが「割れた」と報告する割合はもう一方のグループの二倍にもなったのである。

この実験結果は、記憶が符号化や保持の時点ではなく、それらの後に得た情報によって歪み、書き換えられることを示している。ただし、最初の質問で「激突」という言葉を聞いたグループの答えは、その言葉につられて高い値を報告してしまったとも考えられる。そもそも人間は速度を正確に計測することなどできないのだから、そうした可能性は十分にあるだろう。しかし、ガラスが割れるか否かは、そうした問題とは異なる。事実としてあったか、自分が見たか否かであり、場に合わせて値を少し調整したというレベルの歪みではない。再生の時に与えられた情報によって、全くないことが作り出されてしまったのである。これは構成的記憶と呼ばれている。

さて、これが心理学実験室の中だけで起こることならば、「へぇ、おもしろい」ですむのだが、そうはいかない。ロフタスはその後、より現実的な場面へと向かうことになる。彼女が注目したのは、何十年も前の家庭内での性的暴行によって、父親などが娘から訴えられるという事件である。当然、なぜ何十年もそれが放置されてきたのか疑問を感じるだろうし、耐えきれなくなって訴えたのではないかと考えるかもしれない。しかし、そうではない可能性もある。

幸いなことに、これに関する彼女の仕事については、『抑圧された記憶の神話――偽りの性的虐待の記憶をめぐって』というタイトルで邦訳があるので、詳しくはそちらに譲るが、以下簡単に典型的なケースを要約してみたい。心的な不調に悩む成人女性が、ある日カウンセラーのもとを訪れる。そのカウンセラーは、こうしたメンタルな不調は、幼児期のトラウマ、特に性的なトラウマに基づいており、このトラウマのきっかけになった事件を思い出すことにより回復するという理論を信奉している。つまり、幼児期のあまりに不快な出来事は、思い出すたびにその人をひどい状態に陥らせてしまうため、その記憶を抑圧し無意識の中に封じ込めてしまう。しかし、その副作用としてさまざまな心的不調をもたらす、というのである。そういう次第で、カウンセラーは、その女性に過去の性的虐待について思い出すように促す。女性は、はじめはそうしたことはないと否定するのであるが、カウンセリングを何度も続けていくと、ある時に突然「思い出す」のである。その思い出し方は、「あなたがそこまでいうのならばあったような気がします」というようなものではなく、鮮やかなイメージ、その時の激しい感情状態とともに事件が思い出されるという。

　こうした想起の中には、本当のこともあるのだろうが、現実的、あるいは科学的にあり得ないことも「想起」されている。たとえば父親に強姦され妊娠したので中絶を行ったことを「思い出した」女性がいる。しかし、医学的に調べると、これまでに妊娠した形跡がない。あるいは両親が毎週地元の乳児を殺していたと「思い出した」女性もいたが、近隣でそうした事件は全く起きていない、などである。

　では、彼女たちはなぜ「思い出して」しまったのだろうか。これを確認するための、巧妙な実験がある[32]。まず、参加者の親に事前インタビューを行い、六歳以前に起こった出来事をいろいろと聞いておく。その後に、参加者に子ども時代の出来事についてのインタビューを行う。この中には親から聞いていたことが含まれる一方、実際には起きていないことも含めておき、それについて思い出せるか否かを訊ねる。そしてこれを日をおいて三回繰り返す。

すると、実際に起きた出来事は八〇パーセント程度想起できる一方、起きていない出来事も「想起」してしまうケースが一〇パーセントほど出ることがわかった。さらに、思い出せない時に「その場にあったもの、いた人、場所がどんなだったかをイメージしてください」という指示を与えると、起きていない出来事を「想起」する人が二五パーセントにもなることも明らかになった。想起の仕方もカウンセリングの場合と同様であり、「何となくそんな気もする」というようなものではなく、鮮明なイメージとともに想起されることが多いという。

つまり、繰り返しの暗示とイメージを作り出すことにより、全く経験していない出来事が自分の記憶になってしまうのである。こうした記憶は虚偽の記憶と呼ばれている。また、虚偽の記憶には、聞き取りを行う聴取者の期待（思い出してほしい）に沿いたいという調整も、重要な役割を果たしていると言われている。

そして、最も重要なことは、これらの虚偽の記憶は、無意識のうちに形成されてしまうということである。誰も、自分で嘘の記憶を作ろうとは考えていないだろう。しかし、暗示とその繰り返し、そして聴取者の期待への同調が複雑な化学変化をもたらし、本人の知らないうちに記憶を作り上げてしまうのである。むろん被害を訴えた女性の記憶のすべてが虚偽ということにはならない。しかし、起きてもいないことを起きたと真面目に報告する可能性は否定できないのである。

こうしたことを考慮しながら、日本の検察、警察の取り調べを考えると、暗い気持ちになる。容疑者は逮捕、拘留後、他との連絡を遮断され、誰にも相談もできないまま最大二三日間拘束される。そしてその間毎日取り調べを受けることになる。私の同僚の高木光太郎さんは司法と心理についての専門家であるが、彼から聞いた話によると、海外でこのことを含めた研究発表をすると、「二三時間の間違いだろう（日本人の英語は……）」と言って笑われるそうである。間違いではなく、本当に二三「日」なのだというと、欧米の研究者たちは一様にひどく驚くという。それもそのはずで、かの国での勾留は数日程度であるからだ。

さて、二三日間も勾留され、朝から晩まで数多くの暗示を含む取り調べを繰り返し受けていたらどうなるのだろうか。先に述べた実験からすれば、ありもしない記憶が形成され、「自白」が作り出される可能性は相当に高いと考えなければならない。実際、勾留された人の話を聞くと、はじめは絶対にやっていないと主張していたが、徐々にわけがわからなくなり、そんな気もしてきて自白してしまった、という報告がなされることがある。

警察、検察は、悪意で虚偽の記憶を形成しようとしてはいないだろう。しかし、今のような事態が続く限りは、冤罪は不可避だ。誤った自白により、ある人が有罪となってしまうということは、真犯人を取り逃がしているということなのだ。このことを強く意識してもらいたい。また私たち一般市民も、被疑者が一度行った自白を法廷で撤回したと聞くと、「卑怯者」という言葉を連想的に思い浮かべてしまう。しかし、こうした考え方も修正しなければならない。

4　記憶の書き換え

これまで見てきたように、記憶はそれほど安定したものではない。目撃者証言の研究などでは、類似した、あるいは時間的に近接したエピソード記憶表象が融合してしまうということが報告されている。この分野の本には必ず載っているというくらい有名な実話がある。オーストラリアで、ある心理学者が性的暴行により逮捕された。これは彼が犯人であるという被害者の証言に基づいている。しかし、彼はすぐに釈放されることになった。というのも、彼には完璧なアリバイがあったからである。そのアリバイとは、テレビの生放送に出演していたという動かしようもないものであった。では、なぜ被害者は彼を犯人としたのだろうか。実は、被害に遭った時に、彼女はその心理学者が出演しているテレビ番組を見ていたからなのである。つまり、ここでは、テレビを視聴していた時のエピソード記憶と、被害に遭った時のエピソード記憶が融合してしまった可能性がある。テレビで見た人と実物を取り違えるなどということがあるのだろうか。もちろん詳細はわからないが、極限状態にある精神においては、そうしたことが生じるのかもしれない。

このエピソードについては、別の解釈も可能だろう。二つのエピソード記憶表象が融合したわけではなく、その心理学者の顔がどちらの場面に現れたのかがわからなくなり、結果として間違った証言をしたという解釈である。これはソースモニタリングの失敗と呼ばれている。こうした現象は、とても日常的である。私も大学で知った顔の学生に会うのだが、その学生がどの講義に出席していたのかがわからなくなるということがよくある（というよりも、それが常態である）。こうしたことが日撃者証言においても見られる可能性は、十分にあると考えるべきだろう。

記憶の融合、取り違えと並んで興味深いのは、記憶の消去である。出来事の記憶、つまりエピソード記憶は、自己同一性と深く関係している。私たちは過去の自分の体験の所有者であること、つまりその記憶を持っていることで、自分が自分としてあることを、ある時は意識的に、ある時は無意識的に確認している。

したがって、記憶の欠如は時に深刻な混乱をもたらすことがある。朝目覚めたら、買った記憶のないお酒が冷蔵庫に入っている、知らない場所で寝ていた、なぜか泥だらけになったシャツが脱ぎ捨ててあるなどのことがあると、それがアルコールのせいであるとわかっていても、相当不安になるらしい。こうしたことが起きないように、私たち人類はエピソード記憶を形成したのかもしれない。

一方、思い出したくない過去を持たない人はいないはずである。深刻なものとしては、ＰＴＳＤと呼ばれる障害もある。これは、非常にショッキングな出来事を体験すると、その後もちょっとした手がかりによってそれが想起され、パニックになってしまうというものである。こうした経験の想起を抑止することができれば、ＰＴＳＤに苦しむ人の救いになる可能性もある。

人間において確認されているわけではないが、感情と記憶に関わる脳科学的な研究をリードしてきたルドゥーの研究チーム[33]は、ラットを用いて記憶の完全な消去の可能性を示している。この実験では、ラットに恐怖条件づけを行う。この実験では、光と音の二種類の条件刺激が用いられ、その後に足に電気ショックが与えられた。これを繰り返すことで、ラットは、光または音が呈示されると全身を震わせ、次にくる恐怖刺激を予期するようになる。

この学習が成立した時点で、一方の刺激（たとえば音）の呈示直後に扁桃体のはたらきを抑制する物質を脳に注入する。扁桃体は側頭葉の内側にあり、情動的な記憶、特に恐怖に関わる記憶に密接に関係しているという部位である。これによってラットは恐怖を感じないようになる。さて、この三時間後に音を出すと、やはりラットは身を震わせる。しかし、一日後に同じ音を出すと、今度は身を震わせなくなる。このことは、音から足へのショックという学習結果が消えてしまったことを意味している。もちろんそんな変な物質を脳に注入したので、脳全体が異常をきたしたのではないかという仮説も成立するかもしれない。ところがもう一方の条件刺激である光が呈示されると、やはり前同様、恐怖を感じて身を震わすのである。よって、記憶システム全体が障害を受けているわけではなく、特定の記憶内容が消去されたと考えるべきだろう。

つまり、ある刺激が恐怖を引き起こしていたのだが、その刺激を呈示しても恐怖を感じない経験があると、刺激と恐怖反応との間の結合が解除されてしまう、その記憶が消去されてしまうのである。

このように、記憶は書き換えられたり、消去されたり、他の記憶と混じったりする。そして暗示を繰り返すことで、虚偽の記憶のように全くあり得ない記憶が作り出されたりもする。記憶表象は決して安定したものではなく、その後に取得する情報の影響を受けて、ある部分は膨張、拡大したり、別の部分は消え去ったり、置き換えられたりしながら、絶えずその形を変化させていく。こうした姿は、いわゆる外の世界の写しという意味での表象を強く否定するものであると言える。また、記憶表象の持つこうした動的な性格は、チェンジ・ブラインドネスで見た知覚表象のはかなさとも共通する部分を持つように思われる。このことを検討する前に、もう一つの例を見ることにする。

条件づけ

生物は、生まれつきある種の刺激に対しては特定の反応をとるように決定されている。たとえば人間で言えば、急速にものが接近してくれば無条件に目を閉じる。この時、接近するものが無条件刺激、目を閉じることが無条件反応となる。ここで物体が接近する時に、「チン」と鐘の音を鳴らすことを繰り返してみる。すると私たちは、鐘の音がしただけで目を閉じるようになる。この時のチンという音刺激を条件刺激という。つまり、この条件刺激と目を閉じるという反応は本来結びついていないのだが、経験を通してこの間の関係を学習したということになる。

条件づけとは、学習の原理を探るために開発された方法である。大ざっぱに、古典的条件づけとオペラント条件づけの二つのタイプに分類される。本文中ですでに述べたのは古典的条件づけのほうで、これはロシアの生理学者パブロフによって生み出された。なお、この条件づけはレスポンデント条件づけなどとも呼ばれる。

本文中に出てくる学習の消去は、一般的には条件刺激と無条件刺激を一緒に呈示しないことによってなされる。つまり、チンという音がしても接近物が存在しないような経験を重ねることで、消去が行われる。ただし、ルドゥーらの実験のようにたった一度で消去がなされることはまずない。

5　仮想的な知識――アナロジー

この節では、前の節までと同様に、伝統的表象観の再検討を、アナロジーを例にとって行おうと思う。これまで知覚表象、エピソード記憶表象がはかなく、もろいものであることを、人間の頼りなさ、もろさというネガティブな観点から論じたが、こうした性質がプラスにはたらくこともあるということをここでは論じてみたい。

アナロジーの基本図式

さて、アナロジーとは、知らないことをそれとよく似たすでに知っていることにたとえることを指す。これにより、理解、学習するために用いられるものである。たとえば学校では電流を教える時に、水の流れを用いて説明することがある。電気という目に見えないものを、慣れ親しんだ水というものにたとえることで、その振る舞いについての自然な予測ができるようになる。ここでは、電流は水流、電池はポンプ、導線はパイプ、抵抗はパイプの細い部分に対応づけられている。よく似たものに比喩がある。

比喩のタイプ

比喩も、知らないことをよく知っていることにたとえることで、理解を深めるというはたらきがある。比喩にはいくつかのタイプが存在する。

隠喩（メタファー）とは、たとえば「彼女はわがゼミの宝石だ」というもので、彼女と宝石の間の類似性（美しい、貴重、価値があるなどなど）を基盤としている。直喩（シミリ）とは、同じように二つの対象の類似を基盤としているが、「彼女はわがゼミの宝石のようだ」に見られるように「ようだ（like）」という、比喩であることを示すマーカがついているものを指す。

換喩（メトニミー）とは、あることをそれと時間的、空間的に隣接する別のものによって表現する比喩である。たとえば「霞が関では永田町のこうした動向に強い危機感を持っている」という場合の、「霞が関」、「永田町」は各々中央官庁の役人たちと国会議員を指している。片方は場所、もう片方は人なので、この間にはむろん類似関係は存在しない。これは彼らの主な活躍場所がそれらであることを利用した比喩表現となっている。

提喩（シネクドキ）は、カテゴリー関係を用いた比喩表現である。焼き鳥という言葉の「鳥」は鳥一般を指すわけではなく、鳥カテゴリーに属する特定の鳥（鶏）を焼いたものである。また、花見は「花」によって、花カテゴリーの一つである「桜」を指している。

以上はわかりやすい比喩表現だが、別のタイプのより根源的なレベルの比喩表現もある。たとえば、「高級車」、「高収入」、「高い地位」、「高尚な趣味」、「頂点に上り詰める」のような表現では、空間上の位置（高い）がポジティブな意味を伝達している（むろん「高慢ちき」などの例外もある）。これらも比喩表現と見なすことができることが、レイコフ(34)によって示された。

ここでよく知らないこと、現在直面している状況や問題を、ターゲットと呼ぶ。一方、よく知っている過去の経験を、ソース（またはベース）と呼ぶ。通常この二つは、ある観点から見て似ている、つまり二つの間には類似性が存在している。

類似性

類似という概念は、認知科学の中で非常に頻繁に用いられるので、さまざまな議論がなされてきた。素朴に考えると、二つのものの近さ、遠さに比例するように思える。もう少し専門的に言うと、ある意味空間の中での二つのものの間の距離が、類似性を決めているように思える。

しかし、こうした考え方では説明できない現象があることが、トヴェルスキーら[35]によって明らかにされた。まず最小性というものがある。同じものは同じものなので、同様に類似しているはずである（つまり、意味空間上の距離がゼロ）。しかし、単純なもの同士（同じ四角）と複雑なもの同士（同一人物の同じ写真）の類似度は同じにはならず、複雑なもの同士の類似度のほうが高く評定される。もう一つは類似の非対称性と呼ばれるものである。AとBの類似性は、BとAの類似性に等しいはずである。しかし、人はカナダのアメリカに対する類似の度合いと、アメリカのカナダに対する類似の度合いを、等しいとは判断しないのである。最後の一つは、類似の三角不等式と呼ばれるものである。意味空間上の三つの対象x、y、zの間には、必ず距離（x,y）＋距離（y,z）＞距離（x,z）という関係が成り立つ。しかし、こうした関係が満たされない場合がある。こうしたことから、トヴェルスキーとカーネマンは、類似性が共通特徴の増加関数であり、かつ共有されない個別特徴の減少関数であるという対比モデルを提案した。

対比モデルでは、特徴は重みのついたフラットなリストに表現されていた。しかし、表象の構造に基づいて特徴が相互依存関係にあること、役割の異なる特徴が存在することが明らかになり、構造整列などの考えが提案されるようになった(36)。

アナロジーのかぎを握るのは、写像（mapping）と呼ばれるプロセスである。ここでは、ソースに含まれる要素をターゲットのそれに対応づけること、及びソースの特定の要素に対応する要素をターゲットに作り出すことが行われる。電気回路の類推でいえば、ターゲットは電気回路であり、ソースは水流となる。ここで水の流れと電気の流れ、ポンプと電池などの間に対応づけが行われる。一方、ソースにおいて成立している、「ポンプの押し出す力が強ければ水がより多く流れる」という事実に対応するものは、はじめはターゲットの電気回路には存在していない。そこで要素を置き換えてこの関係を写像し、「電池のパワーが強ければより多くの電気が流れる」という関係がターゲットの中に作り出される。

アナロジーは従来の思考にない柔軟性を持っており、認知科学者や人工知能学者の注目を集め、一九九〇年あたりには活発に研究が行われた。この時に研究者を悩ませたのは、写像の問題である。ソースの要素の何をターゲットのどれに写像するか、ということである。この問題は簡単ではない。ソースの中の要素数をnとすると、各要素について「写像する・しない」の2通りの場合があるので、全体としては2^nだけの可能性がある。ソースというのはよく知っている事柄なので、ここの要素はどんなに少なく数えても数十はあるはずである。知っている人はよくわかると思うが、n乗というのはすぐに恐ろしい数になる。二の二〇乗は一〇〇万程度、三〇乗になれば一〇億を超える。これだけの可能性の中から正しいものを選ぶことは容易ではない。また仮にm個の要素が写像できるということがわかったとしても、それらをターゲットのどれと対応づけるかについては、mの階乗だけの可能性がある。これもすぐに大きい数になり一〇の階乗は三〇〇万をゆうに超える。なお、これは一対一対応を仮定した場合のことであり、そうでなければ写像の候補の数は一〇の一〇乗となる。

こんな膨大な可能性を一つずつ検討していたら、アナロジーなどできるはずがない。人間は何かうまいことをやって、こうした困難を回避しているはずである。こうして登場したのが、構造写像理論(37)という理論である。この理論は、伝統的な知識表現の枠組みを用いて、その枠組みから人間の行う写像を説明している。

まずこの伝統的な知識表現の枠組みについて簡単に説明をしよう。世界には対象が存在している。太郎であるとか、マグカップであるとか、窓であるとか、そういったものが対象である。対象には属性というものがある。色、形、重さ、値段、高さなど、いろいろとある。そして対象は、この属性のそれぞれについて値を持つ。たとえば色という属性の値は灰色、重さという属性の値は三五〇グラム、などである。

これらの対象は、ただ単体として存在しているわけではなく、お互いがある関係で結ばれている。たとえば机の上にマグカップがあるなどということである。こうしたことから複数の対象をつなぐ「関係」が必要となる。たとえば太郎が窓を開けたというのは、「開ける」という関係によって「太郎」が行為主体として、「窓」が行為の対象として結びつけられる。ここで、関係「開ける」は、「太郎」や「窓」という対象を結びつけていた。このように対象を結びつける関係を一次の関係という（一階の関係ともいう）。一方、関係の中には関係を結びつけるもの、二次の関係もある。一般に一次以上は高次とまとめてしまうことが多い。たとえば「太郎が窓を開けたので、部屋に風が入ってきた」というエピソード記憶があったとする。ここで二つの一次の関係（「開ける」、「入る」）が、因果的な関係によって結びつけられていると考えるのである。

構造写像理論は、こうした枠組みを写像における制約としてダイレクトに取り込み、写像における三つの制約を提案する。第一の制約——対象の属性は写像しない。第二の制約——写像は一貫性を保ち、一対一の対応を見つけねばならない。第三の制約——高次の関係によって結びついている一次の関係を優先的に写像候補とする。なお、最後の制約は特別にシステム性原理と呼ばれる。

アナロジーにこの三つの制約を課すことにより、写像の候補となるものが大幅に減る。特にシステム性原理は、写像すべき関係、対象を絞り込むため、強力にはたらき、さまざまな類推を現実的な範囲内で可能にするとされる。この理論は提唱者のゲントナーのグループにより、人間が行う実際の写像にも見られることがさまざまな実験を通して示されている。この後、これらの制約だけでは不十分であるという立場から、その他の制約も加えた理論が提案されている。

表象という観点から重要なことは、ソースという知識表象の構成についての仮定である。この理論はソースの知識は多くの要素を含むという意味でリッチな情報からなっているということ、またそれらがさまざまなタイプの関係によってきれいに階層化されていることを前提としている。

制約

制約という用語は、日常語では何か束縛するもの、自由を奪うものということであり、ネガティブな意味合いを持っている。しかし、認知科学における制約という用語はポジティブな意味を持つことがほとんどである。

外界には膨大な数の情報が存在している。こうした情報を一つずつ処理していては膨大な時間がかかる。また、処理の過程においてもさまざまな処理の可能性が出てきて、それらを一つずつ吟味してどれが妥当かを判断することは不可能である。

こうした中では重要そうな情報や、有望そうな仮説に選択的に注意を向けて処理をしたほうがよい。このような情報のフィルタリングや仮説の絞り込みを行うものを制約という。これを行うことにより、重要な事柄に処理を集中させることが可能になる。

たとえば言葉の獲得において有名なガバガイ問題というものがある。これは指示の不確定性を示すために、クワインという二〇世紀を代表する哲学者が考案した問題である。たとえば幼い子どもに、携帯を手にして「これは携帯だよ」と言ったとする。この時、携帯という名詞が指示するものは何だろうか。論理的に考えると、これにはほぼ無限の可能性がある。たとえば「携帯」とはそれの固有名詞であるとか、その色であるとか、形であるとか、大きさであるとか、材質であるとか、誰かが手にしているものであるとか、さらにそれらの組み合わせ（茶色で直方体状のものが誰かの手の中にある状態）などを考えれば無限の可能性が出てくる。

しかし、子どもはそんな無限の可能性の中で悩むことはない。「携帯」という名詞は、単にそのような形をしたものの集合（カテゴリー）を指示する、という制約に基づいて単語の意味を獲得する[38]。子どもが急激に言葉を獲得していくことの背後には、以上のものを含めたさまざまな制約のはたらきがあるとされる。たとえば、相互排他性制約（ものの名前は一つである）、事物全体性制約（与えられた名前はその対象の全体に対する名前である）、事物カテゴリー性制約（与えられた名前は固有名詞ではなくそれが属するカテゴリーに対する名前である）などである。

制約は言語だけではなく、視覚（網膜像から三次元像の復元には無限の可能性があるので）、カテゴリー形成、洞察問題解決などでも用いられる。また、制約は一般に主体の内部に存在すると考えられるが、文化や社会などからの制約を考える立場も存在する。

ソースのオンライン生成

さて、ゲントナーの構造写像理論においては、ソースとなる知識の表象はきれいに階層化され、固定したものと仮定されている。しかし、本当にそうなのだろうか。ここでは電気回路におけるアナロジーを振り返ってみたい。

私は研究を始めたばかりの頃、小、中学校レベルの電気回路について大学生がどのように考えているかを調査したことがある。電池が一、二個、豆電球あるいは抵抗が一、二個ついたきわめて簡単な回路である。文系ではあるが非常に有名な大学の学生、院生にインタビュー形式で問題を解いてもらい、その答えを説明してもらった。結果は驚くべきもので、本当にできない。そういう部分もおもしろいのであるが、以下では彼らが説明に用いたアナロジーを中心に結果を述べてみたい。

自分の答えを説明する段階になると、ほとんど全ての参加者がオームの法則やキルヒホッフの法則に言及することなく、何らかの液体状のものが流れているという形で説明を行っていた。電池を増やすことはこの流れを多くし、抵抗や豆電球ではこれが滞るなどと述べていた。興味深いのは、抵抗における発熱を説明する際のソースの変化である。それまでは液状のものが流れているという説明をもっぱら行っていたのだが、抵抗と発熱という部分になると、流れるものを何か粒状のものに変更していた。

何のこともない調査なのだが、ここにはこれまでに述べてきたアナロジーの理論からすると奇妙な光景が見えてくる。参加者の多くは水や液体状のものが流れるというソースを用いていたが、そもそもそんなソースはあるのだろうか。ポンプと狭い部分を含む閉回路の水流システムなどは、ないとは言わないが、それを見たことがある人はほとんどいないだろう。つまり、彼らは経験していないことをベースにして、あたかもそれが目の前にあるようにしてアナロジーを行い、説明をしているのである。

もう一つの奇妙な光景は、簡単にソースを変化させるということである。ソースの変化は再写像というとてもコストのかかる計算を意味する。しかし、参加者の多くは発熱が絡むとすぐに液体の流れの類推から粒状の固体を用いたそれへと、何のことなく変化させている。むろん理由は簡単で、液体状のものの流れが熱を生むというのは常識的に考えにくいからだろう。

以上のことからすると、リッチな情報を含み、きれいに階層化されたソースが事前に長期記憶に存在していたとは考えにくくなる。実は参加者が用いた液体の流れのソースは、問題を解く時、説明の時にその場で、つまりオンラインで作り出された可能性が高い。

こうしたオンラインでのソースの生成のかぎとなるものは二つある。一つ目は抽象的ではあるが、断片化されておりコンパクトな形になっている知識である。私たちは、「押し出す力が大きければいっぱい出てくる」、「狭いところがあると流れが減る」、「道がいくつもあればスイスイ通れる」とか、抽象的ではあるが、経験に深く根ざした断片化された知識表象を多数持っている。抽象的であるというのは、これらの断片がさまざまな物体の運動から引き出され、それらに共通する要素を含んでいるからである。こうした知識表象は、水などの流体はもちろん、車や人の行き来、商品の流通などいろいろな場面に応用可能である。もう一つのかぎは、アナロジーのターゲットとなる電気回路である。電気回路では何かが流れており、流れる通路のようなものがあり、流れを作り出すものがある。

このような断片化された知識は、電気回路という特定の構造を持つターゲットを前にした時に、吸い寄せられ、自己組織的に構造を生み出すのである。つまり、ターゲットの持つ特徴や構造に合わせた形で、インタラクティブにソースが形成されているのである。そして、人間はその場でできあがったソースを、あたかも自分の中にもとからあったようなものとして利用し、それを動かしながら推論をしたり、説明をしたりするのである。

これはディセッサ[39]という研究者が人間の物理現象理解の特徴を分析した時の考え方とも共通する。この考え方では、人間は物理現象の観察を通して、これ以上説明ができない最小限の認知的な要素を作り上げているという。この最小限の認知的要素は、現象学的プリミティブと呼ばれる。たとえば「支えがあれば落ちない」とか、「何もしなければ動かない」などである。これらについてなぜかと言われても、ふつうの人は当惑してしまう。このようにこれ以上分解、還元ができないという意味でプリミティブなのである。これらが文脈に応じて呼び出され、また関連するリンクを通して他のプリミティブを呼び出したりしながら、物理現象の認識や、そこからの推測を生み出すという。この現象学的プリミティブの考え方は、要素的で、断片化された小さな知識表象が場面に応じてアナロジーのソースを作り出す姿ととてもよく似ている、というか同じものだろう。

また、これは虚偽の記憶を生み出す心の仕組みととても似通っている。虚偽の記憶でも、子ども時代の断片化された経験が数多く存在しており、それらがカウンセラーの課す課題、実験者の課す課題の要請に応じて引き寄せられ、自己組織的に一貫した構造を持つエピソードを作り出していた。これは、見たこともない水流システムをあたかも眼前にあるかのようにしてアナロジーを行う人のさまとよく似ている。記憶の場合には、それがネガティブな結果を生み出すことから人間の弱さのように感じられるわけだが、アナロジーを見れば、そうした弱さが場面への柔軟な対応を生み出していることがわかるだろう。

6　まとめ――表象とは何なのか

この章の目標は、表象概念の再検討を行うということであった。伝統的な見方に従えば、表象は外界を正しく反映し、規則正しく配置され、永続的に存在するものと仮定されてきた。しかし、知覚表象、記憶表象、知識表象という三つの現象を通して見てきたところ、こうした伝統的な表象概念はそろそろ放棄したほうがよいように思われる。

チェンジ・ブラインドネスの実験が語るように、私たちの知覚表象はとてもはかない。そもそも私たちは外界のすべてを把握していると考えているが、事態は全く異なり、一時にはほんのわずかの点の情報しか取得していない。そして、そのほんのわずかな情報も、後続の情報により簡単に消されてしまったりする。また、言語を用いることにより、言語化が容易な部分が言語化しやすいように表象される一方で、そうでない部分については十分な処理がなされない。

記憶は知覚にもましてはかなく、うつろいやすい。後続の情報と混じり合うことによって新しい記憶が作り出されることもある。また、ある事柄の経験がどこから得られたのかがわからなくなり、その結果とんでもない「目撃者証言」が生み出されることもある。さらには暗示や断片的な記憶表象から、全く事実とは異なる虚偽の記憶が形成されてしまうことすらある。

表象のこうした性質は、不正確さ、虚偽だけを生み出すわけではない。電気回路のアナロジーで見てきたように、私たちは断片化された知識表象を、その場の要請に応じて巧みに組み合わせて新しい有用な知識を作ることもできるのである。こうした創造的な認知は、きっちりと構造化され、堅固で動かしがたい知識表象からは生み出されない。表象が断片化され、それらの間にルーズなつながりしかないからこそ可能なのである。

これらに共通することは、まず表象が断片化されていること、外の世界と相互作用することではないだろうか。リッチに、しかし緩く結合された内部表象群が、状況の要請に応じて、それまでの結合を断ち切ったり、作り出したりしながら、ワーキングメモリ内に呼び出される。それらは断片化されているがために一貫性を欠いているが、その状況における目標、動機、あるいは主体の信念、仮説に応じて、その場その場で新しいつながりを作り出す。その場で作り上げられたものなので、もともとの知覚、経験、知識とは大きく異なっている場合もあるだろう。しかし、これを作り上げた主体にとっては、リアルな知覚、経験、知識としてはたらく。こうして作り上げられたその場の内部表象は、もともとの内部表象に上書きされる。

これらを抽象的な形で表したのが図4-4である。Aは、表象が貯蔵システムに存在している状態ではあるが、まだ何も認知活動が起きていない最初の時点を表す。図中の円は、おおむね個々の記憶表象（知覚、記憶、知識）を表す。これをつなぐ線は、何らかの結合を表している（時間的、空間的な隣接関係、意味的な関係など）。三角は、円と何らかの関係はあるが、同じ場面で生じたものではない記憶表象である。ここで注意すべきことが二点ある。まずこれらの円をつなぐ線のはたらきには

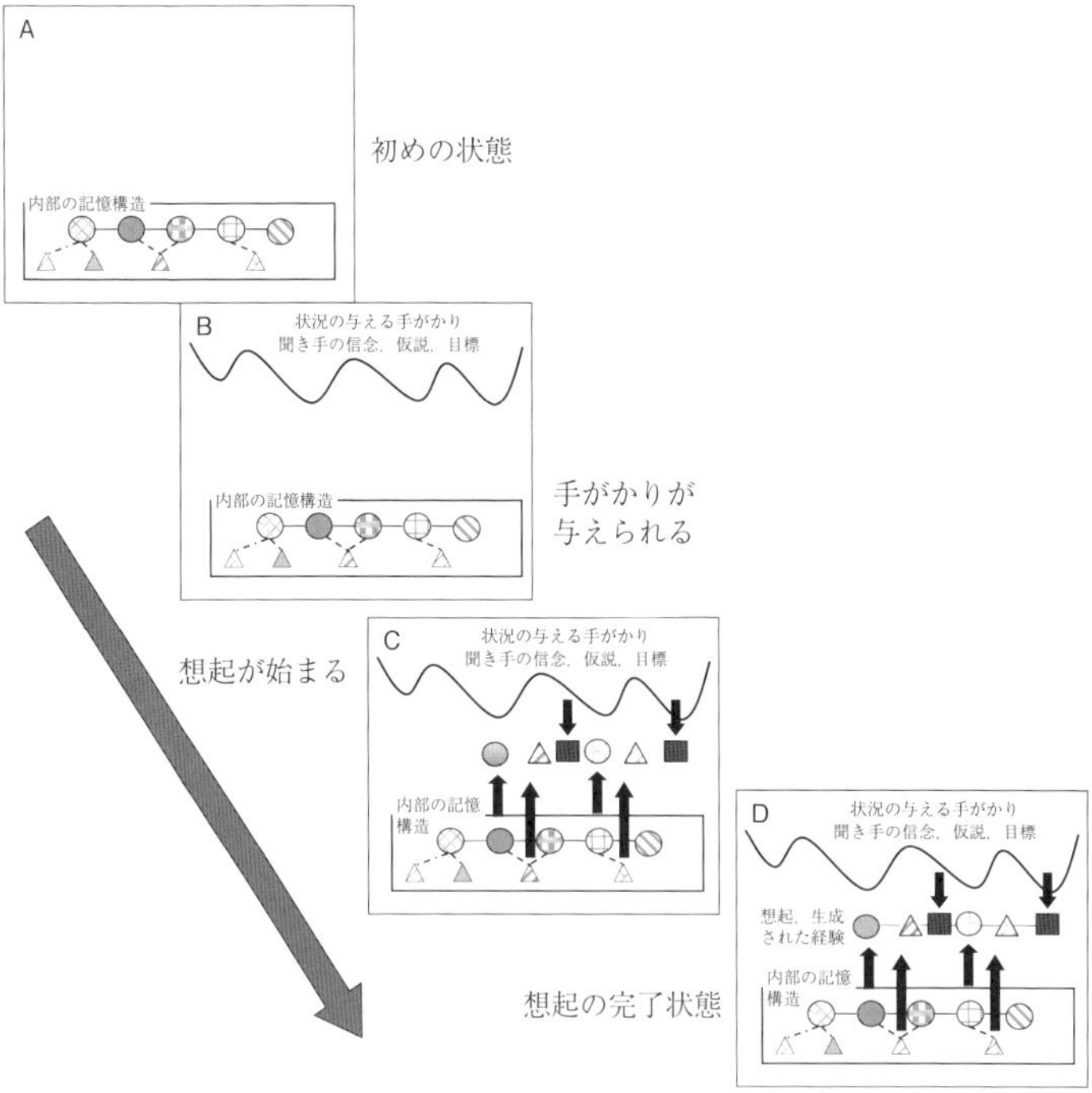

図 4-4　表象の生成

強弱があるが、さほど強いものではないという仮定である。もう一つは円と三角の間には自動的につながりができてしまうという仮定である。このつながりにはさまざまなものが考えられる。カテゴリー、類似などの意味記憶に関わるつながり、他の類似した出来事などのエピソード記憶に関わるつながり、手段と目標に関わるつながり、快―不快などの感情状態に関わるつながりなど、多種多様なものが含まれる。

　次に、Bは、この記憶表象が活性する場面を表している。上部にある波状のものは外界からの手がかり、あるいはその情報を受け取る人間の信念、仮説、目標などである。これらは各々強さを持ち、特に強いもの、それほどでもないもの、あるいはほとんど強さを持たないものなどが波の高さで表されている。

Cでは、この外界の情報、主体の持つ信念、仮説、目標情報がその強さに応じて内部の記憶構造にはたらいた結果を表している。強くはたらきかけられた内部の要素は表舞台に出てくる（ワーキングメモリに入る）一方、あまり強いはたらきを受けなかった要素はそのままとどまっている。また強くはたらきかけられた要素と関連する要素（△）も引きずられるように表舞台に現れる。また、状況の持つ情報もここに混入してくる（□で表している）。

最後のDでは、こうして表舞台に現れた要素間にその場で関係が作り出され、主体はそれを想起された経験として認識する場面を表している。この後、この想起された経験は実際に起きたこと、知っていたこととして、内部の記憶構造に緩いつながりを保ちつつ上書き保存される。

前節までで見てきたように、表象ははかなく、うつろいやすく、その場で作り出されるという性質を持っている。こうした性質が私たちの記憶を不正確にする一方で、現在の状況に応じた役に立つ表象を柔軟に作り出すことを可能にする。そうやって作り出された表象は、あたかも前から頭の中に存在していたかのように思われ、私たちは自在にそれを報告したり、使いこなしたりする。そしてその表象は、それが使われた経験の一部を緩いつながりで結びつけながら、私たちの記憶システムの中に保存され、次の出番を待つこととなる。

こうした見方は、外界をある程度まで正確に写し取り、それを多少の欠落はあるにせよ安定した形で保存し、必要に応じて呼び出してくるという伝統的な表象観とは、全く異なるものである。しかし、これは表象の特徴を捉えるための基盤となるものと信じている。

さて、そうした次第であるから、多少の歪みはあるにしても、世界を正しく映し出し、一貫し、堅固な形で存在する表象は存在しない。しかし、私たちの情報処理システムの中では、断片化された表象群が外部の情報とともに多様な形で相互作用しながら、その場で新たな表象を生成しては修正している。そうした意味で認知は表象まみれであり、それを抜きに私たちの愚かさも賢さも語ることはできないと結論づけられるだろう。

ブックガイド

チェンジ・ブラインドネスについては、**クリストファー・チャブリス、ダニエル・シモンズ『錯覚の科学』木村博江（訳）文春文庫、二〇一四年**に紹介がある。この本では視覚にとどまらず、第5章で取り上げるさまざまな認知のバイアスについても、いくつもの章を割いて論じている。

ナディアの例を含む言語表象の関係については、**ニコラス・ハンフリー『喪失と獲得――進化心理学から見た心と体』垂水雄二（訳）紀伊國屋書店、二〇〇四年**を参考にさせてもらった。この他にもハンフリーについては、『赤を見る――感覚の進化と意識の存在理由』、

『ソウルダスト――〈意識〉という魅惑の幻想』（いずれも柴田裕之（訳）紀伊國屋書店、二〇〇六年、二〇一二年）などのエキサイティングなものが出版されている。また、無意識の研究の面白さを論じているのは、下條信輔『サブリミナル・マインド――潜在的人間観のゆくえ』中公新書、一九九六年である。著者はこの後、『サブリミナル・インパクト――情動と潜在認知の現代』（ちくま新書、二〇〇八年）、『〈意識〉とは何だろうか――脳の来歴、知覚の錯誤』（講談社現代新書、一九九九年）などで、最先端の知見に基づく考察を続けている。

目撃者証言など記憶の歪みについては、

エリザベス・F・ロフタス、キャサリン・ケッチャム『抑圧された記憶の神話――偽りの性的虐待の記憶をめぐって』仲真紀子（訳）誠信書房、二〇〇〇年

高木光太郎『証言の心理学――記憶を信じる、記憶を疑う』中公新書、二〇〇六年

越智啓太『つくられる偽りの記憶――あなたの思い出は本物か？』化学同人、二〇一四年

など読みやすくかつ優れた本がある。

情動と記憶の神経基盤については、この分野の第一人者が書いた、

ジョセフ・ルドゥー『エモーショナル・ブレイン――情動の脳科学』松本元ほか（訳）東京大学出版会、二〇〇三年

がよい。

アナロジーと制約については、

キース・J・ホリオーク、ポール・サガード『アナロジーの力――認知科学の新しい探求』鈴木宏昭、河原哲雄（監訳）新曜社、一九九八年

に詳しい。また、この章でアナロジーについて書いた内容は、

鈴木宏昭『類似と思考　改訂版』ちくま学芸文庫、二〇二〇年

で詳しく論じている。

コラムで挙げた比喩については、

瀬戸賢一『メタファー思考――意味と認識のしくみ』講談社現代新書、一九九五年

山梨正明『比喩と理解（新装版）』東京大学出版会、二〇〇七年

ジョージ・レイコフ、マーク・ジョンソン『レトリックと人生』渡部昇一、楠瀬淳三、下谷和幸（訳）大修館書店、一九八六年

楠見孝（編）『メタファー研究の最前線』ひつじ書房、二〇〇七年

など良書がたくさん出版されている。最初のものは読みやすいので一般向け、二番目のものは認知言語学という分野との関わりで書かれている。本文中で挙げたレイコフの書いたものは翻訳もたくさん出ているが、まずこの本から始めるとよいと思う。研究の最前線を知りたい人には最後のものを勧める。

第5章 思考のベーシックス

「思考」というと、学校で問題を解く時に一生懸命に考えるというイメージが湧くかもしれない。しかし、思考は人間の日常のさまざまな場面で生じている。デートの朝、駅に行ったら電車が止まっていた。すると「事故かな」と考える。これは立派な思考である。当然「彼（女）に連絡しないとまずい」と思うが、これも立派な思考である。どうやって目的地のX駅に着こうかとも考えるだろう。A路線、B路線、C路線などいくつかの候補がある時に、どれがよいかも考えるだろう。これらはすべて思考である。つまり、私たちはほとんど思考しながら生きていると言ってもよい。

確かに、これらはすべて考えること、つまり思考なのだが、一括して研究することはできない。そこで研究者たちは思考のタイプというものを考え、分割して各々の特徴を明らかにしようとする。つまり、分析という方法である。たいがいの経験科学は、人間が日常的に行っていることを細分化して研究を進める。第3章で見たように、記憶は感覚記憶、短期記憶、長期記憶に分けられる。それでもまだ大きすぎるので、短期記憶はモダリティーごとに分割されるし、長期記憶は内容のタイプによって分割されたりする。

思考についても同様に分類が行われる。思考は大きく三つのタイプに分類されている。推論、問題解決、意思決定である。推論とは、与えられた情報から別の情報を生み出すというタイプの思考活動である。前述の例で言えば電車が止まっているという情報から、事故が起きたかもと考えることである。問題解決とは、文字通り問題を解くというタイプの思考活動である。先の例では、今いる駅からどうやって目的地Xに着こうかと考える時の思考活動である。意思決定とは、複数の選択肢がある中でどれが最もよいかを選ぶもので、いくつかの路線の中でどれを使おうかと考える時の思考活動である。

この章ではまず、この三つのタイプの思考についての基本的な考え方を紹介することにする。次に、人間の思考にはどんなクセ、バイアスがあるか、概観してみようと思う。

1　新たな情報を生み出す――推論

前にも述べたように、推論とはある情報から別の情報を導くタイプの思考である。推論にも多様なタイプがある。そうしたことで推論はさらに分割される。分け方はいろいろとあるのだが、ここでは演繹、帰納、仮説推論の三つに分けて説明をしようと思う。こうした分類を行う時、ふつうはアナロジー（類推）も加えるのだが、第4章で詳しく説明したので、ここでは省くことにしたい。

推論およびそのタイプ

ここで述べる推論は、英語ではreasoningという単語の訳に該当するものである。同じ推論という訳語を当てられるものにinferenceがある。前者は思考の様式、やり方という意味で用いられ、後者は特定の場面における推論やその産物を指す。これらを区別するために、前者の推論は「推理」と訳されることもある。

分類の仕方はいろいろとあり、これに事象の起こりやすさを考える確率推論、因果関係を考える因果推論などを入れたりすることもある、また、人によっては演繹以外をすべて帰納と呼ぶこともある。

演　繹

演繹とは、前提として与えられた情報に妥当な推論規則を適用して行うタイプの推論である。典型的には、三段論法のような推論がある。たとえば、

前提1　人間は死ぬ（$P \to Q$）
前提2　ソクラテスは人間である（P）
結論　ソクラテスは死ぬ（Q）

というものがある。これは典型的な演繹である。つまりPならばQが成立している時に、Pが成り立っていればQが成立するという考え方である。三段論法の中にもさまざまな区別の仕方があるが、右に挙げた例は前件肯定式と呼ばれる。

一方、

前提１　人間は死ぬ（$P \to Q$）
前提２　Xは死なない（$\neg Q$）
結論　　Xは人間ではない（$\neg P$）

というタイプのものもある。これは後件否定式と呼ばれている。

直感的にはこうした思考のルール、図式が実在しており、それを使うことで私たちは日常生活を送っているように見える。「八〇点以上ならば合格」というテストで九〇点を取れば、私たちは合格したと思う。子どもが転んでしまったら、私たちは「痛い？」と尋ねる。これは「転べば痛い」という常識に基づく前提に、「転んだ」という情報が得られたので、転んだ人は痛いだろうと考えるからだ。警察が飲酒運転防止のために行うアルコールチェックもそうであり、「呼気にアルコール分が含まれているのならば、飲酒運転である」という前提が存在している。

もう一つの特徴は、今の例でもわかるように、PやQには何でも代入可能であるという点がある。ソクラテスであろうと、「痛い」であろうと、合格であろうと、アルコールであろうと、何でも入れられる。つまり、演繹推論を構成するルールは形式的であり、一般的な推論の図式となっている。

演繹が他の推論と異なるのは、前提が真であれば結論は必ず真になるという点にある。これは前提の中に結論が含まれているために起こる。人間が死ぬことはわかっているのだから、「ソクラテスは人間である」と言った時点において、ソクラテスが死ぬことは当然となる。前提が真なのだから、結論は当然真になる。

演繹は、推論の中で最もよく研究されてきており、膨大な数の研究がなされてきた。これらについて詳しく論じることはここの目的ではないので、章末に挙げるブックガイドを見ていただきたい。

帰　納

帰納は、特殊事例から一般法則を導き出す推論である。たとえば、

前提1　東北出身の鈴木は親切である（$P \wedge R \rightarrow Q$）
前提2　東北出身の田中は親切である（$P \wedge S \rightarrow Q$）
結論　東北出身者は親切である（$P \rightarrow Q$）

というような推論を指す。ここでは同じ結論（Q）を持つ複数の命題がある時に、その命題の共通項（P）のみを取り出し、これらを結びつけている。別の言い方をすると、各命題に固有の鈴木や田中という情報を捨象しており、その意味で一般化、抽象化が行われている。

こうしたことはきわめて日常的に行われている。ある場面Xで山田さんが怒った、別の場面Yでも山田さんが怒ったなどのことがあると、私たちはXやY場面以外でも山田さんは怒るだろう、つまり怒りっぽい人だと考えたりする。ある大学の二〇一三年の入試の歴史では木簡に関わる問題が出され、二〇一四年でもそうだったということがあると、「あそこは歴史で木簡の問題を出す」と考え、勉強をしたりする。

また、帰納は、カテゴリー形成、概念学習という認知活動とも深く関係している。ここでは、さま

ざまな事物を見たりして、そこから共通点を探し出し（つまり不要なものを排除して）、グループを作り出す。

言うまでもなく、帰納に基づく推論は、結論が妥当であるかの保証がない。山田さんはお酒を飲めば怒らなくなるかもしれないし、その大学の今年の入試では木簡の代わりに銅鐸の問題が出されるかもしれない。

仮説推論

仮説推論（アブダクション）は、二〇世紀を代表する哲学者の一人、パース[40]が提案した推論方法である。これは次のような推論である。

前提1　風邪をひくと熱が出る（$P \to Q$）

前提2　熱が出た（Q）

結論　風邪をひいた（P）

この推論は逆もまた真という形式を取っている。「逆は必ずしも真ならず」ということわざがあるように、正しい推論であるという保証はない。

しかし私たちはこうした推論を日常的に行っている。朝起きて地面が濡れていれば、夜に雨が降ったのだろう、と考える。これは

前提1　雨が降れば地面が濡れる（$P \to Q$）

前提2　地面が濡れている（Q）
結論　雨が降った（P）

という形で仮説推論が行われていると考えられる。

この推論は、現象の観察から原因を推定するという科学者の思考とも深く関わっている。たとえばある記憶の実験を行ったところ、成績が予想外に高くなったとしよう。この場合、私たちの中には「精緻化を行うと記憶成績が高くなる」という前提が存在しているので、「参加者は精緻化を行ったのではないか」、「精緻化を行いやすい刺激が用いられたのでは？」などとその原因を推定しようとする。

仮説推論の研究は、先の二つに比べて圧倒的に少ない。しかし、前に述べたように、科学者の思考にとても深く関係しているわけで、ぜひ活発な研究が望まれる領域である。

2　目標を達成する——問題解決

問題解決とは、ある目標を達成する思考活動である。世の中には実際にはさまざまなタイプの問題があるが、認知科学の研究者が最初に手を着けたのは、良定義問題と呼ばれるものである。つまり、きちんと定義できる問題である。そこで、まず良定義問題とその解決を定義してみることにしよう。

良定義問題と探索

まず、問題とは何だろうか。それは現状と望んでいる状態が一致しない場合のことを指し、解決とはこの二つの状態が一致することを指すと考えてよいだろう。つまり問題解決には初期状態（解く前の状態、はじめの状態）と目標状態（ゴール）がなければならない。じっとしていると目標状態にたどり着くということはあまりない。そこでふつうは状態を変化させる。状態に変化を加えるものをオペレータ（演算子）という。オペレータは潜在的にはたくさんあるが、ある時点で利用できるオペレータには制限がある場合もある。こうしたオペレータの利用の可否を決めるのがオペレータ適用制約である。以上のものが明確な形で定義できると、問題空間が一意に決まる。そうした問題を良定義問題と呼ぶ。

やや抽象的になったので、具体的な問題を通して、以上に挙げた問題解決の五つの要素を説明してみよう。ここで取り上げるのは、認知科学においてこれまでにとても頻繁に用いられてきたハノイの塔というパズルである。図5-1のaは初期状態であり、長方形で示したものは実際には真ん中に穴があいた円盤であり、大、中、小の円盤が左のペグに重ねられている。bは目標状態であり、右のペグにすべての円盤が下から大、中、小の順に重ねられている。このパズルでは円盤を動かして、初期状態を目標状態に変更すれば解決となる。このパズルにおけるオペレータは、単純に考えれば、移動する円盤三種類×移動先三で九つある。しかし、

・一度に1枚しか手に取ってはいけない

・重なっている時は一番上の円盤しか動かせない
・小さい円盤の上に大きい円盤を乗せてはならない

というオペレータ適用制約がある。これにしたがえば初期状態（a）で利用できるオペレータは、「小さい円盤を真ん中に移す」または「小さい円盤を右に移す」の二つしかない。

さて、新しく生み出される状態にそこで使えるオペレータを適用するとまた新しい状態が生まれる。これを繰り返すと図5-2に示したような問題空間が生み出される。この図には全部で二七の状態が表され、初期状態が1、目標状態が27となっている。さてこの図は何かに似ているとは思えないだろうか。そう、迷路である。こうした意味で問題解決は迷路でよい道を探すこと、つまり探索することと見なすことができる。

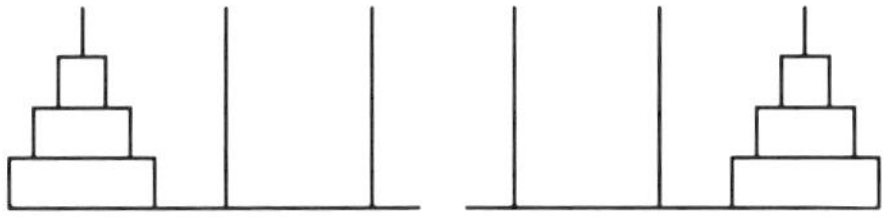

(a)　初期状態　　(b)　目標状態

図 5-1　ハノイの塔のパズル

この図を見てしまえば経路の探索はすごく簡単で、1→9→13→17→19→23→25→27である。しかし、問題を実際に解いている人はこの図が見えるわけではない。よって手探りで探索を進めていくことになる。一発でさくっと解ける人は大学生でもほとんどいない。通常は一～二分程度かかる。

初期のコンピュータによる解決では、幅優先探索とか深さ優先探索といって、しらみつぶしにすべての状態を調べていくという方法がとられていた。しかし人間でそんなことをする人はいない。しらみつぶしの探索ではなく、うまく制御さ

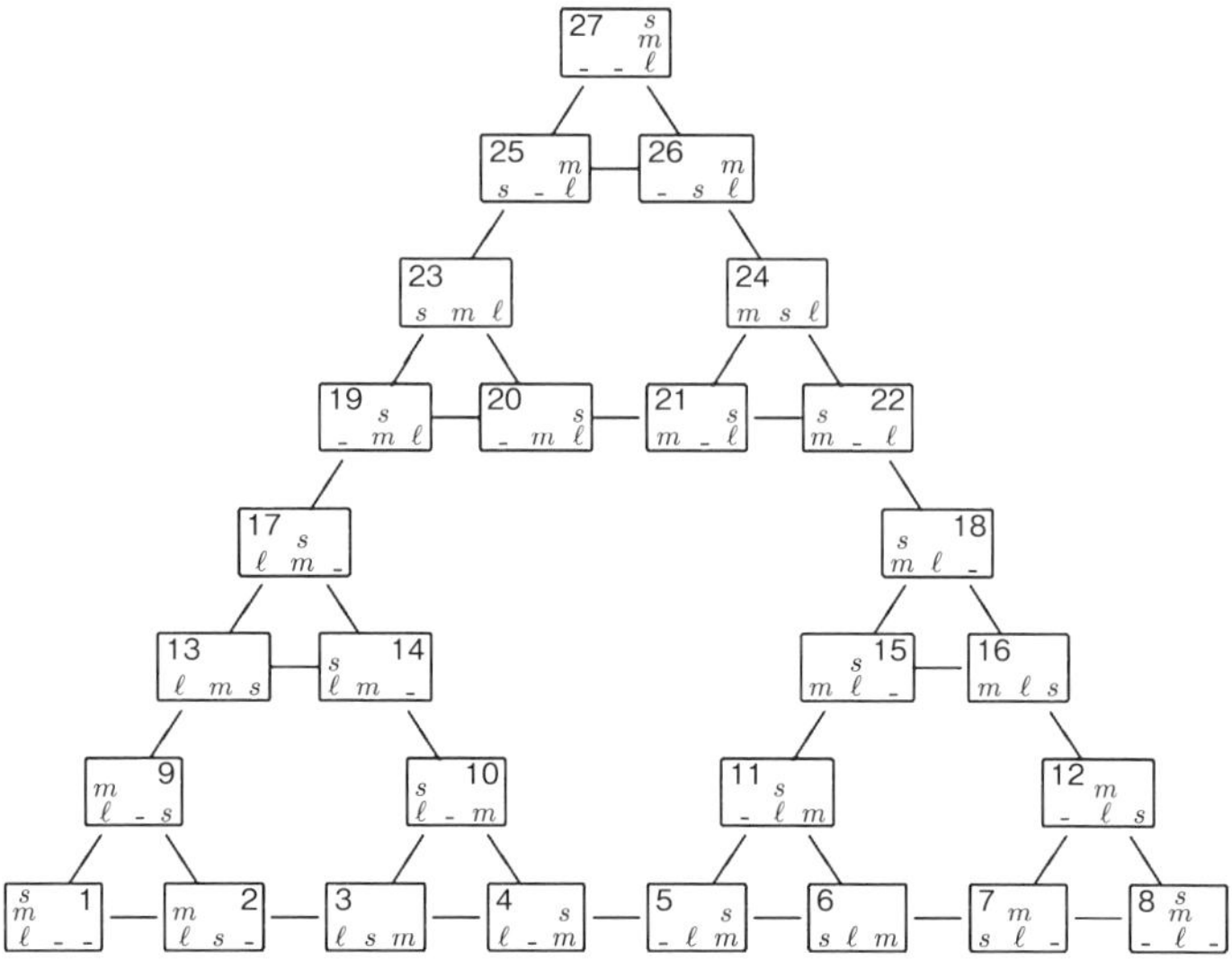

図 5–2　ハノイの塔のパズルの問題空間

s、m、l は各々小、中、大の円盤を表す。

れた探索をしているはずである。このような場合、人は必ず正しいとは言えないが、だいたいこれにしたがえば解決できる方法を用いて探索しているはずである。こういう方法はヒューリスティクスと呼ばれている。

人間は問題を解く時にどんなヒューリスティクスを用いているのだろうか。むろん問題によっていろいろなヒューリスティクスがあるだろう。たとえば中学の幾何で、二つの辺の長さが等しいことを証明する時は、たいがい三角形の合同（それも二角挟辺か、二辺挟角）を用いる。こういうのはヒューリスティクスである。ただこのように問題ごとにヒューリスティクスを明らかにしていっても、それはよくできた参考書のようなものにしかならないだろう。

問題解決全般に用いられるようなヒューリスティクスはないのだろうか。その一つに山登り法がある。たとえば図5-2の23の状態に今いるとしよう。この時、人は19や20の状態に移行しようと決して思わず、25の状態に至るオペレータを選択する。これはなぜだろうか。それは25のほうが19や20に比べて目標状態に近づくからである。こうした判断が山登り法と呼ばれるものである。目隠しをして山の頂上まで登ることを考えてみる。この時さまざまなところに足を出してみて、最も勾配が上向きに急な場所を選べばよいだろう。そういうことからこの名前がついているらしい。

ただしこの方法ではうまくいかないことも多い。それはこの方法はその場の情報のみに基づいて判断をしており、先の見通しを全く立てていないからである。たとえば状態13にいた時を考えてみる。小さい円盤は右のターゲットとなるペグに置かれている。この時、小さな円盤を真ん中に移すことが必要なのだが、そうすると右のペグには何もない状態が生まれてしまう。これは、評価の仕方にもよるのだが、後退と考えられてしまうかもしれない。

ニューウェルとサイモン[41]はこういう問題を回避するための解決方法を提案し、それを手段—目標分析と名付けた。これは次のようなステップからなるヒューリスティクスである。

①　現状と目標状態との間にある最も大きな差を見つけ出す（なければ成功）
②　差を消去する
③　差を消去するオペレータを探す（なければ失敗）
④　そのオペレータが今使えるかをチェックする（使えれば使う）

⑤　そのオペレータを使える状態をサブゴールとして②に戻る

ポイントは、見通しを立ててサブゴールを作るという点にある。つまりオペレータ適用制約のため、使いたいオペレータが使えないという時に、そのオペレータを使える状態を副次的なゴール＝サブゴールとするというものである。たとえば初期状態1にいる時に、ゴールを達成しようとすると、どうしても大きな円盤を右に移さねばならないこと、つまり大きな円盤を右に移すオペレータを使えばよいことがわかる。しかし大きな円盤の上には二つの円盤が載っていて、このオペレータを使うことができない。そこでこのオペレータが使える状態にすることをサブゴールとするわけである。このように考えると、大きな円盤の上と右のペグに何もない状態にする、つまり真ん中に二つのディスクを置けばよいこと（状態17にする）がわかる。サブゴール・ストラテジーはある程度長期的な見通しを立てて問題解決を行うこと、つまりプランに基づく問題解決に対応している。

ニューウェルたちはこの手段―目標分析を組み込んだ、一般問題解決器というプログラムを作成した。そしてこの動作と人間の解き方の比較を行い、それがよく似ていること、つまり人がこのストラテジーにしたがって問題を解いていることを明らかにした。

この過程で、彼らは人間のデータを得るために、発話プロトコル法という新しいデータ取得方法も作り出した。これは問題解決中に考えていることをそのまま話してもらうというものである。この時の発話記録、そこでのオペレータ選択を組にして、同じ状況でのプログラムの動きを比較するわけである。この方法は問題解決研究を飛躍的に前進させた。

発話プロトコル法

思考の研究では、問題に対する正答率、解決時間、誤答のパターンなどを分析する方法がよく用いられる。しかし、これらはすべて思考の結果、プロダクトについてのデータである。したがって、こうしたデータだけでは、問題がどのようなプロセスを経て解決されたのかを特定することは難しい。

発話プロトコル法とは、思考などの課題を行っている時に頭に浮かんでいることを言語化させることである。これによって、人がその課題の実行中にどのような情報に注意を向けているか、それに対してどのような操作を行っているのかというプロセスに迫っていくことが可能になる。

ただし、第１章の最後でも述べたように、私たちは自分の認知プロセス自体を意識化することはできないことが多い。また無理に意識化させると、事実とは異なる報告を意図せずでっち上げてしまうこともある。よって発話プロトコル法を用いる時には、振り返りや内省ではなく、その場で考えていること、心に浮かんでいることを述べさせるようにすること、また発話の内容ではなく、その背後のプロセスの特定をモデルとともに考察することが重要である。

同型問題と問題理解

良定義問題の解決は探索によって行われ、人間は手段―目標分析という探索を行うことで問題を解決している、という立場からすると、都合の悪い場合があることがその後の研究からわかってきた。

次のような問題を考えてみる。

怪物問題：五本の手を持つ地球外の怪物が三つの水晶球を持っている。怪物も水晶球も大、中、小のサイズがある。現在、小さい怪物は大きな水晶球、中サイズの怪物は小さな水晶球、大きな怪物は中くらいの水晶球を持っている。これではバランスが悪いので、水晶球を交換して、怪物のサイズと水晶球のサイズを一致させたいと彼らは考えた。しかし、次の三つの作法にしたがって交換しなければならないので、問題は複雑である。

1　一度に一つの水晶球しか移動できない
2　もし二つ以上の水晶球を持っている場合は、大きなほうしか移動できない
3　移動させたい水晶球よりも大きな水晶球を持っている怪物には、その水晶球を移動させることはできない

この問題は、怪物をペグ、水晶球を円盤と考えれば、ハノイの塔と同じ問題空間を持つ問題である（ただし初期状態、目標状態は異なる）。このような問題を同型問題と呼ぶ。もし探索が人間の問題解決を左右するのであれば、ハノイの塔も怪物問題も同じように解けるはずである。しかしながらこの予測は正しくない。怪物問題の解決時間は、ハノイの塔のそれの六〜七倍程度にもなる(42)。この結果は、探索による問題解決を否定するものではないが、探索という考え方だけでは問題解決をうまく捉えきれないことを示している。

さて、この問題は何ともわかりにくいという印象を多くの人が持つと思う。つまり、そもそも問題をうまく理解できないので、解くという作業に入れないというのが多くの人の感じるところだろう。このことを専門的に言うと、問題理解がうまくいかないために問題表象を作り出すことが難しく、

その結果解決ができない、ということになる。問題表象とは、与えられた問題中の情報を有機的に組織化し、それがどのような状況について述べているのかを心の中に表したものである（第２章で述べた、状況モデルとほぼ同じである）。そしてこの問題表象ができ上がった後に、探索やプランなどを用いた問題解決が行われる。

問題表象の決定的重要性を実感するのに適した問題がある。それは洞察問題と呼ばれるタイプの問題である（これについての詳しい説明は、第６章で行う）。まず次の問題を見ていただきたい。

時速五〇キロメートルで、A町から二〇〇キロメートル離れたB町までノンストップで運行する列車がある。さて、この列車の先頭にある鳥がとまっている。この鳥は不思議な鳥で、列車の出発直後にB町へと時速八〇キロメートルで飛び立ち、B町に着くとまた列車の先頭に戻ってくることを繰り返す。さてこの鳥は列車がA町からB町に到着するまでに何キロメートルの距離を飛ぶか。

中にはこの問題をすぐに解いてしまう人もいるのだが、大方の人は途方に暮れる。この理由は問題を各往復回の距離の足し算で求めようとするからである。一往復目の計算はさほど難しくないが、二、三往復目あたりになると計算がややこしくなってきて、いやになってくる。あと一分で到着あたりの計算を想像すると絶望的になる。この問題ではさぞや高級な数学を使うのではないかと思い、解くことを放棄するかもしれない。ここでの問題表象は、図５-３のａに示したもののようになっているだろう。こうした問題表象を作る限り、この問題を解くことはほぼ不可能である。

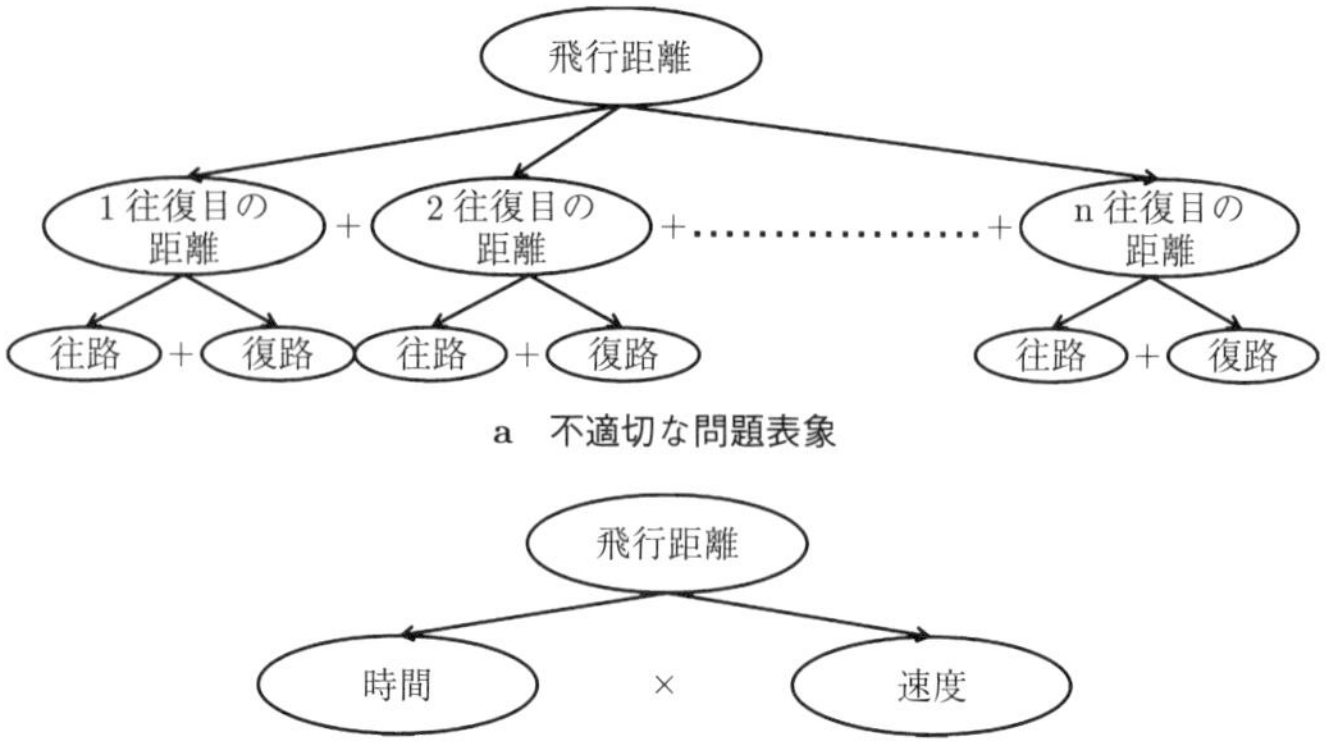

b　適切な問題表象

図 **5-3**　鳥と列車問題における二つの問題表象

一方、この問題は距離を求める問題であり、距離は「速さ×時間」ということに気づくと見え方がまるで変わってくる。鳥の速さは時速八〇キロメートルである。飛んでいる時間は列車がA町からB町までに行く時間と等しいから、二〇〇÷五〇となり四時間である。よって八〇×四で三二〇キロメートルということになる。ここでは図5-3のbで示したような問題表象ができ上がっている。こうなってしまえば、小学校の算数の問題レベルになる。

以上の例は問題解決が単にいろいろな操作をしながら（つまりオペレータを使いながら）、探索をしていくだけではないことを示している。問題を解くためには、問題を解決可能な形で表象すること、つまり問題理解をすることがとても重要なのである[43]。ここでは問題理解と探索をわかりやすく書いたが、より複雑な問題では、問題理解と探索は何度も往復する相互作用的なプロセスであることは言うまでもない。

学校で出るような定型的な問題については、問題スキーマと呼ばれる、問題表象を作り出す鋳型となるような知識が存在している。これを用いることで、あまり深く考えなくても問題解決が可能になる。

3　選ぶ――意思決定

意思決定とは、複数の選択肢の中から何かを選ぶ時にはたらく思考活動である。昼食をラーメンにするかうどんにするかとか、どのアパートを借りようか、どの大学に進学しようかなど、人生にはさまざまな意思決定場面がある。

この時、人は価値の高いほうを選び、価値の低いものを避ける傾向がある。ある日の昼食にラーメンを選んだとすれば、ラーメンの価値がうどんの価値よりも高いことになる。この価値は効用と呼ばれている。ここでは、ラーメンの効用がうどんの効用よりも高いということになる。

昼食を何にするかなどの簡単な意思決定は直感的になされる場合もあるが、いくつかの属性（特徴）を考慮して行われることも多い。たとえば、アパートを借りる時のことを考えてみよう。アパートXは広いが、駅から遠くて、家賃が高く、アパートYは狭いけれども、駅から近く、家賃が安いとする。ここでは広さ、家賃、駅からの距離という属性が考慮対象となっている。これらはすべて重要度が同じではないだろう。またその重要度は人によっても異なるだろう。つまり、ここでは属性ごとに効用が設定されていると考えられる。もしアパートXを選んだとすれば、広さの効用が高く、駅からの距離、家賃のそれはあまり高くないと考えられる。こうした各々の属性に対する重要度を加味して意思決定を行う場合は、多属性効用に基づく決定と言われる。

アパートの例のように各属性の値が決まっている場合もあるが、これが確率的である場合もある。次のケースを考えてみる。給料日前のお金がない時に、二人の先輩MさんとNさんから別々に飲み会の誘いを受け、どちらにしようか決めなければならないとしよう。Mさんはだいたい五〇〇〇円程度の店に行って、確実におごってくれる。Nさんは一万円もかかる高い店に連れて行ってくれるが、おごってくれる確率は六〇パーセント程度である。この時、おごられることの効用にそれが起こる確率を乗じて、効用の期待値を考えるだろう。これを期待効用という。この場合、きっちり記録を取って計算しているわけではないので、確率は主観的なものである。こうした主観的確率から効用の期待値を考えることを、主観的期待効用という。期待効用は、いわゆる期待値とは異なることも多い。

主観的期待効用は、少なくとも決定を行う人に対して合理的な答えを生み出してくれる。しかしそうした計算は面倒であり、毎度そうしたことをやっているとは思えない。このような場合、やはり人はヒューリスティクスを用いている。つまり、いつでもうまくいくとは限らないが、たいがいの場合うまくいくという思考方法を使う。

ギーゲレンツァーら(44)のグループは、次のような問題を用いて、意思決定で用いられるヒューリスティクスの研究を行った。「カリフォルニアの都市であるサンディエゴとサンノゼではどちらのほうが人口が多いか?」と聞かれたとする。皆さんはどう考えるだろうか。サンディエゴを選ぶ人がとても多いと思う。その理由は、「サンノゼなんて聞いたことがない」というものではないだろうか。つまり、知っているほうを選ぶというヒューリスティクスであり、これは再認ヒューリスティクスと呼ばれている。こんなデタラメな方法でと思うかもしれないが、これが当たる場合も多い。アメリカの大学生にドイツの八三都市を知っているかどうかを尋ねて、各都市の知名度を算出してみる。そして、二つの都市のすべての組み合わせでこの知名度による比較を行うと、その結果は八〇パーセント程度の確率で人口の大小を予測してしまう。

この理由は次のように考えられる。人口が多ければそこでいろいろな事件やイベントが起こる可能性が高くなる。そして、それらはメディアに取り上げられることが多くなる。すると、結果としてその町のことを耳にすることになる。つまり、聞いたことがあるという状態になる。だから、こうしたヒューリスティクスがうまくはたらく(ことがある)と考えられる。

意思決定の場面は、再認ヒューリスティクスの時のように、一方についての知識、経験が他方よりも多い場合だけではない。両方について同じように知っている場合には、どうするのだろうか。このような時は二つ方法がある。一つは以前に選んでうまくいった属性を選ぶというもので、直近ヒューリスティクス(Take The Last)と呼ばれる。もう一つは自分がだいじと思う属性を一つ取り出し、それで優劣を決めてしまう方法がある。これは最良選択ヒューリスティクス[45](Take The Best で略してＴＴＢ)と呼ばれる。なお最良というのは客観的に最もよいという意味ではなく、単にその人が最良と思うという意味である。都市の人口の比較で言えば州都や県庁所在地であるとか、サッカーチームがあるとか、そういう属性である。なお、もし選んだ属性において二つの選択肢が同じ値をとるならば、次にだいじと思う属性を探し、同じことを繰り返す。どの属性がだいじかが全くわからない場合には、ランダムに一つの属性をとってきてそれで決定する、最小限ヒューリスティクスが用いられる。

これらのヒューリスティクスのだいじなポイントは、ある属性次元で決着がつく、つまり片方がＹＥＳであるがもう片方はＮＯという場合には、そこで決定してしまうという点にある。だからこれらはまとめて単一理由意思決定と呼ばれている。言うまでもないが、このヒューリスティクスは大幅に時間と労力を節約してくれる。

こんなもの当てになるはずがないと思う人もいるだろう。きちんと属性ごとの値を調べ、その重要度を込みにして足し算をするとか、統計に詳しい人ならば重回帰分析を行って属性ごとの重要度を決めてからやるべきだと考えるかもしれない。そこで、ギーゲレンツァーたちは、先ほどのドイツの都市を題材として、前述の三つのヒューリスティクスと、ふつうの人が思いつく一〇個の属性（州都であるか、展覧会場になるか、サッカーチームがあるかなど）をすべて考慮した上で決める複雑な方法とを、コンピュータシミュレーションによって比較してみた。その結果、単一理由意思決定を行うとだいたい三分の二程度が正解となった。ほら見たことか、やっぱり当てにならないだろうと考える人が多いと思う。しかし驚くことに、すべての属性を考慮する、他のより高度な方法でも同じ程度なのである。決定に際して参照した属性の数は、ヒューリスティクスが平均で二、三個程度であること（複雑なほうはむろんどれも一〇個の属性全部）を考えると、これは驚きである。

なるほど自分もこんなふうにやっているかもしれないと感じる人もいるだろう。実際に人間が使っているのかどうかについては、属性についての知識がどの程度あるか、属性の情報を取得する際のコストなどが絡んでおり、簡単な結論は出ていない。ただ、数割から半数程度の無視できない数の人がこのヒューリスティクスを使うことは間違いないようだ。

また、属性を数え上げてその表を作ることを一度やってみるとよい。この方法では、直感とは異なる選択肢が選ばれてしまい、結果に納得できないことが多い。私は自分で家を買う時にこれをやってみたが、結果に全く納得がいかなかった。別の属性があるのではとか、重みが違うのではなどと考えてみたが、馬鹿らしいので途中でやめた。どんな属性があるのか、それがどれほど大事なのか、そして選択肢が各々の属性でどの程度の値をとるのかを決めることが、とても難しいのである。家はけっきょく直感で決めた。満足している。

4　人間の思考のクセ

認知科学が人間の思考を研究するまで、人間の思考はおおむね論理的なものとされ、ルールで記述できると考えられてきた。むろん全く間違えないというわけではないが、ある程度教育を受けた大人であれば、論理学で定式化されるようなルールに基づいて思考をしていると信じられてきた。

しかしながら、二〇世紀中盤あたりから始まる研究によると、大人であっても論理性、合理性からかけ離れた思考を行うことがわかってきた。これは推論、問題解決、意思決定というすべてのタイプの思考に当てはまる。

この節では、こうした知見を紹介し、人間の思考のクセを明らかにしていきたいと思う。

四枚カード問題の衝撃

以下の問題を考えてもらいたい。

図5-4に四枚のカードがある。このカードの片面には数字が、もう片面には平仮名、あるいは片仮名が書かれている。さて、このカードは「片面が奇数ならばその裏は平仮名」となるよう作られているという。本当にそうなっているかを調べるためには、どのカードを裏返してみる必要があるか。何枚裏返してもかまわないが、必要最小限の枚数にすること。

さて、皆さんのこの問題に対する答えは何だろうか。違う答えの人もいたと思うが、「3」と「う」のカードを選ぶ人が多数を占めることがわかっている。別のカードを選んだ人も、はじめは「3」、「う」かなと思ったが、よく考えてみて違うものを選択したのではないだろうか。

しかし、この答えは「3」と「キ」なのである。どうしてだろうか。まず「3」は必ず裏返さねばならない。というのもこれは奇数であり、その裏が平仮名になっていなければまずいからである。

「8」はどうだろうか。これは偶数であり、偶数の裏については何も断言はしていないのだから、裏返す必要はない。さて問題の「う」である。仮にこれを裏返して奇数が出たら、なるほどこれは「奇数の裏は平仮名」というルールに一致している。そういう意味で裏返す必要があるように思う。しかし、この裏が偶数だったらどうだろうか。このルールは間違っているということになるのだろうか。そうはならないだろう。これは「8」を裏返す必要がないというロジックと同じロジックである。つまりこのカードを裏返して奇数が出ようと偶数が出ようと、特にこのルールの真偽には関係しないことがわかるだろう。さて「キ」のカードはなぜ裏返さねばならないのだろうか。この裏が奇数だったら、このルールは間違ったことを述べていることになる。そうではないことを示すためにこのカードは裏返さねばならない。

3	8	う	キ

図 5-4　四枚カード問題

これは、第1節で述べた演繹推論で、前件肯定式、後件否定式に該当することに気づいた人もいるかもしれない。前件のPは奇数、後件のQは平仮名となり、「もし片面が奇数（P）であれば、その裏は平仮名（Q）」となる。3のカードでは奇数（P）が成り立っているので必ず平仮名（Q）でなければならない。一方、「キ」のカードは片仮名なので、後件の否定（$\neg Q$）となり、この場合は必ずその裏は偶数（$\neg P$）となっていなければならない。こうやって考えてみても、答えがなぜ「3」と「キ」になるかがわかるだろう。

この課題は、最初に実施したウェイソン[46]の名前をとってウェイソンの選択課題、あるいは四枚カード問題と呼ばれている。これが衝撃的だったのは、この課題を解くのに使うルールは論理学では初歩中の初歩（おそらく論理学の教科書の最初の数ページ以内に出てくる）であるにもかかわらず、多くの大学生が間違えてしまうことにあった。また、大学といっても当時のイギリスの大学の進学率は今の日本とは比べ物にならないほど低く、正確な資料はないが一〇パーセント程度であったことは確実である。つまり選ばれた学生たちが、初歩中の初歩の論理学の問題を間違えたというわけである。こうした発見は、人間が論理学的なルールに従って推論を行っているという常識に疑問を投げかけるものとなった。

仮説検証としての条件文推論

$P \rightarrow Q$のような形の推論は条件文推論と呼ばれるが、人間はこの形の命題を用いた推論をいつでも論理学問題として行うわけではない。オークスフォードとチェイター(47)は、人間は仮説検証課題として条件文推論を行うという枠組みを提案した。この考え方にしたがえば、四枚カード問題は、「表が母音ならば裏は偶数」という仮説と、「表が母音か否かは裏の数字とは無関係」という仮説を区別するための課題として捉えられ、この二つの対立する仮説を区別するためにはどのカードを裏返せばよいかと考えてカードを選択するという。たとえばこの仮説が成立している時、P（母音）を裏返してQ（偶数）が得られる確率と、仮説が成立していない時にPをめくってQが得られる確率に大きな差があるとすれば、このPのカードを裏返すことは価値がある（これを期待獲得情報量という）。

また、$P \rightarrow Q$という命題のPやQが成立する確率は低いという稀少性の前提をおく。たとえば「花子のハンカチは赤い」という場合、Pに該当する「花子のハンカチ」、Qに該当する「赤い」の確率は低いと考えるのである。これは一般に、あるものが花子のハンカチである確率はそうでない確率よりもとても低いし、あるものの色が赤である確率は、赤以外である確率に比べてとても低いからである。

さて、このように考えてモデルを立て計算を行うと、$P \to Q$の条件文推論においてQを選ぶことは$\neg Q$を選ぶことよりも期待獲得情報量が大きい、つまり、この仮説検証課題において合理的となる。また、服部[48]は、これまでに行われてきた条件文推論課題でのP、Qの値を推定し、これに基づいてQの選択率を前述のモデルにしたがって計算すると、実測値とうまく一致することを明らかにしている。

また、人間がルールを使って推論を行っていると考えると都合の悪いデータは、他にもいろいろと報告されている。「格」の問題として昔から指摘されていることだが、三段論法のような課題でもそうである。次の問題を考えてみたい。

①　芸術家は誰も銀行員ではない
②　すべての科学者は銀行員である

芸術家と科学者の間にどんな関係があるかを考えるのがここでの課題である。これは難なく解けると思う。「芸術家は誰も科学者ではない」が答えである。では次の問題を見てみよう。

①　芸術家は誰も銀行員ではない
②　何人かの科学者は銀行員である

これはどうだろうか。前の問題とほとんど同じだが、②が「すべての科学者」から「何人かの科学者」に変わっただけである。しかしこれだけのことで格段に難しくなる。つまり、もし私たちの頭に三段論法を解くためのプログラムがあるとすれば、この問題も前の問題同様に解けるはずだがそうはならない。ちなみに答えは「何人かの科学者は芸術家ではない」である。

私たちが何らかのルールを用いて推論課題を解いているという考え方からすれば、以上の事実は説明がとても難しくなる。頭の中に三段論法のルールが存在して、それが用いられているのだとすれば、文章中のわずかな言葉の入れ替えだけで劇的に問題の難易度が変わるとは思えないからである。「とても難しい」という言い方をしたのは、ルールを(も?)用いて解いている可能性を擁護することはまだ可能だからである。人間は間違ったルールを持っており、それをもっぱら使うという立場である。事実そういう立場の人たちも確かに存在する。そこでは問題のタイプごとに場合分けを細かくしていき、そのタイプごとのルールを仮定するというやり方が使われる。

しかし、そうした立場は結局はルール利用の否定につながる。問題のさまざまな変動に応じたルールを個別に設定していくことで、結果的に何でも説明できるのだが、それはルールというものの定義、すなわちいろいろなケースに使える汎用性という性質自体に抵触することになるからである。

二度あることは何度ある?――確率における人間のクセ

ここに、完全に適正に作られた、いかさまのできないサイコロがある。最初にこれを振ったら五が出た。二度目に振った時にも五が出て、驚くべきことに三度目に振った時にも五が出たとする。こうした状況であなたは四度目に出る目を当てるという賭けに挑戦するとする。さて、何を選ぶだろうか。何となく五は選びたくない気持ちにならないだろうか。実際にこうしたことを訊ねると、五を選ぶ人は他の目を選ぶ人に比べて少なくなる。理由を聞くと、「もう何度も五が出たので、もうしばらくは五以外の目が出る」とか、「五が四回も連続で出るのは六分の一の四乗＝一二九六分の一であり、そんなめずらしいことが起こる確率はないのだ」などと確率（？）的に説明してくれる人もいる。

しかし、次の回に五が出る確率はやはり六分の一であることは、よく考えてみればわかるはずである。サイコロには記憶や意図があるわけではないので「五を出しすぎちゃったなぁ」と考え（？）たりはしないのである。また次に他の目、たとえば一が出る確率もやはり一二九六分の一である。こういう間違った考えを賭博者の誤謬という。丁半博打で「丁が続いたから、そろそろ半」という、あれである。

これは皮肉を込めて少数の法則とも呼ばれる、私たちの確率に対する誤った信念に基づいている。サイコロのような確率的な事象を非常に多数回行うと、特定の事象が起こる確率はその理論値に近づく。サイコロの場合で言えば、各目の出る確率は各々六分の一に近づく。こうしたことを大数の法則と呼ぶ。ただし、これは一二回サイコロを振った時に各々が二回ずつ出るという意味では決してない。しかし人は比較的少数の試行の場合でも各事象はだいたい同じ比率で起こると考えがちになる。

他にも確率がらみの間違いがある。「二年目のジンクス」という言葉を聞いたことがあるだろう。

スポーツで新人が大活躍するが、次の年は成績ががたっと落ちてしまう、そういう現象を指す。なぜこうしたことが起こるのだろうか。多くの人は、「彼は研究し尽くされ、弱点がばれたのだ」とか、「ちやほやされて天狗になった」などという、もっともらしく聞こえる説明をしたりする。

こうした説明が間違いというわけではないのだが、もっと簡単な説明もある。それは平均への回帰という考え方である。「平均」という言葉は月並み、よくあるという意味で用いられることからもわかるが、一般に多数回の試行を繰り返した時、平均値のあたりに多くの値が固まり、平均から外れた値の数は、その外れ具合が大きくなるほど少なくなる。こうした分布を持つ事象において、平均値から大きく外れた値が二度連続して続く確率はもちろん少なく、一度平均から極端に外れた値が得られた時には、次は平均に近い値になる。これが平均への回帰の考え方である。

さて、そこでこうしたことが本当に成立するかを確かめるために、日本のプロ野球で一九五〇年から投手として新人王となった五六人について、受賞年の防御率が生涯で何番目かを調べてみた。五六人中一六人、三〇パーセント弱の投手は受賞年の防御率が生涯最高であった。受賞年の防御率が生涯三位以内になる人は約四〇人で七〇パーセントとなっている。また、受賞年の防御率が通算の防御率平均を下回った人はたったの五人しかいない。つまり、大半の新人王選手たちの一年目の成績は、その選手生活での最高、あるいは最高に近い成績を残していることがわかる。最高に近い成績が翌年も続く可能性はゼロではないが、確率的にはとても少なくなる。こういう統計的な性質が二年目のジンクスの原因の一つであると考えられるのだが、それに気づく人は滅多にいない。

思い出しやすさは何を意味する？――利用可能性ヒューリスティクス

出来事には、起こりやすいものとそうでないものが存在している。飛行機事故は自動車事故に比べてはるかに起こりにくいし、双子を出産する可能性は一人の子どもを出産する可能性に比べてずいぶんと低い。人間が行う発生頻度についての判断は何に基づいているのだろうか。

もちろん日常生活で何かが一回起きるたびに「正」の字を書いていくことはできない。そこで人間が用いるのは思い出しやすさである。つまり、思い出しやすいものほどよく起きていると判断するのである。この傾向性はトヴェルスキーとカーネマン(49)によって発見され、利用可能性ヒューリスティクスと名付けられた。

思い出しやすさで発生頻度を推測するなんて、と思うかもしれない。しかし、通常はこれはそれほどおかしなことではない。何かをすぐに思い出せるようにしようと思った時、私たちは何をするだろうか。そう、繰り返すことである。繰り返し、繰り返し出会うことにより、私たちはそのことがらを思い出しやすくなる。だから試験でよい点をとろうとする人は、何度も覚えることがらを復習する。これは第3章で述べたようにリハーサル効果としても知られていることがらである。このように思い出しやすさと発生頻度は深い関係があることが多く、逆は必ずしも真ではないのだが、前者から後者を考えることはそれほどおかしなことではない。

ただこれがうまくいかないこともある。たとえばKが最初に来る英単語と三文字目に来る英単語ではどちらが多いかというと、多くの人はKが最初に来るほうが多いと答えると思う。こうした判断の理由は明らかで、Kが最初に来る英単語はいろいろと思い出しやすいが、三番目というのはとても思い出しにくいからである。しかし、実際には三文字目にKが来るほうが多い。

このように、思い出しやすさと実際の頻度は必ずしも一致するわけではない。ただこうした心理学者の出すパズルのような問題に間違えても大したことはないと思っている人も多いだろう。ところが、これにメディアが絡むと大きな誤解を生み出すことがある。一九九七年に神戸で起きた児童連続殺傷事件を覚えている人は多いだろう。犯人が一四歳であったこと、殺害、死体損壊の仕方がきわめて残虐であったことから、多くの人の記憶に強い形で残ったと思う。

成人が同じ犯罪を犯せばほぼ死刑は免れないが、この事件では犯人が一四歳ということで触法少年扱いになった。こうなると処罰を受けずに保護処分ということになり、数年で社会に復帰する可能性も出てくる。そんなことは許されないということで、少年法を厳罰化する動きが出てきた。実際に調査が行われたかはわからないが、当時この事件に接した多くの日本人は、私自身も含めて厳罰化へ向けた少年法の改正に賛同したと思う。こうした気持ちの背後には、子どもが凶暴になっている、少年犯罪が凶悪化しているという印象があったからだと思う。実際、少年法は二〇〇〇年に改正され、刑事処分可能な年齢が一六歳から一四歳（まさにこの事件の犯人の年齢）に引き下げられたりした。

しかし、二〇〇〇年の夏頃のある日、新聞を読んでいたら、教育社会学者の広田[50]による驚くべき記事とグラフが載っていた。これによると少年犯罪は戦後激減していること、またこの事件で騒がれた一四歳あたりの殺人はそもそもきわめて少なく、ほとんど横ばいであることが示されていた。

この記事をもとにして、もう少し近年のものまでをまとめたものが図5-5の三つのグラフである。殺人、強盗、強姦の凶悪犯罪別にそれぞれa、b、cとなっている（放火も凶悪犯罪の一つであるがやや特殊な犯罪であること、またその件数自体が少ないことから除いた）。棒グラフは人口一〇万人あたりの当該犯罪による未成年検挙者数である。これは左の軸にある人数をもとに見ていただきたい。一方折れ線グラフの方は当該犯罪の検挙者に占める未成年者（一四～一九歳）の比率を示したものである。これについては右側の軸の割合を参照されたい。

ざっと見てわかるのは未成年者の殺人、強姦については激減しているということだ。殺人についてはー九六〇年代前半が最も多く、そこから一九八〇年代前半まではどんどん減少している。その後は多少の増減はあるが、あまり変化はない。検挙者に占める未成年者の割合も同様の減少である。最も多い時には殺人者の約六人に一人くらいが未成年者であったが、最も低い時には三〇人に一人くらいまで減少した。ただし一九八〇年代以降は多少増加し、一〇人に一人くらいまでとなったが、近年は二〇人に一人くらいで安定している。ちなみに問題となった一四歳あたりは戦後一貫して一〇万人に一、二人で大きな変化はない。

強姦についてはその減少の度合いはもっと大きい。強姦で検挙された未成年者は最も多い一九五九年で四千人を超えており、強姦全体に占める割合は最大の時は約八割となっていた。しかし近年の検挙者は百数十人程度で、その割合も一割内外となっている。強盗についてその減少はそれほど顕著ではないように見える。しかし最盛期には一〇万人あたり二五人近くいた未成年の検挙者は現在は一〇人程度、その比率も一九六〇年代の六〇パーセントから、二四パーセントへと減少している。

子どもの数が減ったからではないかと思う人は、このグラフが未成年一〇万人あたりの計算結果ということを思い出してほしい。だから子どもの数の減少はむろんここの数字とは関係ない。社会全体が安全になっているせいだという人は、折れ線グラフが当該犯罪検挙者数に占める未成年者の割合であることを思い出してほしい。つまり、社会全体が犯罪が減ったからということにもならないのだ。疑い深い人は検挙率が下がったからなのではないかと思うかもしれない。しかし凶悪犯罪の検挙率には大きな変化があるわけではない。殺人について言えば、戦後ほぼ九五パーセント程度で推移している。つまり未成年者は劇的に凶悪犯罪に手を染めないようになっているのだ。

このようなデータを見ると、未成年の凶暴化という言説を鵜呑みにしていた自分をひどく愚かに感じる。また凶悪化したと信じたり、法改正を声高に叫んでいる人たちの世代のほうがよほど凶悪だったこともわかる。一九六〇年あたりがピークだから二〇一四年現在七〇歳くらいの人たちの世代が最も凶悪な若者の多かった世代ということになる。昭和三〇年代初頭の東京を描いた「ＡＬＷＡＹＳ三丁目の夕日」という映画を観たある政治家が、昔の人はああやって温かいつながりの中で生きていたという感想を述べていたが、それが仮に事実だとしても、それは危険な時代だったからかもしれない。

さてポイントとなるのは、これほど若者の犯罪が減っているのに、なぜ私たちは神戸の事件の時に少年が凶悪化、凶暴化していると考えるようになったのかという点である。これを図5-6にしたがって考えてみよう。まずここには当然メディアが絡んでいる。この当時、メディアはほぼこの事件一

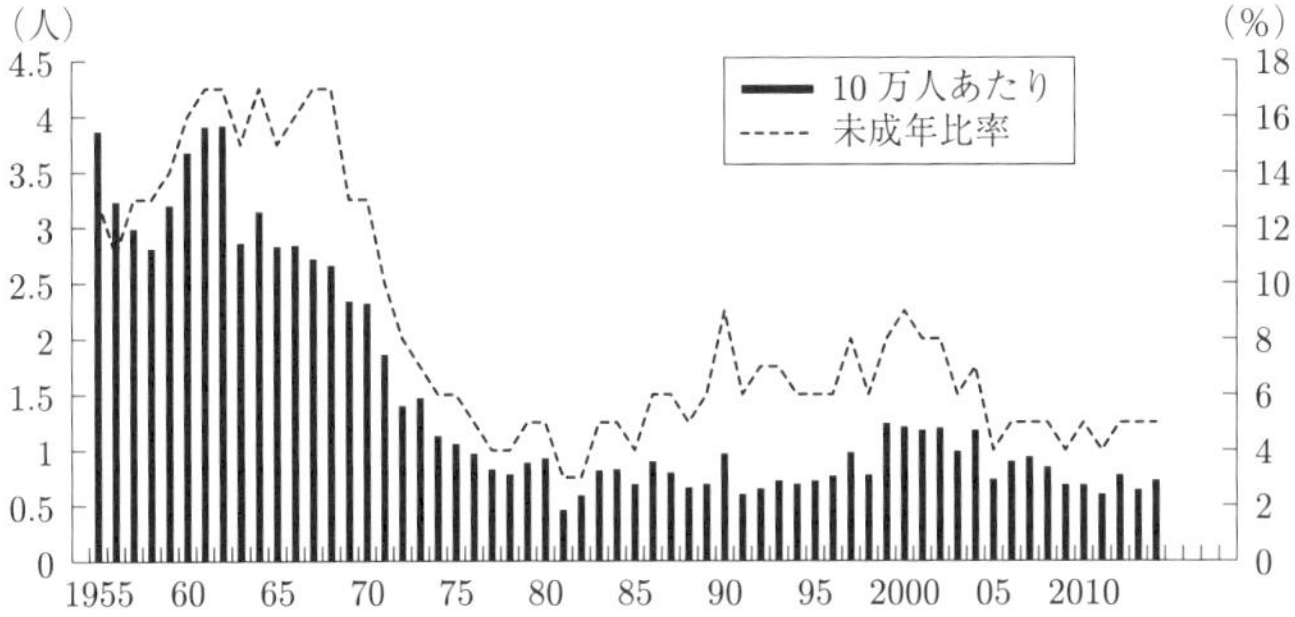

a　殺人による未成年検挙者

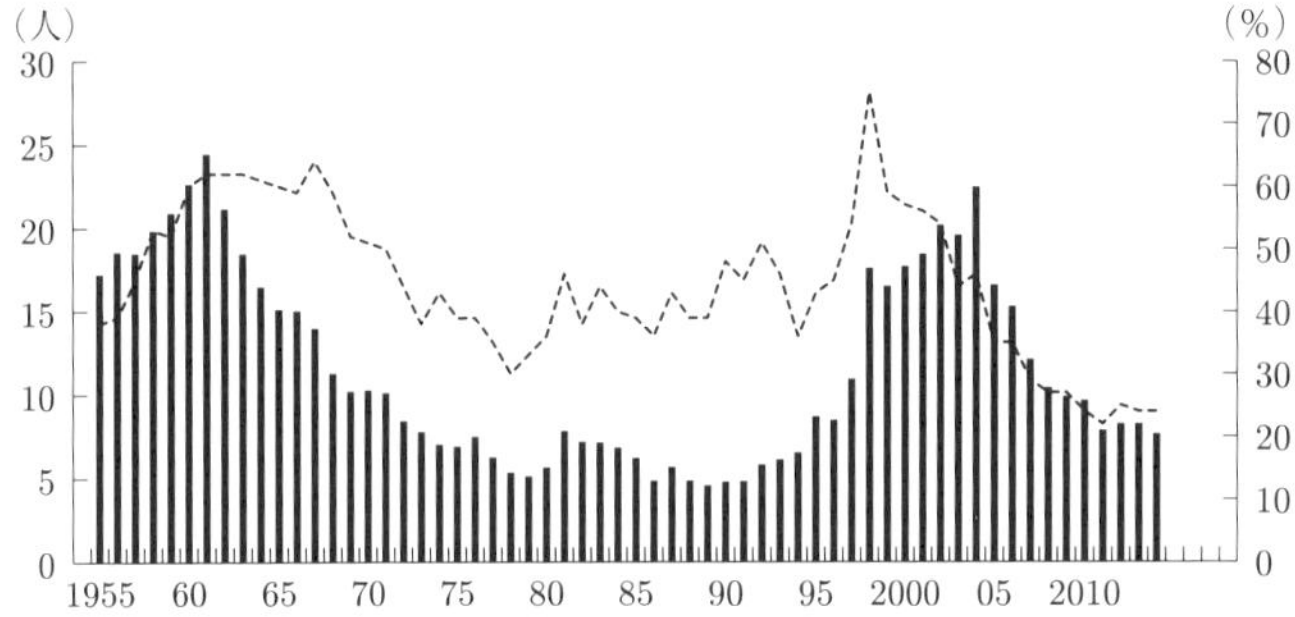

b　強盗による未成年検挙者

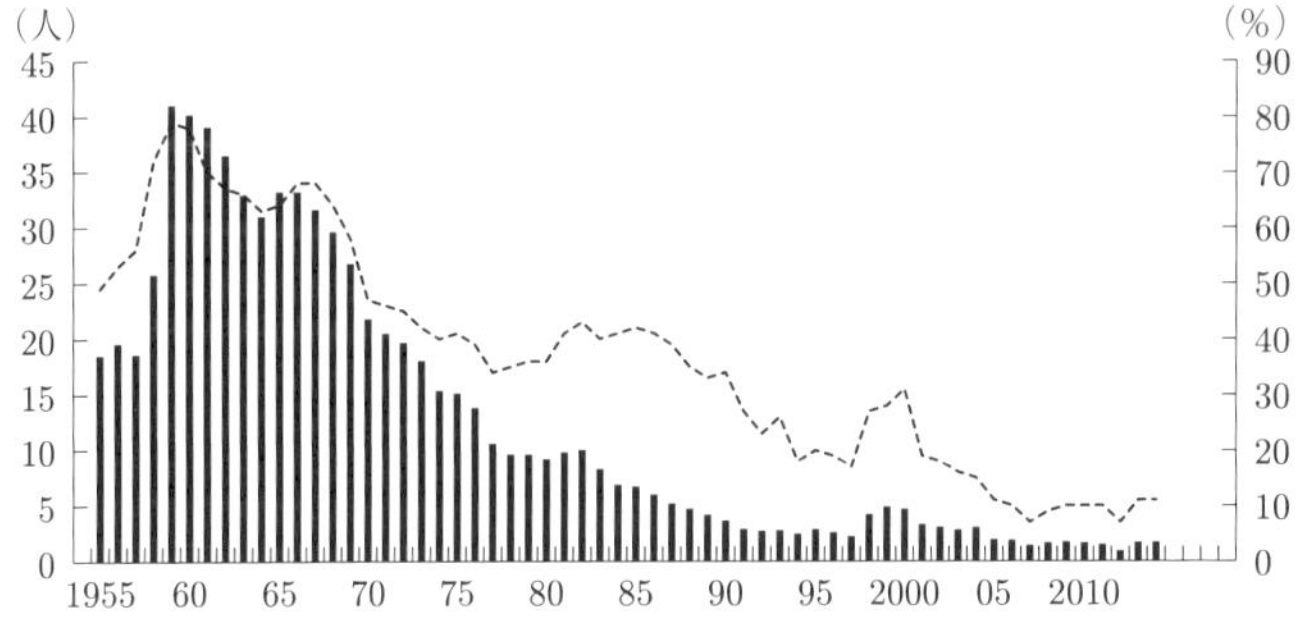

c　強姦による未成年検挙者

図 **5–5**　各犯罪による未成年検挙者数の推移[51]

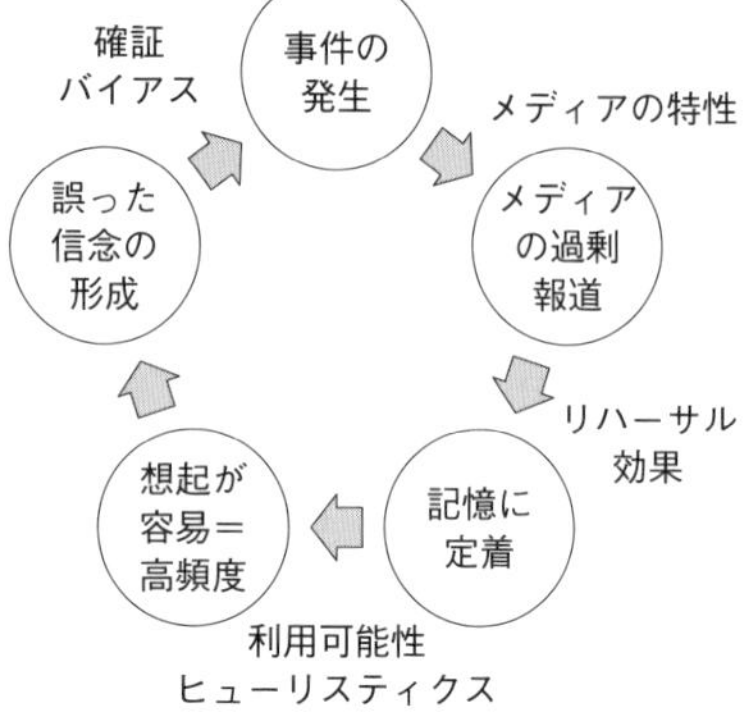

図 5-6　少年犯罪をめぐる誤った信念の生成と定着のサイクル

色と言ってもよいほどの報道を行った。新聞、週刊誌はもちろん、テレビのニュース、ワイドショーも、膨大な紙面と時間を使って、この事件の原因、経過、今後についての報道を行ったのである。

このような報道が繰り返しなされると、それは当然記憶に定着しやすくなる。記憶に定着すれば、それは随時呼び出し可能、つまり思い出しやすくなる。ここで利用可能性ヒューリスティクスがはたらき、思い出しやすいのだから発生の頻度が高いという判断を下してしまうのである。

はじめにも述べたように、利用可能性ヒューリスティクス自体は実世界では有用な場面も多く、それ自体が間違っているとは言えない。おそらく多くの場合、このヒューリスティクスは有益な情報をもたらしているはずである。

しかしながら、メディア社会においては、このヒューリスティクスは誤作動を起こしてしまう。その理由はマスメディアの特性自体にある。メディアはその性質上、めずらしいこと、変わったことに報道の価値があると考える。だからこの事件と同じ日に、前科のある暴力団員が殺人を犯したとしても、新聞の片隅に載るだけだろう。そしてその事件について繰り返し報道することは考えにくい。なぜならばそれはめずらしくないできごとだからである。また、私たちがなぜこれほどに犯罪に敏感になるのかについても、メディアの影響は大きい。それは何度も犯罪を取り上げるからである。そしてなぜそれほど取り上げるかと言えば、ニュース価値があるから、つまりめったに起きないからなのである。

ここには大いなる逆説がある。つまり、犯罪はどんどん減り続け、信じられないほど安全な社会になっている。それゆえマスメディアは、少なくなった犯罪を稀少価値を有する、つまり報道価値があると判断し、われわれに何度も提供する。報道レベルで接することと日常で接することの区別がつかない私たちは、利用可能性ヒューリスティクスによって、滅多にないことをいつでも起きているかのように錯覚を起こす。

メディアがない社会では、おそらく実際の頻度と思い出しやすさはかなり関連度が高い。こうしたことから有益な情報を与えた利用可能性ヒューリスティクスであるが、めずらしければめずらしいほど何度も報道を繰り返す世界とは、不整合を起こすのである。そして、少年法を変更しさらに厳罰化を進めようとしたり、自分の素行が第三者にあらわになることも厭わず、カメラを町中に設置して監視社会を作り出し、満足したりする。

○○らしさをめぐって――代表性ヒューリスティクス

カテゴリー判断とプロトタイプ

私たちは、生活の中で常時カテゴリー判断を行っている。カテゴリー判断というと難しそうに聞こえるが、目の前のものが何かを判断することである。机の上にマグカップを見れば私たちは「マグカップ」と認識するし、道路で車を見ればそれを「車」と判断する。このことをもう少し専門的に述べると、対象がどの集合=カテゴリーに属するのかを判断しているのである。先の例で言えば、机の上にある対象がマグカップというカテゴリーのメンバーであると判断するということになる。

カテゴリー判断は、このように認知の最も基本的なはたらきであるので、これが何に基づいているのかについて膨大な数の研究がなされてきた。さまざまな立場が存在するが、有力なものの一つとしてプロトタイプによる説明がある。これは、私たちはカテゴリーごとにそのプロトタイプを作り出し、目の前の対象がこのプロトタイプとどれだけ似ているかによってカテゴリー判断を下している、というものである。プロトタイプについても多くの議論がなされているが、ここではそのカテゴリーで最も典型的なメンバー群、あるいはそれらのメンバーが共通に持っている特徴群として理解しておくことにする（こうした考え方は第7章で批判するのだが）。たとえば、果物カテゴリーにはさまざまなものが含まれるが、リンゴ、ミカン、ナシなどが最も典型的である。これらは大きさ、甘み、酸味などについて一定の共通性を持っている。

そして、ある新奇な対象が果物に属するかどうかを判断する際には、それが果物プロトタイプとどれほど似ているかを計算して、一定以上の類似度があればそれは果物と見なされるし、そうでなければ果物とは見なされないということになる。

連言錯誤　日常的なカテゴリーに関しては、私たちは豊富な事例を経験し、そこからプロトタイプを作り上げる。だから私たちはあまり誤った判断をすることはない。しかし、世の中のすべてのカテゴリーがそうかと言えばそうではない。次のような文章をまず読んでみよう。

リンダは、独身で三一歳の率直で聡明な女性である。彼女は大学で哲学を専攻して、社会正義の問題に関心を持っており、学生時代は反核デモにも参加した。

この後に、あるグループの人はリンダが「銀行員である確率」を答え、別のグループの人はリンダが「フェミニストの銀行員である確率」を答える。つまりリンダが銀行員カテゴリーのメンバーであるか、フェミニストの銀行員カテゴリーのメンバーであるかを考えるわけである。

すると、おもしろい結果が出てくる。リンダが「フェミニストの銀行員である確率」のほうが「銀行員である確率」よりも高くなるのである。「それの何が悪いの？」と思う人は、ある人物が大学生である確率と女子大生である確率のどちらが高いかを考えてみればよい。むろん女子大生は大学生であるので、その人が女子大生である確率は大学生である確率よりも必ず低くなる。リンダの問題はそれと同じ理屈である。「フェミニストの銀行員」は必ず「銀行員」であるので、前者が後者よりもあり得そうということは考えられない。

こうした誤りは連言錯誤と呼ばれている。[52] 連言というのは二つのことがらが「アンド」、つまり「かつ」でつながれたものである。この場合、銀行員であり「かつ」フェミニストであるという表現がこれに当たる。別の言い方をすれば、二つの集合の交わり部分となる。この連言事象は必ずもとの事象の確率よりも小さくならねばならない。しかし、ある文脈を与えられると、人はそうした当たり前のことを無視してしまうのである。

この連言錯誤はどうして起きてしまうのだろうか。それはプロトタイプと密接に関係する。私たちはマグカップなどについてはたくさんの事例を見ているので、その平均的な特徴を捉え、そこからプロトタイプを作り出す。しかし、フェミニストはどうだろうか。明らかにマグカップよりは数が少ないだろうし、仮にある人がフェミニストであったとしても、そうしたことを表明している現場に立ち会うことはあまりないだろう。十分なサンプルがない場合には、メディアなどに登場するいわゆるフェミニストという人たちがプロトタイプの代わりになってしまう。これは前々項で挙げた少数の法則に従っている。多数のサンプルから得られたその集団の平均を比較的よく表すプロトタイプとは区別するために、これを代表例と呼ぶことにしよう。こうした少数のサンプルからプロトタイプの代わりになる代表例が導けること、そしてこの代表例に基づいて、人の所属集団や特性などを判断することを代表性ヒューリスティクスという。

連言錯誤は、プロトタイプの代わりにこうした代表例に基づいて考えたために生み出されたのである。前述の例文を読むと多くの人は、「三〇歳過ぎても結婚していない」、「哲学などという小難しいことを勉強した」、「体制順応的でない」などの特徴を推論する。こうした特徴は銀行員の代表例とはあまり類似していない一方、フェミニストの代表例とより類似していると判断し、集合の基本定理を逸脱する判断を下してしまったのである。

社会的ステレオタイプ　こうしたことが、人種偏見や差別という、より深刻な問題をもたらすこともある。私たちはある人のある行動を観察すると、それを説明しようとする。行動の説明にはさまざまなレベルが考えられるが、それが人種、職種、性別、出身地などのカテゴリーと結びつけられることもある。こうしたカテゴリーは、それに所属する人がどんな性格か、どんな行動をとりがちか、どんな思考をしそうか、などについての経験や推測を含んでおり、行動の説明に役立つ。こうしたものは社会的ステレオタイプと呼ばれている。国籍による社会的ステレオタイプとしては、イタリア人は陽気であるが軽いとか、韓国人は礼儀正しいがうらみがましいとか、黒人はリズム感があるが粗暴だなどというのがそれである。こうした社会的ステレオタイプはもちろん偏見、差別の温床となる。

これに心理学的本質主義が伴うと、さらにまずい事態となる。心理学的本質主義とは、あるカテゴリーのメンバーは、そのカテゴリーの本質的な特徴、つまりプロトタイプ、代表例の持つ特徴を持っているという考えである。先の例で言えば、イタリア人はすべからく陽気であり軽いなどということになり、現実のイタリア人と会った時には、その人を観察する前に陽気で軽いという予測をして対応してしまう。イタリア人にもさまざまな人がいるわけだから、こうした推論が誤りを含む可能性はとても高い。

心理学的本質主義は、もっと小さな集団、出身地、大学、趣味のグループなどにも当然はたらく。小咄のようなもので恐縮だが、ある日ある女子大学の非常勤講師の帰りにバスに乗っていたら、後ろで女子大生二人が合コンの時に出会った東大生について、「その人、東大なのにかっこいいんだよ」

と言って盛り上がっていた。これはまさに心理学的本質主義で、とても少ないサンプルから作り上げられた、あるいはメディアによって作られた東大生の代表例「頭はいいけど他はダメ（?・）」からの、心理学的本質主義に基づく推論がくつがえされた驚きの表れなのだろう。ちなみにこうしたことに備えてか、所属大学を聞かれると東大生は「一応、東大です」と答えたりすることが多いように思う。これはおそらく、相手がそれを聞いて、心理学的本質主義に基づく反応と期待をするのを防止するための、自衛策のように思える。

こうした思考は自動的になされてしまうし、矯正することは簡単ではない。というのも、心理学的本質主義はいつでも間違っているわけではないからである。水は一〇〇度で沸騰するとか、日本人は日本人の親を持つというのは、もちろん例外はあるがほとんどの場合正しい。そうした本質をすべての事例が分かち持っていると考えることをやめれば、自分が愚かになることを甘受しなければならない。そういうこともあり、簡単な矯正は不可能なのである。

サンプリング　前にも指摘したように、代表性ヒューリスティクスの背後にはサンプリングの問題がある。私たちがマグカップやネコをカテゴリー判断する際に用いるプロトタイプは、きわめて多数のサンプルを観察した上で作り上げたものである。しかし、イタリア人とか、黒人とか、東大生を数百人規模でよく知っている日本人はごくごくまれだろう。そうすると、とても偏ったサンプルからプロトタイプが構成されてしまうことになる。当然それはもとの集団のサンプルの平均とは、大きく異なる可能性も高い。

サンプリングはこれ以外にも深刻な問題を生み出すことがある。一部の論者がよく主張することに、昔はよかったというものがある。その中でも、昔の母親は子どもの世話をきちんとしていたが、近頃の母親は自分の好きなことだけやって子どもを見ない、よって変なことをする子ども、犯罪少年たちが増えてきたという話がある（むろん増えていない）。

これについて、前にも述べた教育社会学者の広田[53]は、おもしろい資料を呈示して反論を加えている。それは、一九五〇年に母親に対して行われた子どもの身売りについての調査である。この調査によると、子どもの身売りを全否定する母親は、全体の二〇パーセントしかいない。農村部に至っては、弱い否定（お金に困っていたら仕方がないというような）も含めると、子どもの身売りが可能と考える人は半数近くにもなる。子どもの世話をして慈愛に満ちているのが昔の母親だという前提に立てば、そうした反応は考えにくい。つまり「昔の母親はよかった」という前提が間違っているのだ。逆に評判の悪い（？）現代の母親たちはどうだろうか。そもそも同じ調査ができるとは考えにくい。今の母親の行動の選択肢の中に子どもの身売りは存在しないだろうし、そうした質問自体が侮辱と同義になってしまうからである。

こうしたことの背後には、サンプリングレベルの誤りがあると広田は述べている。つまり、昔はよかったということをメディアを通して意見できる人は、ごくごく限られた人、知識人、有名人たちであり、その多くはその時代であっても高いレベルの教育を受けられた、一部の富裕階級の出身である可能性が高い。そうした家庭では母親は家庭内労働以外をする必要がない、つまり主婦であり、家にいつでもおり、子どもの帰りを待っている。そうした家庭で育った人は、友人もそうである確率は高い。そして彼らは自分の周りだけからサンプリングを行い、自分とその周りの生活が一般的であるという誤った母親のプロトタイプを作ってしまい、それをメディアに載せてしまった可能性がある。ここではサンプリングのミスが起きているのだ。そして彼らの話を聞き、私たちは昔の母親はちゃんとしていたというような、誤った情報を含む代表例を作ってしまうのである。さらにこれが三歳児神話と結びつき、乳児を預かる保育を否定し、女性の社会参加を妨げたりする。

余談になるが、老人の「昔はよかった」はあまり信用しないほうがよい。どうも自分のこれからの未来が制限されているせいか、自分の生まれ育った時代がいかにすばらしいものだったかを強調する傾向があるように思う。嘘をついているわけではないのだろうが、先に述べた次第だから老人の過去礼賛は相当に割り引いて聞くべきだろう。自分も間もなく（いやすでに？）老人の仲間入りをする身として、若い人には強く忠告したい。

第一印象はなぜだいじか――確証バイアス

さて、ここまでで、私たちは思考についてさまざまなクセを持っており、それが時に事実とは異なる信念を生み出してしまうことを見てきた。思い出しやすさと発生頻度を混同してしまうとか、わずかなサンプルからカテゴリーのプロトタイプの代わりになる代表例を作り、分布や例外を無視して、その特性をすべてのメンバーの共通特徴と思ってしまうなどのことがわかった。

これに加えて、いっそう問題な思考のクセがある。それは確証バイアスと呼ばれるものである。これは自分の信念がまさに当てはまることがらに注意を向けがちで、そうでないことを無視するというクセである。四枚カード問題におけるQ項目の選択もその表れと言われている。$P \to Q$がある時、もしQが成立している時にPが成立していれば、やっぱり$P \to Q$でしょ、と言える。つまりその命題が正しいことを補強できる。だから私たちはQを選択しがちになる。$\neg Q$を正しく選べる人であっても、まず直感が指し示すのはQではないだろうか。

また少年犯罪が増加している、凶悪化しているという信念を持つと、それに合致したニュースを見ると「やっぱりな」、「またか」と思う。そして少年たちの凶暴性についての信念はいっそう強化される。その一方で老人犯罪の増加にはさっぱり注意を向けなかったりする。六五歳以上の老人による刑法犯は、一九九二年から二〇年間で三倍にもなっている。生活に困ったお年寄りの万引きなどが増えたということはもちろん大きな割合を占めるのだが、殺人などの重大な犯罪もやはり三倍程度になっていること、それは同時期の一四～一九歳による殺人の三倍になっていることを心に留めておくべきだろう。

第一印象がだいじだというのは誰でも聞いたことがあると思う。確証バイアスの観点からすると、こうした常識も説得性を増す。はじめに悪い印象、つまり「彼は変な人だ」という信念が形成されると、反証の可能性にはあまり注意を向けず、そうした信念を補強する言動に注意が向けられ、さらにその強度が大きくなる。むろん印象が変わることもあるので、一度形成されたものが永久不滅というわけではない。ただはじめの印象を覆すことは、このバイアスを考えると、それほど簡単ではないことがわかる。

選択における人間のクセ

意思決定においては期待効用理論を満たさない選択がなされることが数多く示されている。

有名な現象として、フレーミング効果というものがある。ある病気が流行し六〇〇名の命が危機にさらされているとする。この時、以下の二つの対策がある。みなさんならばどちらをとるだろうか。

① 二〇〇名が助かる。

② 三分の一の確率で六〇〇名が助かり、三分の二の確率で全員が死んでしまう。

もう一つの問題を考えてもらいたい。

③ 四〇〇名が死んでしまう。

④ 三分の一の確率で全員が助かり、三分の二の確率で六〇〇名が死んでしまう。

さてみなさんの答えはどうだっただろうか。もし①と④であればその答えは多数派である。この実験を行ったトベルスキーとカーネマン[54]の研究では、同じ人が二つの問題に答えたわけではないが、前者では約四分の三がプラン①を選び、後者では逆に④を約四分の三の人が選んだ。ただしよく考えてもらいたいが、選ばなかった③は①と意味は同じである。同様に②と④も同じである。ということは、最初に①を選んだとすれば、③を選ばないのはおかしいのだ。

このように「助かる」という表現を用いるか、「死ぬ」という表現を用いるかで人間は全く違った選択を行ってしまう。同じ事柄を別の表現を使う、つまり別の額縁＝フレームをつけることで、人間の選好判断が変わってしまうということで、この現象はフレーミング効果と呼ばれている。

プロスペクト理論

本文で挙げた以外にも人間の意思決定にはさまざまなクセ＝バイアスが存在する。

最初のバイアスは確率の評価に関わるものである。ある事柄の起こる確率を聞いた時、それを字義通り受け取るわけではない。たとえば、くじの当たりが一〇〇〇分の一の確率であることを聞いた時、まず絶対に当たらないと言ってくじをやめるわけではない。こうした心理の延長に宝くじの購入がある。また手術の成功率は九九パーセントと言われた時に何も考えずに手術を受けるというわけではなく、残りの一パーセントがとても気になり、不安に襲われることもある。つまり低い確率は高めに、高い確率は低めに見積もる傾向がある。

もう一つの人間のバイアスは、参照点（基準点）に関わるものである。タクシーのメータが一万円から一万一〇〇円にあがっても何も気にならないが、九〇〇円から一〇〇〇円に上がるとやや気になる。つまり同じ金額でも出発点＝参照点が異なると価値が変わってくる。パチンコなどで負けが込んでくると、どんどんお金を使ってしまうのはこんなところにある。

最後のバイアスは損失の評価に関わるものである。自分が一万円で買ったシャツが別の店で五〇〇〇円で売られていた場合と、その逆の場合（五〇〇〇円で買ったものが一万円で売られていた）を考えてみよう。

前者のがっかりの度合い、後者の喜びの度合いの絶対値は等しいだろうか。多くの人は高いものを買ってしまった悔しさを大きく感じる。
トベルスキーとカーネマン(55)は、こうした人間の意思決定上の特徴を数理的に明確な形でまとめたプロスペクト理論を提唱した。この理論は人間の意思決定が持つ独特な性質をうまく表現するものとして非常に高い評価を受けた。この研究を含む、人間の意思決定の特性についての卓越した研究により、カーネマンは二〇〇二年にノーベル経済学賞を受賞した（残念ながら、トベルスキーは早逝したため、受賞は叶わなかった）。

似たような問題だが、次のような二つの選択肢がある時に、皆さんはどちらを選ぶだろうか。

① 一〇万円が無条件に手に入る
② 二分の一の確率で二〇万円が手に入り、二分の一の確率で何も手に入らない

この場合、二つの選択肢の期待値は同じだが、選択肢①を選ぶ人が圧倒的に多い。人間は確実に利益が得られるものを選ぶ傾向があり、効用は確実性を重視したものになっていることがここからわかる。あるいは保守的と言ってもよいかもしれない。

それでは、今度はあなたが今、二〇万円の借金を抱えているとして、この二つの選択肢のうちのどちらを選ぶだろうか。

③ 借金が無条件で一〇万円減額される。
④ 二分の一の確率で借金がゼロになり、二分の一の確率で全く減額されない。

この場合も二つの選択肢の期待値は同じだが、かなりの割合の人が選択肢④を選ぶ。つまり賭けに出るわけである。ところで借金をしているかどうかを別にすれば、結果的に選択肢③は無条件で一〇万円もらうことであり、選択肢④は二分の一で二〇万円もらえることとなり、各々前の問題の選択肢①、②と同じである。ということは、最初の選択とは一貫しないものになる。

これらの結果が示すことは、人は借金があるなどネガティブな状態に置かれると、リスクを追求する傾向が高まり、そうでないときはリスクを回避して保守的な選択をする傾向があるということだ。このネガティブ度合いがさらに高まると（たとえば一億円の借金があり、二分の一の確率でゼロ、二分の一の確率で変わらない）、賭けに出る人の率はさらに高くなる。

このことは社会的な問題と絡めてみてもおもしろい。たとえば戦争を行うか否か、それを支持するかしないかは、意思決定の中でも最重要度のものであろう。なぜならば、自分や自分の身内、知り合いの生死がかかっているからである。だれも死にたいとか、死ぬかもしれない状況に自分や身内を追い込みたいとは思っていない。つまりリスクを回避したいと考えている。

こういう人間たちを戦争に駆り出すためには何をしたらよいだろうか。人をネガティブな状態に追い込み、危険なオプションを選択させるようにすればよいことが先の話からわかる。たとえば満州事変の時などに唱えられた、「満蒙は日本の生命線」というキャンペーンは、まさにそれだと思う。生命線という言葉は、それが切られたら命が絶たれるというきわめてネガティブなメッセージである。こうなると人間は何があっても、命を危険にさらしてでも戦わねばならないということになり、危険なオプションの選択を厭わなくなる可能性が高くなる。よって、こうした政治的なキャンペーンの意図について自覚的になるべきだろう。また、戦後日本はこの「生命線」を切られたわけだが、生き延びるどころか、未曾有の経済成長を遂げたこともよく覚えておくべきである。近年、これを片仮名にして「ライフライン」という言葉がよく使われているが、同じような趣旨から発しているのだと思う。

生死が関わるような状況が作り上げられると、また別のバイアスもはたらくようになっている。どうも私たちは死が関わるような危機的な場面になると、集団主義的傾向を強めるとともに、そこからの逸脱者に対して不寛容になることが多いらしい。たとえば戦時中の日本とか、9・11の後のアメリカなどである。そういう時には団結心が高まると言えば聞こえはよいが、通常と異なる意見に対するきわめて激しい弾圧、バッシングがある。こうしたことが恐怖管理理論（存在脅威理論）という立場から研究され、実験的にも確かめられている。たとえば死についてのアンケートに答えた後には、それとは全く無関係の法律違反者に対して厳しい罰を望んだり、葬儀場の前にいると、自分と同じ考えを持つ人の数を高く見積もったりする。この実験が行われたのは日本ではない。危機的状況になると一枚岩になって外敵と対抗し、それにしたがわない人を処罰するという傾向は、人類に普遍なのだろう。

5　まとめ

私たちは、さまざまな場面で思考しているが、いつでも同じやり方で行うわけではない。人間の思考の道具箱にはさまざまな道具が詰め込まれているのである。前提に論理的なルールを当てはめて結論を導き出す演繹、個別のケースから一般的なルールを導き出す帰納、現在の事態と似た事態を思い出しそこから結論を出すアナロジー、結果から原因を探るアブダクションなどの、推論と呼ばれる異なるタイプの思考活動がある。また、問題が与えられ、それを理解し、探索を行いながら解決に至る問題解決、複数の選択肢の中から適切なものを選び出す意思決定などの思考活動も存在する。さらに、簡便な方法で、あまり労力をかけずにほどほどの決定を行うための方略も、私たちの思考の道具箱にはある。これらの豊かな道具たちが、私たちの日常生活を支えている。

しかし、私たちの思考はいくつもの欠陥を抱えていることも明らかになった。きわめて単純な演繹もできなかったり、わずかなサンプルから一般法則を導き出してしまったり（代表性ヒューリスティクス）、思い出しやすさで事象の発生頻度を考えてしまったり（利用可能性ヒューリスティクス）、付随的な情報に引きずられて意思決定をしてしまったり（フレーミング効果）などなど。これらは私たちが思考の道具箱にある道具のよい使い手ではないことを示している。心理学者の考案した問題でだけ間違いが現れるのであれば、あまり心配することもない。しかし、本章で見てきたように、私たちの思考のバイアスは重要な社会的な決定の場面でも顔を出してくる。その結果、差別や偏見が生み出されたり、思い込みによって法律が変更されたり、戦争に駆り出されたりすることになる。

近年、大学教育の中で批判的思考（クリティカル・シンキング）の育成が話題になっている。これは与えられた情報を鵜呑みにせずに吟味をし、自己の決定についての反省的思考を促すものである。まだ端緒についたばかりであり、その実態についても、教育の可能性についてもこれから研究しなければならないことが多い。この章で繰り返し述べてきたように、私たちの持つ思考のバイアスは、日常の中では認知的努力を節約して、素早い判断を可能にしてくれる。ただ、メディアや権力によるデマなどが絡む場合には誤作動を起こすことも多いことは事実であり、何らかの対処が必要である。具体的な方法は未知の部分が多いが、健全な民主主義社会の維持と発展のためにはこの能力の育成は急務だと思う。

批判的思考（クリティカル・シンキング）

批判的思考とは、自らの、また他者の主張が、妥当なものであるかを吟味する思考活動である。①主張の明確性、②根拠の有無、③根拠の種類、④根拠と前提の関係、⑤根拠の得られ方（比較対照の有無、サンプリング）、⑥代替仮説の検討、などが批判的思考にとって重要である。

個人的には、トゥールミン[56]の議論の図式は、批判的思考を行う際に重要だと思う。彼の図式は、①主張、②根拠、③保証（主張と根拠の関係性）、④保証の妥当性、⑤反論、⑥再反論・限定の組で表される。これは自分や人の主張を吟味する時に有用だし、論文を書く際の指針ともなる。訳書もあるので参考にされたい。

近年、行動経済学という単語を含む書籍が何冊も出版されている。これらには、本書で紹介した人間のバイアス以外のさまざまなバイアスが紹介されている。こうしたさまざまなバイアスを知ること自体は、人の命を危険にさらす強引な政治的スローガン、詐欺まがいの商品販売、嘘だらけのコマーシャルなどについてのある種のワクチンになる可能性はある。ぜひ読むことを勧める。

ブックガイド

思考の基本とバイアスについては次の本を勧める。

鈴木宏昭『認知バイアス――心に潜むふしぎな働き』講談社ブルーバックス、二〇二〇年

トーマス・ギロビッチ『人間この信じやすきもの――迷信・誤信はどうして生まれるか』守一雄、守秀子（訳）新曜社、一九九三年

ケン・I・マンクテロウ『思考と推論――理性・判断・意思決定の心理学』服部雅史、山祐嗣（監訳）北大路書房、二〇一五年

最後のものは専門的だが、包括的に推論と意思決定を中心として思考の研究をまとめている。

意思決定のところで取り上げたギゲレンツァーたちのグループは多くの本を出しており、日本語で読めるものもいくつもある。たとえば、次のものは読みやすい。

ゲルト・ギーゲレンツァー『なぜ直感のほうが上手くいくのか？――「無意識の知性」が決めている』小松淳子（訳）インターシフト、二〇一〇年

佐伯胖『「きめ方」の論理――社会的決定理論への招待』東京大学出版会、一九八〇年

は公正な意思決定を考えるための最良の書である。
利用可能性ヒューリスティクスで取り上げた少年犯罪については、
広田照幸『教育には何ができないか――教育神話の解体と再生の試み』春秋社、二〇〇三年
広田照幸『教育不信と教育依存の時代』紀伊國屋書店、二〇〇五年
を参考にした。またリスクと人の認識を扱ったものでは
ダン・ガードナー『リスクにあなたは騙される』田淵健太（訳）ハヤカワ文庫、二〇一四年
もおもしろい。
第4節で述べた意思決定におけるさまざまなバイアスについては、認知科学、心理学に加えて、行動経済学という分野でも大きく展開している。読みやすい新書レベルの本が何冊も出ていると思うが、とりあえず以下のものを挙げる。
ダニエル・カーネマン『ファスト&スロー――あなたの意思はどのように決まるか？（上・下）』村井章子（訳）ハヤカワ・ノンフィクション文庫、二〇一四年
依田高典『「ココロ」の経済学――行動経済学から読み解く人間のふしぎ』ちくま新書、二〇一六年
山田歩『選択と誘導の認知科学』新曜社、二〇一九年
またこの節の終盤で述べた生死と人間の認知に関しては、
脇本竜太郎『存在脅威管理理論への誘い――人は死の運命にいかに立ち向かうのか』サイエンス社、二〇一二年
に最近の動向がある。
批判的思考については以下のものが理論から実践まで幅広く解説している。
楠見孝、道田泰司（編）『批判的思考――21世紀を生きぬくリテラシーの基盤』新曜社、二〇一五年

第6章　ゆらぎつつ進化する思考

さて、前の章の後半では、人間がいかに誤りやすいかをさまざまな現象を通して明らかにした。しかし、これらのことから人間が非合理的だと断定してしまうのは一面的である。

本章では、まず思考の文脈依存性という現象を取り上げて、人間がある文脈においては正しい推論が可能であることを示す。これを通して、人間が誤った思考のルールにもっぱらしたがっているわけではなく、複数の思考のリソースを文脈に応じて使い分けていること、そしてその中には規範解と一致するものも含まれていることを示したい。さらに、一つの問題を解いている時にも複数のリソースが同時に活性して働いていることを示す。これらを通して、私たちの思考が絶えずゆらぎを持っていること、そしてそのゆらぎこそが、思考を次のステージへと導いてくれることを明らかにしたいと思う。

1　四枚カード問題、アゲイン

四枚カード問題では、大学生であってもきわめて基礎的な$P \to Q$の条件文推論の問題が解けないことが明らかになった。これをもって、人間は論理的な思考ができない、あるいはもっぱら誤ったルールにしたがって思考を行う存在と結論づけられるだろうか。まずはこれを検討してみよう。

許可のスキーマ

実は、私たちはきわめて自然に、論理学的に見て正しい推論ができる場合もある。次のような状況を考えてみよう。あなたはある国の空港で入国管理を行う立場にある。この国に入国するには、コレラの予防接種が必要となっている。空港利用者はカードを持っており、カードの表面には、その所持者が入国希望か、一時立ち寄りかが記され、裏面にはその人が受けた予防接種のリストが記されている。今、図6-1のようなカードがあなたの前に置かれている。あなたがチェックしなければならないのはどのカードだろうか。

赤痢、疫痢	コレラ、赤痢	一時立ち寄り	入　国

図 6-1　入国管理の四枚カード問題

さて、PとかQとか、対偶とか、そういう難しいことは一切考えずに、どのカードをチェックするかを考えてみよう。すると多くの人は、「入国」と「赤痢、疫痢」を選択すると思う。そしてそれは論理学的な意味での正解と一致している。

この問題と、前章で取り上げた「片面が奇数ならばその裏は平仮名」という問題とは、どこが異なっているのだろうか。身近な話題だからなのだろうか。確かにそう感じる人は多いだろう。しかし、よく考えてみれば、入国管理は身近なのだろうか、コレラは身近なのだろうか。私には奇数や平仮名のほうが入国管理や予防接種よりはるかに身近に感じられるが、どうだろう。

チェンとホリオーク[57]は、こうした実験をもとに、「許可」という文脈の時には、私たちの推論は論理学的な正解と一致することを見出した。許可の文脈というのは、ある行為とその前提条件に関わるものである。つまり、「もし○○のことを行うのであれば、××をしなければならない」という形で表される事態である。「入学するならば、学費を払う」、「おやつを食べるならば、お手伝いをする」、「弁護士になるならば、司法試験にパスする」などはすべて許可の文脈ということになる。

彼らは許可の文脈で使われる許可のスキーマを次のようにまとめた。

①行為を行うのであれば、前提条件を満たさねばならない
②行為を行わないのであれば、前提条件を満たしても満たさなくてもよい
③前提条件を満たせば、行為を行っても行わなくてもよい
④前提条件を満たしていなければ、行為を行ってはならない

この四つの中で、①と④は「……ねばならない」となっており、必須であることを示している。ということは、「行為を行う時」、「前提条件を満たさない時」の二つが要チェックとなる。つまり「入国する時」と「コレラが記載されていない時」に注目しなければならないことが自然にわかる。よってこれらのカードが選択されることになる。一方、②と③は文末が「……てもよい」というようにどちらでもよいことを示している。だから、「一時立ち寄り」や「コレラ、赤痢」はチェックしなくて

もよいということになる。こうしたスキーマを用いることで、私たちは許可が絡むさまざまな状況で適切に推論を行うことができる。

チェンとホリオークは、私たちは日常的な状況の意味に対応するいくつかの推論のためのスキーマ、実用的推論スキーマを持っており、許可のスキーマはその中の一つであるとしている。これが意味することは、私たちは「ならば」が関係するすべての状況に適用できるルールに基づいているのではなく、状況の意味に対応したスキーマに基づいて推論を行っているということである。

社会契約としての推論課題

コスミデス[58]は、別のタイプの適切な推論スキーマがあることを進化心理学の観点から探究した。人間は利他行動を行う生物である。自らの利益を放棄しても、他者の利益のために行動することがある。利他行動の傾向を持つ個体は、自分の生存や生殖のための利益を犠牲にしてしまうのだから、生存の確率が下がってしまう。だから利他行動は、進化論的に見れば適応的でないように思える、そして、もしその傾向性が遺伝子に基づくものであれば、そうした遺伝子を持つ個体は徐々にその数を減らしていくはずである。

ところが、人間においては利他行動が存続している。ということは利他行動は進化的に適応的ということである。では、どんな環境がこの行動を適応的にしたのだろうか。それは集団のメンバー間で継続的なやり取りがあること、そして自分は他者の利他行動の恩恵にあずかるが、自らは利他行動をしない個体＝裏切り者に対する罰がある場合とされている。特に後者が可能になるためには、裏切り者検知の能力が必要とされる。つまり「利得を得るのに対価を払わない」個体を検知する能力である。人間という種においては利他行動をとる個体が絶滅せずにいるわけだから、各個体は裏切り者検知の能力があるということになるという。

裏切り者検知は、次のような利得と対価についての社会契約に関わる図式に基づいている。

・利得を得るならば、対価を払わねばならない
・利得を得ないのであれば、対価を払う必要はない
・対価を払えば、利得を得てもよい
・対価を払わなければ、利得を得てはならない

この図式は、条件文推論において私たちを正しい選択へと導いてくれる。彼らが使った有名な問題は、概略次のようなものである（実際にはもっとずっと長い）。

ある部族では部族長への忠誠を示すために顔に刺青をする習慣がある。またこの地域にはキャッサバという滋養豊かな食べ物と、モロナッツというふつうの食べ物がある。この部族の決まりとして、キャッサバを食べるのであれば、既婚であり既婚の印となる顔の刺青がなければならない。ここに四人の刺青の状態と食べているものがそれぞれ表と裏に書かれてあるカードがある（図6-2）。規則を守っているかを確かめるためにはどのカードを裏返すべきか。

この文から、キャッサバは利得であり、結婚、刺青が対価であることは多くの人が理解できる。す

刺青なし

刺青あり

モロナッツ

キャッサバ

図 6–2　社会契約に関わる四枚カード問題

ると、ほぼ直感的に正解のカードである「キャッサバ」と「刺青なし」を選択することになる。

ただ、この問題では許可のスキーマを用いている可能性もある。つまり、これもキャッサバを食べるという行為と、刺青をするという前提条件に関わるものだからである。一般に利得と対価を含む社会契約に関わることがらは、定義上どうしても行為とその前提条件という許可の構造を持たざるを得ない。許可のスキーマで説明可能なら、進化も社会契約も関係ないことになる。

そこでコスミデスが考えたことは、許可の構造を持つが利得と対価が関わらない問題ではどうなるかということである。そこでキャッサバもモロナッツもふつうの食べ物であるというバージョンの問題を用いた。つまりキャッサバを食べることは利得とはならないということである。もし許可のスキーマを用いているのであれば、このバージョンの問題でも同様に高い正答率になるはずである。なぜならば、キャッサバを食べるという行為と刺青（結婚）という前提条件が含まれるからである。一方、社会契約という考え方にしたがえば、ここでは利得と対価の構造がなくなるので正答率は低くなることが予測される。結果はコスミデスの予測通り、正答率はかなりの程度低下した。したがって、この種の問題は許可のスキーマを用いたのではなく、利得―対価のスキーマを用いて解いた可能性が高い。

「ならば」という表現にはいろいろなタイプが存在する。「片面が奇数ならばその裏は平仮名」のような恣意的な「ならば」もあれば、許可や利得と対価を含むような「ならば」もあるし、「水の温度が一〇〇度ならば沸騰する」というような因果に関わる「ならば」もある。論理学の世界で使う「ならば」はこれらをすべて包含したものであるが、私たちは「ならば」の文脈のタイプ（つまり意味の違い）に応じた推論のスキーマを持っている。

実用的推論スキーマの一つである許可のスキーマや、社会契約説における利得—対価のスキーマは、すべての「ならば」のうちのある部分をカバーするだけである。その意味で万能ではないし、論理学でいう「ならば」と等価ではない。しかし、許可だけを取り上げてもさまざまなタイプの許可が存在するわけだから、私たちは十分に応用可能性の高い知識を持っていると考えられるだろう。

さて、ここからわかることは、人間の推論が文脈に依存するということである。構造、本質は同じ問題であっても、それがどのような文脈に置かれるかによって、はたらくスキーマが異なり、それによって正しく推論できたり、できなかったりする。こうしたことは「文脈依存性」と呼ばれている。

人間が論理学にしたがわないわけ

人間は論理学的なルールを用いることがとても苦手である。特に、日常的な問題になってくるとその傾向は強くなる。なぜだろうか。その理由の一つとして、前提とする世界が全く異なっていることが挙げられる。

この問題を考えるのに、旧ソ連を代表する心理学者であったルリア[59]がボルシェビキ革命のしばらく後に行った実地調査は、だいじなことを伝えてくれる。ルリアはヴィゴツキーという偉大な発達心理学者の薫陶を受けていた。ヴィゴツキーは言語の利用、特に読み書きを習得することが思考の質を変える、という主張を行った。ルリアは、本当にそれが成立するのかを農奴解放とともに公教育が始まった中央アジアに行って調べたのである。

いろいろな問題を用いて調査を行っているが、その一つには「綿は、暖かく乾燥した地域に育つ。イギリスは寒く湿気が多い。イギリスに綿は育つか?」というものがある。読み書きができない人（成人）は「わからない」と答えてしまう。一方、学校教育を受け読み書きができる人たちはすぐに「育たない」と答える。こうしたことから、ルリアはヴィゴツキーの理論の通りのことが起きている、読み書きの習得は思考の発達を促す、と考えた。

ここで考えたいのは、ヴィゴツキーやルリアが正しいかどうかではない。論理学が要請することがらである。この問題には、「綿は、暖かく乾燥した地域に育つ」、「イギリスは寒く湿気が多い」という二つの前提がある。さて、この前提は正しいのだろうか。綿は絶対に、暖かく乾燥した地域にしか育たないのだろうか、イギリスは本当に常にどの地域でも寒くて湿気が多いのだろうか。この真偽は、この問題を与えられた人にはわからないことがらである。わからないことがらからは結論を出さないのが賢明ではないだろうか。実際、この調査が行われた頃は、インドはイギリスの植民地であり、そこでは綿花は栽培されていた。

論理学は前提自体を疑うことは許されない。$P \to Q$と言われれば$P \to Q$なのであり、「イギリスは寒い」と言われれば「イギリスは寒い」のである。一方、日常生活では確実な前提が得られることはほぼない。こうした世界では前提を疑ったり、棄却したりすることは、けなされるどころか、慎重な態度として尊重される。読み書きができない人が行った思考は、論理学の仮定する世界とは別の世界の中で行われたのである。

思考をはたらかせる世界が全く異なるわけだから、別の考えが生み出されるのは当然と言えるだろう。

　一方、学校に行くようになると、この推論が自然にできてしまう。これは論理的思考ができるようになったからなのだろうか。そうではないと思う。小、中学校ではそもそも論理などは教えない。何を教えるかといえば、先生が言ったことは黙って聞く、疑わない、余計なことを考えない、そういうことである（これは隠れたカリキュラムと呼ばれる）。これは論理学の前提とする世界と一致する。だからできるようになるのだと思う。

2　データに基づき考える

　文脈依存性を別のトピックで考えてみよう。あることを信じるには度合いというものがあり、この度合いは新たなデータを得ることによって変化する。こうしたことは、データによる信念の更新と呼ばれている。

　たとえば、山田さんという人の血液型がB型である確率を考えてみる。日本人の血液型は大ざっぱに、A : O : B : AB = 4 : 3 : 2 : 1となっている。山田さんについて日本人という以外の情報がない場合は、山田さんがB型である確率は、2/(4＋3＋2＋1)であるから、二〇パーセントと考えるしかないだろう。さてここで山田さんはA型ではないと言ったとしよう。すると、当然山田さんがB型である確率は変化する。この場合はA型の分を除いて、2/(3＋2＋1)で、三三パーセント程度となる。

山田さんがB型であるという信念（仮説）の確からしさは、はじめは二〇パーセントであった（これを事前確率と呼ぶ）が、「A型ではない」というデータが得られたことにより、三三パーセントに更新されたということになる。

反直感的な確率

前述の例はデータによる信念の更新の中でもわかりやすいものだが、非常にわかりづらく、反直感的なケースもある。次の問題を考えてもらいたい。

ある夜にタクシーがひき逃げ事故を起こした。その町には、緑タクシーと青タクシーの二つの会社がある。台数比で言うと緑は八五パーセントで、青は一五パーセントである。この事故には目撃者がおり、彼は青タクシーが事故を起こしたと証言している。ただし夜であり、緑と青は区別が難しいので、同様の状況で目撃者がどの程度確実に証言ができるかをテストした。その結果、正しく証言できる確率は八〇パーセントであった。さて、事故を起こしたのが本当に青タクシーである確率はどのくらいか。

この問題を出すと怪訝な顔をする人もいる。正しく証言できる確率は八〇パーセントなのだから八〇パーセントだろう、と考えるからだと思う。別の人たちは答えが八〇パーセントではそもそも問題と呼べないので、もう少し低めで七〇パーセントくらいかななどと考えたりする。また、青タクシーの台数の割合は一五パーセントなのだから、（証言の有無にかかわらず？）一五パーセントと答える人も若干名存在する[60]。

しかし、いずれも正しくない。答えは四〇パーセント程度となる。これは驚きではないだろうか。私もこの問題とその答えを見た時に信じられないと思った。青タクシーの確率が四〇パーセントであるということは、緑タクシーが事故を起こした確率は六〇パーセントとなり、証言の意味がなくなってしまうと考えたからである。講義でこの問題の解説をした時に、ある学生が手を挙げて、「本当はどうなんですか」と訊ねたのは印象的だった。

ただ、よく考えてみると、約四〇パーセントという答えには納得せざるを得ない。目撃者が青タクシーと証言するのには二つの場合がある。一つは実際に青タクシーが事故を起こして正しく証言できた場合と、緑タクシーが事故を起こしたのだが誤って青タクシーと証言してしまう場合である。はじめのほうは青タクシーの台数の割合（一五パーセント）に正しく証言できる確率（八〇パーセント）をかけたもの、つまり15×80となる。後のほうは緑タクシーの台数の割合（八五パーセント）に誤った証言をする確率（二〇パーセント）をかけたもの、つまり85×20となる。青タクシーが実際に事故を起こした確率は、この二つの場合を足したものではじめの場合を割ればよい。すると(15×80)÷(15×80＋85×20)となり、計算すると四一・三パーセントとなる。

これはベイズの定理と呼ばれるものを用いた計算結果である。ベイズの定理では、データが得られた後の仮説の正しさ＝事後確率を、事前確率と尤度《ゆうど》から導く。先に示した間違いは、事前確率の無視とか、基準率錯誤と呼ばれてきた。つまりもともとのタクシーの台数比を考慮せずに、証言の確からしさ＝尤度のみを用いて確率を判断してしまうのである。

このベイズの定理が関わる実際の現象は多々ある。たとえば病気とその診断などもそうである。次のような問題がある。

四〇代の女性の乳がんの比率は一パーセントである。乳がんを持つ人にある検査を行うと、八〇パーセントの確率で乳がんであるという結果が出る。一方、乳がんではない人に同じ検査を行うと、九・六パーセントの確率で乳がんであるという結果が出る。ある四〇代の女性がこの検査の結果、乳がんであるとされたが、この人が実際に乳がんである確率はどれほどか。

この場合も、ベイズの定理に基づく答えは七・八パーセントとなり、大変に反直感的である。しかし、人口の大多数を占める乳がんでない人（九九パーセント）が乳がんと診断される確率が九・六パーセントもあることを考えると、ここがきわめて大きな値になり、結果として本当に乳がんである確率は、やはり八パーセント弱となるのである。実際、この値と近い答えを出す人はほとんどいない。多くの答えは、診断率である八〇パーセントに微調整を加えたものとなっている。ここでもまた、事前確率は無視され、尤度からの微調整で判断が行われているのである。

事前確率はなぜ無視されるのか

ここで見たような事前確率の無視は、いつでも生じることなのだろうか。これを考えるために、ギゲレンツァーとホッフラーゲ[61]が考案した次の問題に取り組んでみることにしよう。

ある部落に出かけた医者が、奇妙な病気を発見した。何回も診察しているうちに、彼はこの病気の検査法を考えついた。今まで一〇〇〇人を診察し、そのうちの一〇人がこの病気にかかっていたが、この一〇人に検査を行うと八人が陽性と出る。念のため、この病気ではなかった残りの九九〇人に検査を行うと九五人に陽性という結果が出た。さて、ある日この部落のある人にこの検査を行ったところ、陽性という結果が出た。この人がこの奇妙な病気にかかっている確率はどれほどか。

表 6-1　乳がん問題と奇病問題の対応関係

乳がん問題	情報のタイプ	奇病問題
1%	事前確率	10/ 1000 人
80%	尤度	8/ 10 人
9.6%	偽陽性	95/ 990 人

どうだろうか。この問題だと、病気にかかっている割合はずいぶんと低く推定できるはずである。つまり、本当に病気で陽性の八人のほうにこの人が入るのか、それとも偽陽性の九五人のほうにこの人が入るのかを考えれば、この人が本当に病気であるのは8/(8＋95)、つまり八パーセント弱になることはわかるのではないだろうか。

もう気づいている人も多い思うが、実は乳がんの問題と奇病の問題は数学的にはまるで同じ問題である。どのような対応があるかを表6-1に示した。これらの間の違いは主要な情報がゼロから一〇〇の百分率で表現されているか、それとも頻度で表現されているかだけだが、難しさが全く異なっている（ただしここで言う頻度は、参照されるサンプルが固定された時のものである）。

頻度形式にするとなぜうまく推論ができるようになるのだろうか。頻度形式問題を見ればわかるが、陽性と出る場合が八名と九五名というように明示されているからであろう。もっと言えば、仮説が成立していない時にもデータ（陽性）が得られるケースがあることが理解できるからである。このことからすれば、頻度表現だけがこのタイプの確率推論を向上させるというわけではない。つまり、データが得られる場合についての適切な理解がなされれば、正答率は向上することが確かめられている。

ここでの結果は、前の節で見た異なるタイプの四枚カード問題での出来不出来と同じことを示している。つまり、同じ構造の問題の解決が、それが置かれる文脈や情報の表現の形式によって大きく左右されるということ、すなわち文脈に強く依存しているということである。

3　思考の発達におけるゆらぎ

さて、ここまで、抽象的な構造が同一の問題であっても、それがどの文脈で語られるかによって、人間は全く異なる推論を行う、つまり人間の思考が文脈依存性を持っていることを明らかにしてきた。別の言い方をすると、論理学的、統計学的には一つのタイプとみなされる問題に対して、複数の認知リソースを持っており、どの認知リソースが使われるかは文脈に依存する、ということになる。こうしたことは思考の発達、深化を考える際に、きわめて重要なヒントを与えてくれる。

以下では、子どもの思考とその発達を中心に、このことを考えていこうと思う。

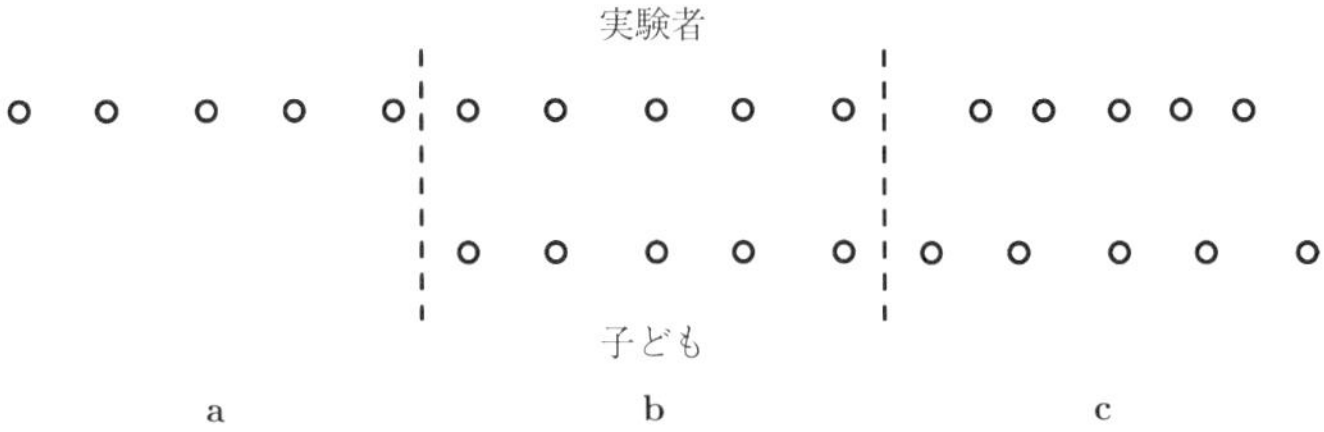

図 6-3　数の保存課題

はじめに a のように実験者が並べる。b では子どもにこれと同じように並べさせた後に、実験者が一方の列の間隔を変化させ、c のようにする。

複数の認知リソース

心理学者ならばだれでも知っている有名な発達心理学の課題に、二〇世紀を代表する発達心理学者のピアジェが考案した、数の保存課題というものがある。まず、図6-3aに示したように、実験者がおはじきを子どもの前に並べる。そして同数のおはじきを並べるように子どもに言う。子どもはこのような場合、たいてい図6-3bのようにおはじきを並べる。この時点で二つが同数かを一度確認する。次に実験者は、片方の列のおはじきの間隔を縮めるか、あるいは広げるかして、子どもにおはじきの数は同数か否かを確認する。

この実験の結果を教科書風にまとめると、次のようになる。三歳児はそもそも同数のおはじきを並べること自体が困難である。四歳児は間隔を変更した後の質問に対して誤った答えを述べてしまう。つまり、列の長さが変わったことにより、数が変化すると判断してしまう。五歳児くらいになると、大人と同じように、列の長さが変化しても数は変化しないと正しく答えることができるようになる[62]。

この結果は発表当初から大きな関心を集め、世界中の発達心理学者が追試を行った。標準的な条件下では、ピアジェの結果とほぼ同様の結果が得られることが多かった。こうした結果は、年少、年中の子どもは見かけに依存した推論を、年長の子どもは論理に基づいた推論を行うという形でまとめられた。

学校に上がる前の子どもでも、数を数えたり、数唱したりすることができる。はじめは小さな数しか扱えないが、徐々に大きな数まで言えるようになる、ピアジェ以前は、数の能力はこのように徐々に一次関数のように増加していくと考えられてきた。

しかし、ピアジェの実験は、子どもは大人の扱う数とは全く別の数を扱っている、あるいは全く違った数の世界に住んでいることを明らかにした。つまり発達は、徐々に何かの能力が増加していく過程ではなく、質的に異なる世界=段階間の移行として捉えられるべき、と彼は主張したのである。

ところが、一九八〇年代あたりからこの標準的見解を覆す結果がいくつも報告されるようになった。上野ら[63]は、保存課題では列の変形操作が文脈として不自然であり、それゆえ四歳児は不適切な回答をしてしまうと考えた。そこで、並べたおはじきをバッグに入れるために列の間隔を縮めるなど、列の変形にまともな理由がある、自然な文脈の下で保存課題を実施した。その結果、それまで非保存児と言われていた子どもの多くが、適切な判断を行えることが明らかになった。

また、シーガル[64]は非保存児たちに、別の子どもの保存課題での反応をビデオに収録したものを提示した。ビデオのある場面には列の長さに基づく非保存反応、別の場面には「変わらない」という保存反応をする子どもの様子が収録されていた。このビデオの各場面を子どもに見せた後に、「この子（登場人物）は本当に本当にそう考えて答えたのかな、それとも大人の人（ビデオに登場する実験者）

を喜ばせようとして、わざとそう答えたのかな」という質問をした。すると驚くべきことに、このビデオを見た非保存児の多くは、非保存反応のビデオに対しては「この子はわざと間違えている」と答え、保存反応のビデオに対しては「この子は本当にそう思って答えている」と答えたのである。

これらの結果は、非保存児と言われてきた子どもの中に、本当は数の保存を可能にするリソースも存在していることを示している。通常の保存課題では、課題の特性からこのリソースの働きが抑えられる一方、長さなどの無関連情報に基づくリソースが強く働き、その結果間違いが誘発されるのである。複数のリソースが子どもの中に存在し、これらが課題状況の与える情報との関連で、機能したり、しなかったりするというわけである。

実は子どもの多様性は前述のような特別な実験状況以外にも現れる。私は三〇年ほど前に一度、この課題を三～五歳の子どもに実施したことがある。通常の保存課題を実施し、できない子どもたちを集め、その後の別の実験の参加者とするという計画であった。そこで用いたのは五題の保存課題を含むものであったが、質問の形式はいずれも標準的なピアジェ流のものであり、それぞれは数が異なるだけであった。

実験を行って、完全な非保存児というのは三歳児でもほとんどいないということに気づき、驚いた。数十名の参加者の中で五題とも不正解の者は数名に過ぎなかった。また、完全に正解する子どもの数も予想よりはずいぶんと少なかった。もう一つひどく驚いたのは、子どもの理由づけの多様さである。同じ子どもが、ある時には間隔を広げたほうを「長い」という理由で多いとするが、別の時には短いほうが「いっぱいあるから」（密度のことかもしれない）という理由で多いと判断する。また、子どもの一人は、理由を尋ねられると「こっちは五個だから」など個数を数えて、その上で間違った答えを出したりもする。しかし、こうした重要な発見は私の中では発展することなく、そのままとなってしまった。

長年にわたって、子どもの考え方＝ストラテジーの多様性を研究してきた発達心理学者のシーグラー(65)は、比較的長期間、同じ子どもたちに何度も保存課題を解かせ、その理由を尋ねる実験を体系的に行った。この結果は驚くべきものであった。一つの理由づけ（たとえば長いほうを必ず多いと判断する）のみを用いた子どもは全体の七パーセント程度しかおらず、二〇パーセントは二つ、四七パーセントは三つ、二七パーセントは四つもの理由づけを用いていたのである。

これは、何も保存課題に固有な話ではない。発達や学習の文献を見てみればすぐにわかるが、かなり年齢の低い子どもであっても、また学習の初期であっても、何かの課題を複数回実施して、その正答率がゼロということはまずない。年齢で区切った時の平均正答率が二〇〜三〇パーセント程度の場合に、その年齢はいわゆる「できない段階」となることが多い。また、「できるようになった」という段階であっても、達成率が一〇〇パーセントということはまずない。できない段階と統計的に有意な差があれば、できる段階と見なされることもある。できる子どももできない子どもも、当たったり外れたりするのである。

このような結果は、いわゆる段階と呼ばれてきたものが、ゆらぎや変動を含んだものであることを示している。ある段階で特徴的とされる行為は、他の行為よりも頻繁に見られるという意味を持つだけであり、その段階の人間が必ずその行為を行うことを意味するわけではない。人間はある優勢な行為のパターンを持つが、それを逸脱するような別の行為のパターンも持っていて、その回数は少ないが、これらをも用いているのだ。もちろんこうしたゆらぎや変動は、文脈により誘発される。

　こうした複雑な発達パターンを捉えるための図式として、シーグラー[66]は重複波モデルを提案している。図6-4は、仮想的な発達を重複波モデルによって表現したものである。この図の縦軸は子どもの持っているさまざまなストラテジーにしたがった行動の出現頻度であり、横軸は時間を表す（もし出現頻度が各ストラテジーの持つ強度のようなものに支配されていると考えれば、縦軸をストラテジーの強度ととっても差し支えない）。この図にしたがえば、ストラテジー1は発達の初期に頻繁に用いられるが、徐々に用いられなくなる。この過程でストラテジー2が台頭し、発達中期には最も優勢なストラテジーとなる。しかしこれもまた後期に行くにしたがって用いられなくなる一方、ストラテジー3が徐々に優勢になる。また、ストラテジー4はその利用頻度は少ないが一定の割合で利用されている。

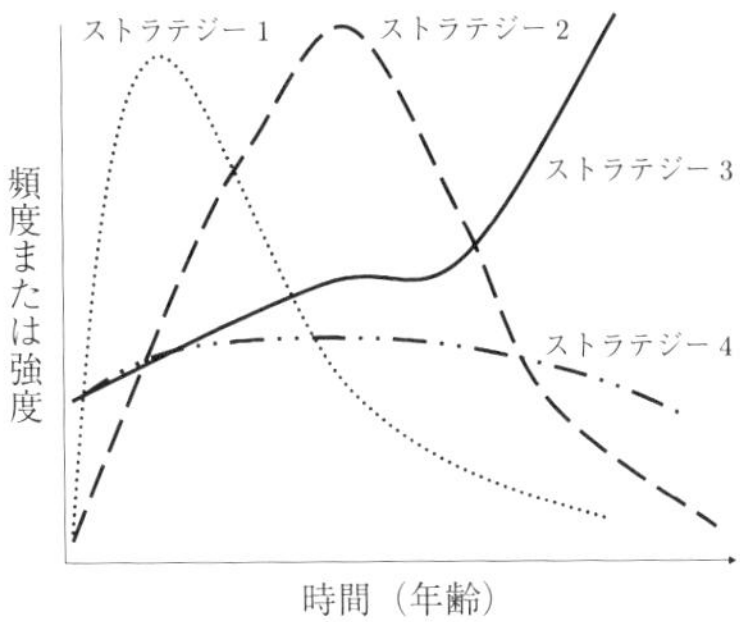

図6-4　重複波モデル

　この重複波モデルは、一つの時期において複数のストラテジー（認知リソース）が利用可能になっているという点で、前の節までで述べてきたことをうまく要約してくれるように思える。よく使われるものも、それより高度なものも、またあまりエレガントではないものも、すべて私たちのリソースとなっている。どれが用いられるかには、状況、文脈の要因が強く関係している。問題がどんな形で情報を表現するか、それがどのような状況の中で取り上げられているのか、その時の自分の状態などによって、使われるリソースが決まるのだろう。

これと関連するが、このモデルのもう一つのポイントは、それぞれの認知リソースのはたらきを0か1かという二分法により捉えるのではなく、強弱を持ったものとして捉えるという点にある。このように考えることで、経験からの学習を通して、各認知リソースの持つ強度（たとえば、その有効性、効率性、生産性などに基づく）が変化し、大ざっぱに見た時に現れる段階の変化が生み出されることがわかる。

このほか、重複波モデルが発達理論に対して持つ利点は、「無から有」のようなむちゃな前提に立たなくて済むということである。従来の考え方にしたがえば、保存課題において、年少児では見かけの情報に依存したプログラムがはたらき、年長児では論理的な操作に基づくプログラムがはたらくということになる。ここでの問題は、どうやって見かけに依存したプログラムから、全く性質の異なる論理操作に基づくプログラムができるかである。これはいわば無から有を生み出すという、解決不可能な難問を研究者たちに与えることになる。一方、重複波モデルにしたがえば、初期に優勢であった認知リソース（プログラム）の利用が、経験からのフィードバックにより減る一方、そうでない認知リソースの強度が上がり、それがサポートする行為を増加させるという、きわめて自然な変化の道筋を描くことができるわけである。

同時並列的活性化

これまで、発達や学習の過程でいつでも複数の認知リソースが利用可能になっていることを論じてきた。あるリソースはより進んだ段階の行為をサポートするものであり、また別のリソースは以前のあまり有効でない行為をサポートするものであったりする。

さて、これらのリソースはスイッチによる切り替えのように、ある文脈ではリソースXがはたらき、別の文脈ではリソースYがはたらくというようになっているのだろうか。どうもそうではない、あるいはそうとばかりも言えないことが、ゴールディン-メドウ[67]らの研究から明らかになってきている。

彼女たちが注目したのは、ジェスチャー・スピーチ・ミスマッチと呼ばれる現象である。これは、読んで字のごとく、話していることと、身振り＝ジェスチャーが一致しないことを指す。たとえば前項で挙げた数の保存課題において、長いほうの列のおはじきが多いと答えた子どもに、どうしてそうなのか理由を尋ねる。すると一部の子どもたちは、「だってこっちのほうが長いから」と言いつつ、指は上の段のおはじきと下の段のおはじきを一対一に交互に対応づける動作をするという。

この子どもたちは、はじめの判断で長いほうの列を多いと言語的に報告している。ということは、彼らは保存の段階に達していないことを示している。重複波モデルの言い方をすれば，保存を可能にする認知的なリソースのはたらきが弱く，長さをもとにした見かけの判断をサポートする認知リソースが優勢であると考えられる。しかし，ジェスチャーにおいて見られた一対一対応は，二つの数が等しいことを確認するための最も基本的な操作である。このことから考えれば，この子どもたちの中には，次の段階へ進むための基本的な認知リソースはすでに存在しているということになる。

さらに重要なことは，これら二つの相反する認知リソースが共存しているだけでなく，同時に活性し，機能している，つまり共起している点である。長さに基づく判断という優勢な反応を支える認知リソースは，その強度の高さゆえか意識の上にのぼり言語的なアウトプットを生み出す。一方，言語的アウトプットを奪われた，一対一対応を支える認知リソースは，その場から退いてしまうのではなく，身体を通してそのアウトプットを生み出していると考えることができるだろう。

こうした同時並列的活性化は，子どもだけではなく，大人の問題解決においても観察されている。ゴールディン-メドウらは，ハノイの塔の問題解決におけるジェスチャー・スピーチ・ミスマッチの分析を通してこれを明らかにしている。ハノイの塔を解決した後に，どのようにして解決したかを円盤を動かさずに説明させると，大人の場合も子どもの場合も言語的な説明とジェスチャーの間に不一致が見られることが明らかになった。興味深いのは，どの時点でミスマッチが生じるかである。ハノイの塔の問題解決においては，いくつかのサブゴールを逐次達成していくことが必要になる（第5章第2節参照）。この問題に慣れていない実験参加者たちは，課題解決の当初にすべてのサブゴールを想定して解決するわけではなく、一つのサブゴールを立て、それをクリアした後に、次のサブゴールを立て、そのクリアを目指す。すると、新たなサブゴールを立てる時点では、複数の可能性をいろいろと吟味することが必要となる。したがって、こうした時点ではミスマッチの可能性が高くなると考えられる。サブゴールを立てる時点とそうでない時点とでミスマッチの比率を求めると、前者においてより多くのミスマッチが見られることが明らかになった。つまり、複数の認知リソースの生み出す複数の行為は、言葉とからだに分かれて、そして同時に現れるのである。

ここで見てきた複数の認知リソースの共存および同時並列的活性化は、脳のはたらきから考えても何も不自然なことはない。脳において、スイッチ切り替えのように各部位がはたらいたりはたらかなかったりするとは考えがたい。さまざまな部位が状況からの情報に反応し、お互いが興奮性、抑制性の信号を伝え合いながら、ある部位は強く、別の部位は弱く興奮する。結果的に意識化できるアウトプットを出すのは特定の部位のセットかもしれないが、他の部位が全く興奮しないというわけではないだろう。

状況の提供する情報に対して、多様な認知リソースがリアクティブに反応する。ここで、より多くの情報からサポートされた認知リソースは最も強く活性化され、結果として意識化できる行為を生み出す。一方、そうした行為を生み出さなかった認知リソースもある程度までは活性化されており、それは時には身体を通して意識化されない行為を生み出す。このような複数認知リソースの同時並列的な活性化により、ゆらぎが生み出されるのである。注意深い読者は、ここで見た認知の姿は、第3章で解説した潜在記憶の研究の知見、第4章での現象学的プリミティブなどの断片化された知識とも一致することに気づくだろう。

ゆらぎが思考を発達させる

さて、同じ課題にさまざまな認知リソースを用いて一貫性のない回答をすること、つまり思考のゆらぎは、学習や発達においていかなる役割を果たすのだろうか。ゆらいでいるのは、単に一貫性のなさやでたらめさの表れなのだろうか。

先ほどの重複波モデルの提案を行ったシーグラーの研究は、ゆらぎの大きさがその後の発達に深く関係していることを示している。彼らは事前テストとして保存課題を多数実施して、成績の低い子どもたちを集め、その後に保存課題の訓練実験を行った。その結果、訓練の効果は事前テストでの説明の多様性と強く関係していたことが明らかになった。つまり、事前課題の時点で、さまざまな説明を（ある意味で一貫性がなく）用いた子どもは訓練の効果が大きく現れた一方、そうでない子どもたちには訓練の効果はあまりなかったのである。

同様の結果は、ジェスチャー・スピーチ・ミスマッチについても見られた。ある種の算数の問題でミスマッチをする子どもたちでは、簡単な訓練を行っただけで大幅に成績が向上し、かつそれが持続する。一方、ミスマッチを行わなかった子どもたちでは、訓練の直後は確かにできるようになるが、その効果は急激に減少し、二週間経つと教わる前とほぼ変わらないレベルに戻ってしまったのである。つまり、ゆらぎや変動性を伴う子どもたちは、教わったことを持続的に用いることができる。一方、ゆらぎの少なかった子どもたちはしばらくするとそれが表に現れなくなってしまう。

ゆらぎのある準備状態の場合には、実際にうまくいくかどうかは別にしても、さまざまな認知リソースが利用され、各認知リソースに対してその実行結果に基づいたフィードバックが与えられることになる。何度もこうした状態を繰り返せば、筋のよい見込みのある認知リソースの強度が高くなる一方、見込みのない認知リソースの強度は抑制されることになる。ゆらぎのない状態では、そもそも試すべき認知リソースが限られているので、特定のリソースのみに集中的にフィードバックが与えられることになる。その限られたリソースの中に、次のステップにとって重要なものがない場合には、フィードバックを受けても、単にどうしてよいのかわからない状態へと子どもを導くことになる。こうしたことがこの実験の背後に潜んでいるのだろう。

以上のことは、発達、学習におけるゆらぎが何を意味するのかについて重要なことを教えてくれる。ゆらぎは単なるでたらめや一貫性のなさの表れでは決してない。逆に、ゆらぎや変動性こそが、次の段階への準備状態を表すのである。ゆらぎのある準備状態にある子どもたちは、経験から多くのことを学び、それを持続させることができる。

これまでの議論からは、発達や学習の次の段階の行為が、前の段階から利用可能になっている、つまり次の段階の行為はもともと認知システムの中に存在していた、と受け取られるかもしれない。この連鎖を発達初期までたどると、すべてははじめからあったという生得説、前成説となる。

しかし、ここでの主張はそれとは異なっている。実は、やや直感的でない「リソース」という曖昧な用語をわざわざ用いてきたのは、そうした誤解を避けるためである。リソースは原料のようなものであり、原料はそのまま製品とはならない。卑近なたとえだが、カカオの実が採れる地域に必ずチョコレート工場ができ、そこでチョコレートが生産されるわけではない。確かにカカオの実というリソースはチョコレートの生産を促すかもしれないが、それが実際に生じるのは、その他の人的、物的、地理的リソースとの相互作用の上でのことである。

認知のリソースもこれと同様である。単一のリソースのみで、何かの意味ある認知や行為が可能になることはまずない。直接的に関係するリソースはもちろん、それらのリソースがうまくはたらくためのリソースも必要となる。また、リソースは必ずしも知識のような内的なものとは限らない。認知主体の持つ身体、さらには認知が成立する環境も重要である（これについては、第7章で考えてみたい）。

4　ひらめきはいつ訪れるのか

複数の認知リソースの同時並列的活性化は、子どもにだけ現れるものではない。大人の問題解決、それもひらめきを要する問題の解決においても見られている。

ひらめきは、専門的には洞察と呼ばれる。ひらめきの特徴は、ひらめく前とひらめく後の不連続性

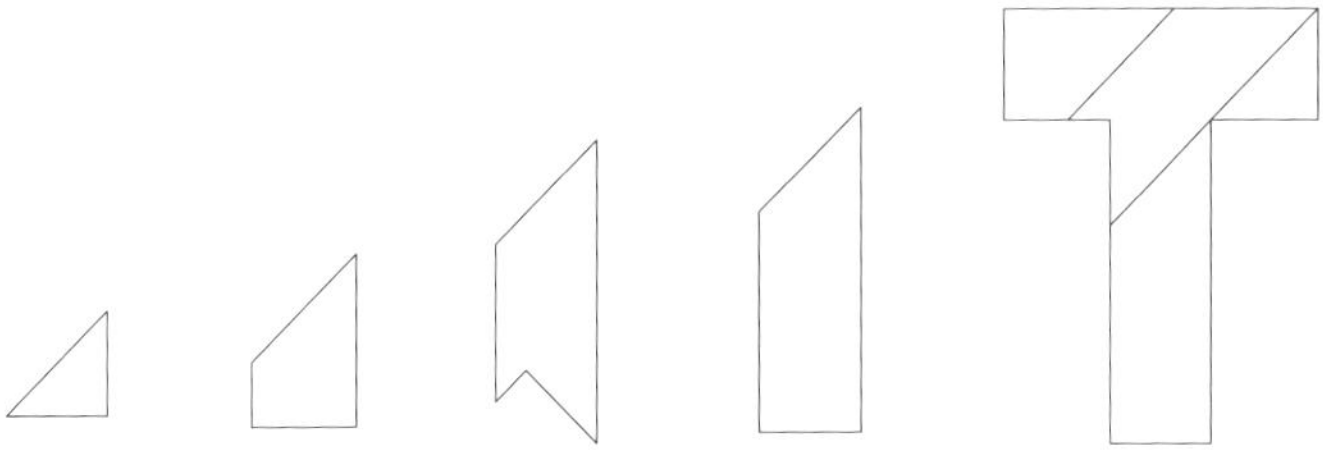

図 6–5　T パズル

左側の四つのピースを使って T の形を作る。正解は右端に示した通り。

にある。今まで解けない、わからないとうめいていたのが、突然、天から解が舞い降りてきたかのように、パッとわかってしまう。こういう神秘性もあり、認知科学の中で研究が展開し始めたのは二〇年ほど前からである。

私はここ二〇年くらい、この洞察という現象についての研究を行ってきた。実は、洞察は前に述べたような常識とは大きく異なる姿をしており、前節で見た思考の発達と似たような姿をしていることがわかってきた。つまり、多様なリソースの中でゆらぎつつ、徐々に変化していくのが洞察だったのである[68]。以下では、洞察における「飛躍」の正体に迫っていこうと思う。

制約がひらめきを妨げる

洞察研究ではいろいろな問題が使われているが、ここでは私たちのグループが長らく扱ってきたTパズルを紹介したい。図６-５に示したパズルがTパズルである。皆さんはもう正解を提示されてしまっているので難しさがわからないだろうが、これはことのほか難しいパズルである。私が最初にチャレンジした時は、おそらく四〇分以上かかっている。友人たちにも解いてもらったが、二〇分以内で解ける人はほとんどいなかった。また初期の頃、考えていることを話しながら解いてもらった時には、この問題は解決不可能であることを証明（？）してくれた人さえいた。

一般にこういうパズルを行うと、人間はピースを安定した形に置きたがり、接続する場合には接続後にできる形がきれいになるようにする。こうした人間の傾向性は、さまざまな可能性の中から特定のものを選ぶという意味で、第4章で述べた制約とみなすことができる。このような制約にしたがうと、五角形ピースはその一番長い辺が基準線（机の端など）に平行、あるいは垂直になるように置きたくなる。また、五角形ピースにある変な形のくぼみが気になり、この部分を他のピースを使って埋めてきれいな形を作ろうとする。こうなってしまうと、全く正解図形とは一致しない。

こうした間違いは何度も何度も繰り返される。五角形ピースを平行、垂直に置く試行、そのくぼみ部分を埋める試行は、だめだとわかっていても何度も繰り返される。ある研究によると、試行の六割以上は過去にやってみて失敗がわかっているものだという。そういう意味で制約はきわめて強固で、少しの失敗では緩和されることはない。

ひらめきにおける多重のリソース

さて、洞察はこういう状態から突然、一気に訪れるのだろうか。実はそうではない。回数は少ないが、ほとんどの人はかなり初期からよい置き方、つまり制約を逸脱した置き方をしているのである。

そばで見ていると「あれ、この人もう解けちゃうの?」と思ったりすることもある。しかし、こうした制約を外れたよい試行は無視され、また制約にとらわれた実りのない試行へと逆戻りしてしまう。そして、またしばらくするとよい試行が行われ、また捨て去られる。今までで最もびっくりしたのは、図6-5の左の三つのピースを正しく接続し、あとは長い台形をつければ終わりというところまで進んだのに、これを崩してまた最初からやり直すというものだった(結局、この人は一五分の制限時間内で解決できなかった)。

ここでは、前の節までで見てきたことと同じことが生じている。保存課題で、長さに基づく判断や数に基づく判断、また指で一対一対応をとる行動が、一人の子どもの中で同時期に存在していたのと同様に、このパズルの解決でも見込みのない認知リソースと見込みのある認知リソースが共存している。ただ、初期の段階では見込みのないリソースの強さが相当に高く、見込みのあるリソースの利用頻度はさほど高くないだけなのだ。

多くの人において、よい試行の発生頻度は、問題解決を続けるうちに徐々に増加していく。しかし、本人は全然そのことに気づいていない。つまり、徐々によくなっているにもかかわらず、本人はひたすらできないと感じ、徒労感を募らせていくのである。それにめげずに問題に取り組み、四、五回に一回程度、制約を外れたよい置き方が起きる頃になると、解決に至ることが多いようだ。そして解けた時には、多くの人は突然に解けたかのように感じる。

ここには、常識から考えれば非常に奇妙な(しかしこの章で述べてきたことからすれば容易に予測できる）人間の振る舞いがある。つまり、数は少ないながらもはじめから適切な振る舞いが現れ、それは徐々に増加しているにもかかわらず、それに全く気づくことなく問題解決が進められ、ある時にあたかも突発的に解にたどり着いたかのように感じる、そういう人間の姿である。

実はこうした現象は、このパズルを解く時だけに生じているわけではない。寺井たち[69]は、別のタイプの洞察問題でこのことを検討している。ただし、彼らは手の動きではなく、目の動き、つまり着眼点を計測した。彼らの実験で解決に至った人たちは、はじめは不適切な目の動きをしている。しかし、失敗を重ねるにつれて、徐々に適切な目の動きが相当に増えていく。一方、問題が解けなかった人たちにはこうした変化はさほど顕著ではない。だいじなことは、適切な目の動きをした途端に問題が解けるわけではないということだ。意識レベルの発見、つまり「わかった」という意識は、適切な目の動きが増加してから五〜六試行後くらいに現れている。

サブリミナルな思考

さて、洞察問題解決では、確実に前進しているのに自分ではそのことに気づいていないことがわかった。もう少し詳しく言うと、適切な置き方をしても、それは不適切な置き方同様にだめだと意識レベルでは判断されている。しかし、適切な置き方、それをサポートする認知リソースの利用は、なぜか増加していく。では、私たちの中の何が増加を支えるのだろうか。何のおかげで、よい置き方や目の動きが徐々に増えていくのだろうか。

よいことを行っても、それをだめだと思い込んでいるのだから、増加を支えているものは意識的な判断ではない。別の何かがそれを適切と判断したからと考えざるを得ない。そう、無意識である。無意識の判断プロセス、そこからの学習が洞察を支えているのではないだろうか。

そこで問題になるのは、思考は無意識レベルの情報を取り込んで問題解決を進めることができるのかということだ。常識的に考えて、問題解決では意識的な活動の比率が高い。認知科学においても、問題の理解、プランの立案、探索、実行過程のモニタリングなど、問題解決は意識的な活動をフルに利用しているものと見なされている。こういう活動の中で、無意識は本当にうまくはたらくことができるのだろうか。

こうした問題意識から、私たちの研究室ではサブリミナル刺激を用いた洞察問題解決実験を長年にわたって行ってきた。ロジックはきわめて簡単で、もし意識できないレベルで呈示された情報が問題解決に影響を与えるのであれば、人間の問題解決システムは無意識レベルの処理を含んでいる、というものである。

実験では、事前にTパズルの正解の配置を、連続フラッシュ抑制[70]という方法でサブリミナル呈示した。この方法は、両眼視野闘争という現象を応用している。両方の目に別の画像を呈示すると、二つの画像が混じり合って見えるように思えるかもしれないが、実際には片方しか見えない。しばらくすると見えなかった方の画像が見えるようになるのだが、そうすると今まで見えたものが見えなくなってしまう。これが両眼視野闘争と呼ばれるものである。通常はしばらくすると入れ替わるのだが、片方の目には輝度の高い画像を点滅させて呈示し、もう片方の目には輝度の低い画像を呈示すると、だいぶ長い間輝度の高いほうしか見えなくなる。

こうしてヒント画像を、輝度の低い画像としてサブリミナル呈示した後に、問題解決を行ってもらった。はじめは無理かなと思っていたが、結果は驚くべきものだった[71]。呈示されたグループは、そうでないグループに比べて格段に問題解決のスピードが上がった。ふつうは数十分かかってしまうようなパズルが、ある条件では数分程度で解けてしまう。

サブリミナル効果

人間が刺激を知覚する、その刺激の存在を意識的に認識できるのは、その刺激が十分な強度で、十分な時間呈示され、かつ他のことに注意を向けていない時である。また認識できないといっても、全然認識できないレベルと、はっきりと意識できるレベルの二つに分けられるわけではない。たとえば、何かが現れたけれどもよくわからないなどという状態もある。さらに、何か現れたとすらその場ではわからないが、その後に行う課題において、以前に現れたものの影響が出ることがある。これがサブリミナル効果と呼ばれているものである。

いくつかの本には、サブリミナル効果は嘘だったという記載がある。そういうことで、サブリミナルは当てにならないと信じている人もいるかもしれない。確かに、最初に行われたとされる、映画館でのポップコーンやコーラを用いた実験は、ヴィカリーという人の作話だったことが知られている。また、コマーシャルなどでのサブリミナル呈示により、商品を無意識的に買わせるということは非常に困難であることもよく知られた事実である。

しかし、ここ数十年の研究は、サブリミナル効果は実際に存在することを立証してきた。語彙判断課題のようなものでは、数多くの研究が、サブリミナル刺激の事前呈示によって単語判断のスピードが向上することを明らかにしている。また、ジュースを飲ませる（買わせるではない）というような、より複雑な課題（行動プライミングと呼ばれる）においては、単純に飲み物を事前にサブリミナル呈示しても効果はない。しかし、課題の前に喉を渇かせておくと呈示群は非呈示群よりもよく飲むという報告もなされている。

これまでに、単純な意思決定課題などではサブリミナル効果が見られることが報告されている。これは、直接プライミングのようなメカニズムがはたらいている可能性もあり、思考というよりは想起と呼んだほうがよいかもしれない。一方、私たちの行った実験では、五〜一〇分程度に及ぶ比較的長い時間にわたって行われる数十回の試行に効果が現れている。サブリミナル刺激の単純な想起によって、この長いプロセスを説明することは困難ではないかと考えている。

意識できない情報が私たちの記憶システムのどこかにとどまり、それがこれまた意識できない形で現在の試行を評価したり、制約の緩和に関わったりしているのである。意識システムのほうは、こうしたことに全く気づくことなく、ひたすらだめ出しをし続けている。しかし、その間に無意識的な認知と学習のシステムが、適切な試行のよい部分を評価して、それを生み出すリソースの強度を高める一方、まずい試行の原因となるリソースの強度を弱める。こうした無意識のはたらきによって、私たちは徐々に変化していく。結局、ひらめきとは、意識できない自分のみごとさに驚くことなのだと言えよう。

さて、多重のリソースという観点からこの結果を捉え直してみよう。前にも述べたように、私たちは問題解決を意識的な過程として、つまり自分が一生懸命考えて、いろいろなことを思いつき、それらを取捨選択しながら試していくものと、見なしている。もちろんそういう部分はあるだろうし、そこにもさまざまなリソースが関与している。しかし、私たちの問題解決はそれだけではなく、無意識の情報処理（評価や制約緩和）というきわめて強力なリソースの力も借りているのである。

もう一つ重要なことは、第3節の思考の発達で述べた「ゆらぎ」である。人間はある間違ったやり方にはまってしまった時でも、もっぱらそのやり方だけを使っているわけではない。確かに、初期には制約にとらわれた不適切なやり方が優勢である。しかし、数は少ないながらもはじめから適切なやり方も用いられている。こうしたことが無意識の情報処理というリソースによって気づかれ、適切な評価を受けることによって、私たちは徐々に洞察へと近づいていくのである。第3節で述べた重複波モデルにおいて、優勢なリソースが入れ替わっていくことの背後には、ここに述べたようなメカニズムがはたらいている可能性があるだろう。

発達で見られたことと共通することがもう一つある。それはゆらぎが質的変化の基盤にあるという点である。複数のリソースを用いる子どもは、次の段階に移行しやすいことを第3節で述べた。これは洞察にも当てはまる。ある実験では、問題解決を途中で中断させ、そこでヒント画像を呈示して、その後に問題解決を再開させた。全員に同じヒントを与えたのだが、ヒントを活用できた人とそうでない人がいた。この違いは、それまでにどれだけゆらいでいたかと強く関係していた。つまりその前にゆらぎの大きかった人はヒントを得た後に正解に至るが、ゆらぎの小さかった人はヒントを活用できず正解にたどり着けなかったのである。

ここまでで、ゆらぎはひらめきという魅惑的な現象の背後にも存在していることが理解していただけたのではないだろうか。一九世紀に細菌学の分野でパイオニアとして活躍し、ワクチンの開発など細菌学の基礎を築いたパスツールは、「チャンスは準備された心に訪れる」という言葉を残している。この言葉は、この実験で得られた結果を予見しているかのように思える。偶然に、また突然に舞い降りたかのようなひらめきは、実はさまざまなリソースの競合の中で、無意識のシステムが準備してくれた心の中に現れるのである。

5　まとめ――多様なリソースのゆらぎと思考の変化

第5章から思考の話を始めた。思考は人間の理性の象徴のようなものであり、他の動物との重要な相違点となるだろう。実際、人間はさまざまなタイプの推論、問題解決、意思決定などを自在に操る能力を持っている。また、少なくとも大人は、合理的、論理的な思考を駆使して、科学技術を発展させ、人々を豊かにしてきた。

しかしながら、こうした思考を操る、優れた、賢い人間という見方には大きな限定がつくことを第

5章の後半では見てきた。人間は、場面によっては最も初歩的な論理的推論もできない。また、思い出しやすさ、何とか「らしさ」は、メディア社会と不適合であり、重大な社会的判断が求められる場面において簡単に誤作動を起こしてしまった。何かを選ぶ際にも中身ではなく、包装紙で選んでしまうような軽薄な一面を持つのが人間なのである。

しかし、この種の軽薄さだけが人間の思考なのではないことをこの章では述べてきた。ふつうは非合理に振る舞ったり、数学的には当たり前のことがちんぷんかんぷんだったりするのだが、同じ問題がある文脈に置かれると、ごくごく自然に正しい解を導き出すことができる。できないと思われている段階でも、次の段階に発展するための契機となる認知や行為が顔をのぞかせる。

つまり、私たちは学問的な観点から見れば同じタイプの問題と見なせるものに対して、複数の認知リソースを持っているのである。こうした多様な認知リソースには、自らの経験に基づくもの、意味に基づくもの（実用的推論スキーマ）、集団生活を送る中で人間が獲得してきたもの（利得—対価のスキーマ）、あるいは学校で習ったものなどさまざまある。思考する文脈中の情報との関係で、これらの中のあるものが意識の上に出てくる。

劣った不適切な考え方も、また適切でより進んだ考え方も、同じ個人の同じ時期に現れる。もちろん時期によって出やすいものと出にくいものがあるが、人間の思考はさまざまなリソースのゆらぎとして特徴づけられる。こういう思考の特質は、コンピュータのプログラムとは全く異なるのは言うまでもない。コンピュータは決められた手順で同じ動作を繰り返すだけなのだ（もっとも、現代の多くの人工知能プログラムでは、確率的なゆらぎを導入していることも忘れてはならない）。

　また、意識の上にのぼったものだけが私たちの思考を支配しているわけではない。意識の上にのぼらなかったリソースも、そのアウトプットを身体を通して暗黙のうちに表現する。さらに、意識化できない思考は陰でさまざまなはたらきをし、ゆらぎを与えながらひらめきをもたらす準備をしてくれる。

　そして、このゆらぎこそが、次の段階の思考へと、あるいはひらめきへと私たちを導いてくれるのである。発達においても洞察においても、ゆらぎの多い人たちは次のレベルの思考への変化が行われる一方、一貫したやり方しか使わない人たちは一つの場所にとどまり、その先へ進むことはない。多様な認知リソースが文脈と相互作用し、ゆらぐ中で思考が営まれ、発展するのである。

　ここに現れた人間の思考の姿と同じものが生物の進化にもあると言ったら飛躍しすぎだろうか。進化の原動力の一つは遺伝的多様性である。ある環境の中で、ある遺伝子は特に意味を持たなかったり、場合によってはマイナスにはたらいたりする。しかし、環境が変わることで、それらの遺伝子の適応上の意味が全く変わってくることがある。そしてそれらが広まり、種全体が大きな変化を遂げるのである。一方、個体数が少なくなるなどで近親交配が進み多様性が低くなると、その種の存続は難しくなる。均質化され、画一化が進むことは、次の進化を妨げるのである。

　多様性とそれがもたらすゆらぎが、発達、進歩、発展、進化を支えているのだ。

ブックガイド

統計、確率をしっかり勉強したい人は、専門分野の入門書が多数あるのでそれを選べばよいと思う。分野外の人にわかりやすいものについて、

小島寛之『確率的発想法――数学を日常に活かす』NHKブックス、二〇〇四年
市川伸一『確率の理解を探る――3囚人問題とその周辺』共立出版、一九九八年
ゲルト・ギーゲレンツァー『数字に弱いあなたの驚くほど危険な生活――病院や裁判で統計にだまされないために』吉田利子（訳）早川書房、二〇〇三年

を挙げる。はじめのものは、特に認知科学と関連するわけではないが、確率の広がりがよくわかる。次のものは、ベイズの定理が関係する難問（素人にとっての）の一つである三囚人問題を取り上げて、確率の理解、学習、教育について論じている。なお、第2節で挙げたギーゲレンツァーらの研究については、最後の本に詳しい。

認知の発達については、近年だけに限っても、良書がたくさん手に入る。

外山紀子、中島伸子『乳幼児は世界をどう理解しているか――実験で読みとく赤ちゃんと幼児の心』新曜社、二〇一三年
森口佑介『おさなごころを科学する――進化する乳幼児観』新曜社、二〇一四年
今井むつみ『学びとは何か――〈探究人〉になるために』岩波書店、二〇一六年

最初の本は、理解の対象となる領域ごとに、エピソードやだいじな実験を加えてわかりやすく解説している。二番目の本は、子ども観の変遷に基づいて研究が整理されている。また、解説はきわめて認知科学的である。その先の提案もおもしろい。三番目の本は、実験でわかる基本的なことから、エキスパートの卓越した能力の獲得ま

で扱っている。

創造的認知についてのわかりやすく包括的な本は長らくなく、自分が書かねばと思っていたが、二〇一九年に出版された

阿部慶賀『創造性はどこからくるか――潜在処理、外的資源、身体性から考える』共立出版、二〇一九年

は、現時点での決定版とも言えるものである。強くお勧めしたい。

意識・無意識の問題は今、最もホットな研究領域と言ってもよいくらい盛り上がっている。一般向けでもいくつもよい本がある。

デイヴィッド・イーグルマン『意識は傍観者である――脳の知られざる営み』大田直子（訳）早川書房、二〇一二年

前野隆司『脳はなぜ「心」を作ったのか――「私」の謎を解く受動意識仮説』ちくま文庫、二〇一〇年

を挙げておきたい。最初の本はとにかく読みやすい。そして読むと「人間って何なの、意思って何なの、自分って何？」という疑問だらけになること請け合いである。こうした疑問にものすごくストレートな解を提案しているのが二番目の本である。受動意識仮説に関して前野は三冊本を書いているが、この本から読むとよいと思う。第4章のブックガイドに挙げた下條の三冊の著書が有益であることは言うまでもない。

第7章 知性の姿のこれから

本書が目指したのは、認知科学と関連分野の知見に基づいて、人間の知性についての新しい姿を提示することであった。認知科学的に知性を考える時のキーワードの一つが、表象と計算である。この考え方はきわめて強力であり、知覚、記憶、概念などについて、多くの知見をもたらしてきた。知覚から記憶に至るさまざまな貯蔵庫の存在、そこに至るまでのさまざまな処理、作り上げられる知覚、記憶表象の性質の特定など、数え上げればきりがない。

また、人間の知性を最もよく特徴づけるものの一つとして思考が挙げられるだろう。これについても表象と計算という枠組みから、ここ三〇～四〇年で多くの知見が得られた。さまざまな思考のタイプの情報処理的な特性、人間の思考のクセが詳細なレベルで明らかにされてきた。

その一方、人間の知性がいわゆるコンピュータにおける情報処理とは全く異なる性質を持つことも明らかになってきた。人間の表象はコンピュータのデータのようなものではないし、それを利用する思考、処理もコンピュータが行うものとは全く異なる部分を持っている。こうしたことから、生物学的シフトと最初に呼んだパラダイム変化が起きた。

この章では、これまでに述べてきたことをごく簡単にまとめた上で、現在進行中、あるいは今後の展開について考えてみたい。またこれを通して、本書では深く取り上げなかっただいじなトピックについても触れてみたい。

1　表象の生成性

第4章で見たように、表象は貧弱ではかない。私たちは場面の全体を見ているかのように思っているが、チェンジ・ブラインドネスで明らかになったように、実際にはごくごく限られた場所からの情報取得しか行っていない。そしてそれはとてもはかなく、後続の情報によって（部分的に）上書きされてしまう。

私たちは膨大な記憶を持つことにより、日常生活、学校、職場でのさまざまなタスクをうまくこなすことができる。また、記憶は私たちの人生を形作るものであり、アイデンティティの主要な構成要素となっている。しかし、それは状況の圧力によって置き換えられ、組み替えられ、新たな記憶が常に作り出されている。その意味で記憶表象もとてももろく、はかなく、断片的である。

しかし、そうしたもろさ、はかなさ、状況への応答性が、私たちの認知の驚くべき柔軟性、可塑性の基盤となっている。場面に応じて必要な部品を探し出し、組み合わせ、運用する能力は、こうした私たちの表象の特性に基づいているのである。

人間が芸術と呼ばれるものを作り出せる理由もここにある。その場にないもの、そうは見えないもの、今までに体験したことがないこと、これらを特定のメディアの中に、全体としてまとめ上げていくことが、さまざまな芸術の根幹の一つにあるだろう。こうしたことの背後には、自らの経験が断片化され、それが他の経験と独特の仕方で混じり合い、状況の要素と相互作用しながら再構成されていくという、第4章で見た人間の姿がある。

2　身体化されたプロセスとしての表象

さて、このように表象がその都度作り出されていくと、表象についての根本的な仮定を疑わなければならなくなる。知覚表象はともかく、記憶表象というものは、頭の中の貯蔵庫にしっかりとした形で存在し、それが必要に応じて検索され、利用されるという、その仮定をである。もしそんなに頻繁に表象を作り出しているならば、それがもともと存在する必要はないのではないだろうか。

こういう考え方を、概念、カテゴリーを題材にして徹底的に推し進めたのが、バーサローである。彼の出発点はこんな研究である。「赤ちゃん、預金通帳、指輪、位牌、お金、保険証、アルバム」という事例からなるカテゴリーは何だろうか。ふつうの人はほとんどこれを思いつくことはできない。しかし、火事になった場面を想定してみるとすぐわかる。そう、「火事の時に持ち出すもの」である。これはアドホックカテゴリーとか、ゴール導出型のカテゴリーと呼ばれている。ふだんは全く一緒にされることのない事物が、ある目標、文脈が与えられると、自然にひとまとまりになる。私たちは[72]

こうやって、目標や文脈に応じて、柔軟にカテゴリーを作り出すことができる。ここではある種のメンタルシミュレーションのようなことが行われている。火事の場面に身を置いてみる。すると、「まずい、逃げなければ！　でも出た後お金がなくなると……」とか、「赤ちゃんを助けなければ」などの考えが思い浮かび、それらが自然にひとまとまりになってくる。

ただ、こういうものはなぞなぞのような特殊なケースであり、ふつうにカテゴリーと呼ばれている、果物とか、椅子とか、ライオンとは全く異なっているようにも思う。これらのふつうのカテゴリーは、共通の知覚的な特徴を持っており、それらが束になって頭の中にしっかりとした形で保存され、その共通特徴を持つ別の事物が現れた時に起動して、それらを果物とか、椅子とか、ライオンと判断する方向へと私たちを導いている。これが常識的な考え方である。

しかし、バーサロー(73)はこうした考えを否定して、知覚的シンボルシステムというアイディアを提案している。このアイディアでは、アドホックカテゴリーで見られたシミュレーションが、カテゴリー化の基本にあると考える。そしてカテゴリーの形成とは、シミュレーションを容易に行わせるシミュレータというものができあがることだと考える。

さて、シミュレーションという時に、何をどのように動かすシミュレーションなのかが問題になる。私たちがある経験をする時に、それが単一のモダリティーのみで完結することはまれだろう。第1章のコラムにも書いたが、赤ちゃんが母親を認識する時には、母親の視覚像だけではなく、声という聴覚情報、肌触りという触覚情報、匂いという嗅覚情報、その時の自分の状態を表す自己受容感覚情報など、さまざまなモダリティーが関わっている。また、触覚情報といっても、手から、胴体から、唇からなど、いろいろである。こうした情報は、各モダリティーごとに分散されて表象されている。これらが知覚的シンボルである。こうした意味において、知覚的シンボルシステムにおけるカテゴリーはマルチモーダルである。そして再度母親と接した時に得られる情報に反応して、これらさまざまな知覚的シンボルが同時に活性化され、それが一つのサイクルをなすようにはたらくことがシミュレーションである。この結果として母親の認識が行われる(74)。

本書の立場からすると、この考えのだいじな点は二つあると思うが、そのうちの一つはカテゴリーの表象は事前には存在せず、絶えず状況とのインタラクションのプロセスの中で作り出されるという点にある。つまり、実体ベースのカテゴリー表象という従来の考え方から、プロセスベースのカテゴリー表象という考え方への転換がここにはある。モノ的カテゴリー観からコト的カテゴリー観への転換とも言えるだろう。

知覚的シンボルシステムには、もう一つのだいじな点がある。それはカテゴリーが身体化されているということだ。これまでのカテゴリー理論では、カテゴリーを形成する特徴は、言語のような、特定のモダリティーに依存しない記号に変換されていると想定してきた。しかしながら、もしそうだとすると、それがどのように現実世界と結びつくのか、それに関与した行為にどう結びつくのかがわからなくなってしまう。これは記号接地問題と呼ばれ、伝統的な立場に立つ研究者を悩ませてきた。しかし、知覚的シンボルシステムでは、カテゴリーを形成するものは各モダリティーにある種の神経状態のパターンとして存在している、つまり身体化しているので、こうした問題は生じない。

カテゴリーの身体性、分散性を興味深い形で表しているのが、カプグラ症候群というきわめて変わった障がいである。これは自分の身近な人だけが認識できないというだけでなく、その人を身近な人のそっくりさんだと思ってしまうという、とても不思議な障がいである。視覚系に異常があるのではないかと思うかもしれないが、身近でない人たちの識別はできるのだから、そうではない。また、ふつう親しい人を見ると、私たちには意識はできないが弱い情動的反応が現れるらしい（皮膚電位反応などの生理的な測定で検知される）。視覚的な認識に情動などいらないようにも思うかもしれないが、そうなっている。この患者はここに異常をきたしているのではないかという予測も立つ。しかし、患者はジョークを言ったり、笑ったりという感情的な反応も正常である。では、何が原因なのだろうか。ラマチャンドラン[75]は、この症候群では、対象を視覚的に認識する部位と、情動的な反応に関わる部位との間の連結が断たれているのではないかと述べている。つまり、視覚系は正常で、目の前の両親を正しく認識する。しかし、情動系との間の経路に異常があるために、通常ならばそこに伴うはずの情動反応が生み出されない。だとすれば、合理的な解は「そっくりさん」となるしかない。

これはまさに対象認識、カテゴリー化がマルチモーダルなシミュレーションとなっていることを示しているように思える。ふつうは両親を見ると、その視覚的特徴から、両親を構成する他のさまざまなモダリティーに分散された知覚的シンボルが、あるサイクルの中で活性化する。こうしたことが両親の認識、カテゴリー化を支えている。しかし、どこかの経路に異常が起こり、そのシミュレーションがうまくはたらかなくなる、そのことがカプグラ症候群というとてもめずらしい障がいを生み出しているのだろう。カプグラほどめずらしくはないかもしれないが、嗅覚に異常があると、多くの場合、食べ物の味が変わる、ひどい場合には何の味もしなくなる（何を食べても同じになる）ということが報告されることがある。これも対象認識、カテゴリー化がマルチモーダル・シミュレーションであると考えれば、うまく説明ができるだろう。

この考え方に対する反論はいくつもあるだろう。一つは、結局固定した知覚的シンボルシステムの表象を仮定しているではないか、というものである。確かに、このレベルの表象は存在している。しかし、これはカテゴリーではない。母親の匂いの表象は、母親の「匂い」を表象しているのであり、「母親」を表象しているわけではない。カテゴリーは、これらも含めたいろいろな知覚的シンボルがシミュレーションによって、特定の形で活性するプロセスとして表象されているのである。

似たようなものとして、シミュレータがカテゴリーではないかという反論も考えられる。しかし、これも違う。シミュレータは、各知覚的シンボルの活性を媒介し、調整するはたらきをしているのであり、カテゴリーそのものではない。オーケストラの指揮者のようなものと考えるとよいかもしれない。指揮者は楽曲の演奏にとてもだいじな役割を果たすが、各パートの調整をしているのであり、彼・彼女が演奏をしているわけではない。

脳の障がいや損傷などによって、特定のカテゴリーの事物の認識だけができなくなるカテゴリー特異性意味障がいが報告されている[76]。これは、ある部位がそのカテゴリーを「単独」で表象していることを裏づけるかのように思えるかもしれない。しかしよく考えれば、そんなことはないとすぐにわかる。そこはそのカテゴリーにとってだいじな情報を貯えているのではあろうが、それ自体がカテゴリーというわけではないという再反論が可能だからである。知覚的シンボルシステム説から見れば、シミュレータのはたらきにとってだいじな知覚的シンボルシステムが障がいを受ければ、シミュレーションが成立しなくなり、結果としてカテゴリーが認識できなくなるのは当然とも考えられる。

知覚的シンボルシステムとしてカテゴリー表象を捉えることにより、柔軟な認知や行為が固定した表象からどのように生まれるかという難問、また身体、世界と表象との接点についての難問にアタックできる可能性が出てくる。こうしたことから、バーサローのこの理論は、近年急速な発展を遂げている身体性認知科学の基礎をなすものと多くの人に認められている。

一方、今までカテゴリーの特性として語られてきたことをこの説に取り込むのは、今後の課題となる。階層性、連結可能性、変数を含む抽象化などは、古典的カテゴリー論がカテゴリーの特性として挙げてきたものである。これらを知覚的シンボルシステムの中でどのように実現するかについて、バーサローはいくつかの示唆を行っているが、その実現はまだ端緒についたばかりである。

3　世界への表象の投射

さて、表象については考えてみたいことがらがもう一つある。それは、表象の投射の問題である。

表象は間違いなく主体の内部に形成される。全てではないが、カテゴリーにしても、エピソードにしても、問題の解き方にしても、内的表象である。これらはさまざまな経路を通り、口（喉や舌の運動）や手足を含む効果器を通して、外部とつながる。しかし、知覚表象についてはどうだろうか。特に、遠感覚と呼ばれる視覚や聴覚についてはどうなのだろうか。私たちは、マグカップを見て、マグカップの表象を内部機構の中に作り出す。しかし、決して頭の中にマグカップを感じるわけではない。私たちは、それを世界に位置づける（定位という）。このしくみはどうなっているのだろうか。

これについてはわからないことが多いのだが、いくつかの足がかりは出てきている。まず、幻肢と呼ばれるものを取り上げてみる。幻肢とは、事故で腕や足を失った人が、もうなくなってしまった腕や足の存在を感じるという不思議な現象である。彼らはそこに痛みを感じることもあるそうだが、当然のことながら治療法がない。

幻肢と似たことは、事故に遭わなくても体験できる。典型的な方法は、衝立をテーブルに置き、自分の片方の手をこの向こう側に置き、見えないようにする。次に、衝立のこちら側にマネキンの腕のようなものを置く。そして第三者が、衝立の向こう側の手とマネキンの手に、同時に繰り返し刺激を与える（たとえばブラシで軽くこするなど）。これをしばらくやっていると、擦られているのが自分の手ではなく、マネキンの手であるような、つまりマネキンの手が自分の手になったような、そうした感覚が得られる。この時点で、マネキンの手をハンマーで叩くような動作をすると、慌てて衝立の向こうの自分の手を引っ込めるようなこともある。これは、はじめの頃はゴムでできた人間の手に似ているものが使われたので、ラバーハンド錯覚と呼ばれている[77]。ただ、必ずしも手や腕の形をしていなくてもこの錯覚が生じることがその後わかってきた。手袋でもよいし、何も置かずにテーブルをこするだけでもよいということがわかったのである。つまり、手袋やテーブルが私の身体になったということだ。

こうした現象は、身体の拡張とか、視覚による他の感覚の統合とか、そういう文脈で語られることが多い。しかし、投射の問題にも大きな意味があると見抜いたのは、第4章で登場したハンフリー[78]だ。この実験が示すことは、ある場所で得られた感覚を、それとは別の場所に飛ばす=投射するという心のはたらきなのではないか、と彼は指摘している。視覚刺激は網膜を、聴覚刺激は鼓膜を擦って(?)おり、それで私たちは鮮やかな赤いトマトとか、悲しげなメロディーという感覚、表象を生み出す。でも私たちは、網膜が鮮やかな赤になったとか、鼓膜が悲しげになったとは感じずに、その刺激が発せられたであろう外の世界にその感覚を飛ばしている。こうした飛ばす、投射するメカニズムを探すためのきっかけが、ラバーハンド錯覚に現れているというのがハンフリーの考えである。

これはなかなか難しい問題を含んでいる。たとえば視覚対象や音源の定位はどうやって行っているのかについては、別のメカニズムを用意しなければならないだろう。また触覚で得られた知見が他のモダリティーに適用できるかもわからない（ハンフリーは、網膜も鼓膜ももともとは皮膚であると言っているが）。

ただ、彼の考え方は、これまでの認知科学がもっぱら情報の受容を中心としたメカニズムに焦点化してきたことを考えると、重要な意味を持つ。私たちは、自らの感覚、表象、思いを外の世界に投射している。投射先は目の前の事物だけではない。遠くの世界、未知の世界、架空の世界にまで広がる。関連する認知活動は、知覚対象の定位、ごっこ遊び、プランニング、創作（文学、絵画、音楽など）、幻覚（幽霊など）など、いろいろである。こうした心のはたらきを、そろそろ統合的に研究し始めるべきではないかと思っている。

4　思考のゆらぎと冗長性

人間は、さまざまなタイプの思考を行うことで場面に応じた適切な判断、行為を生み出すことができる。前提として与えられる情報から、明示的には述べられていない情報を生み出したり、いくつかの事例から共通項を探し出したり、類似した過去の経験から現場にとって有益な情報を作り出したりする。また、問題が一挙に解けない時には、暫定的な目標を立てて探索を行ったり、問題の見方を変えてチャレンジしたりする。

しかし、この思考は穴だらけである。大学レベルの教育を受けていても、簡単な仕掛けにころっとだまされ、論理や確率の基本中の基本に外れたことをしてしまう。数少ないサンプルからの帰結を信じてしまったり、思い出しやすさと発生頻度を混同したりするし、一度信じるとなかなかそれを変えようとしなかったりもする。

その一方、人はいつでも愚かであるわけではない。第6章で詳しく述べたように、文脈によっては適切な思考、判断が行われることもある。つまり、一つのタイプのことについて思考する際に、いくつものリソースを持っており、それらが文脈の性質に応じて顔を出したり、出さなかったりする。いつでもゆらいでいるのである。そしてこのゆらぎが、思考をよりよいものに変えていくのである。

ふつうは天才の直感とひらめきによって作り出されると考えられてきた芸術的創造についても、これは言える。俵万智さんを一躍有名にした、

「この味がいいね」と君が言ったから七月六日はサラダ記念日

という短歌がある。歌心のない人は、俵さんのような鋭敏で可憐なセンスを持った天才が、これを一挙に作り出したと思うだろう。しかし、彼女が体験から最初に考えついたのは、

カレー味の唐揚げ君がおいしいといった記念日六月七日

というものだったという。コメントは控えるが、多くの人にとってグッとはこないものだろう。これも含めて七パターンくらい作ったのだそうだが、どうもうまくいかない。いろいろ考えているうちに「カレー」が却下され、「塩味」をへて、「この味」になったそうだ。そうしたことで「唐揚げ」からも自由になり、「サラダ」が浮上した。なぜサラダであり、七月なのかは、サラダの新鮮さ、サ行の音が持つさらさら感に由来するものであり、なぜ七月七日でなく七月六日になるかは、七夕ではあまりにでき過ぎだからだ。ここらへんまでくるのに一週間くらいかかっているとのことだ[79]。

こうしてみると、この創作過程は子どもの発達、ひらめきの中で見てきたものと同じように思え

る。その思考過程は、さまざまな可能性が絶えずゆらぎながら少しずつ変化していくこと、生み出されたものはすでに生み出されたものと相互作用しながら、自分を、また他のものを変えていくこととなるだろう。こうした意味で、創作の「プロセス」は通常の認知過程なのだと言えるのではないだろうか。われわれと俵さんが違うのは、さまざまな可能性の幅と、それを評価する目（関数）であると思う。そして、これを養うために修行が必要なのだろう。

5　世界というリソース

これまで人間はさまざまなリソースを用いて、ゆらぎながら知性を生み出していると述べてきた。これまで取り上げたリソースは、経験から得られ、個体の中に蓄積されたもの、つまり頭の中にあるものだけだった。しかし、リソースはそれだけではない。状況、環境、世界もリソースとなる。この節では、世界が提供するリソースをいくつかの研究例を通して論じてみたい。

世界が見せてくれる

最も極端な話から始めてみよう。まず、世界は答えを見せてくれる場合がある。お風呂を沸かしているとする。もう火を止めるべきか、水でうめるべきか、もっと沸かし続けるべきか、判断をしなければならない。この時、沸かし始めの水温、火力、風呂の容積、沸かしている時間から計算して決める人はいない。ふつうは手をお湯に入れて水温を確かめて、前の行為の中の何をすべきかを選択するだろう。つまり、やるべきことを世界が見せてくれる。

スーパーで買い物をする時に、事前にスーパー内の売り場の地図のようなものを頭に入れておくだろうか。野菜売り場を右に曲がって二つ先の角を左に八歩ほど行った左側などというように、詳しい道順を覚えている人はまずいないだろう。適当に歩いていれば、それらしき場所に行き着く。そして、そこでまた新しい方向を決めて歩き出すことを繰り返せばよい。この場合はもちろん、大ざっぱな地図のようなものは持っているかもしれないが、それでとりあえずのところに行き、そこで提供される情報にしたがえばよい。

このような観点をダイレクトに取り込んだのが、ブルックスというロボット科学者である。コンピュータと結びついた視覚センサーからの情報を計算して世界の地図を作りつつ、自分の位置関係を推測して動くという形で設計されたロボットは、日常生活空間の中ではほとんど役に立たない。これに業を煮やしたブルックス[80]は、頭の中の地図なしで、その場その場の物理的刺激によってリアクティブに運動を生成するモジュール（層）をいくつか重ねるという方法を考案した（これはサブサンプション・アーキテクチャと呼ばれている）。この設計方法によって、それまでのロボットでは不可能だった適応的な動きが、実時空間の中でできるロボットが生み出されることになった。これにはいろいろな批判もあるのだが、世界から得られる情報をガイドに、体を動かすことの重要性が広く認識されることになった。

世界はこのようにいろいろなものを見せてくれる。だから、学習や教育の場面においても、うまく使うと学習者の理解を深めることができる。第5章で取り上げた演繹推論（PならばQ）も、きちんと理解させようとすると難しいのだが、図にしてみれば一目瞭然である。Qを表す円を描き、その中にPを表す円を描く（図7-1）。これが「PならばQ」を示している。これを見れば、Pの中に含まれるもの（★）は必然的にQに含まれていることがわかる（前件肯定式）。そして、Qでないもの、つまりQの円の外側にあるもの（▲）は絶対にPにならないことも、見ただけで考えずにわかってしまう。さらに、逆もまた真（QならばP）ということがなぜ成り立たないことがあるのかも、前件の否定（Pでない）が後件の否定（Qでない）につながらないことも、この図7-1一つで全部わかる。

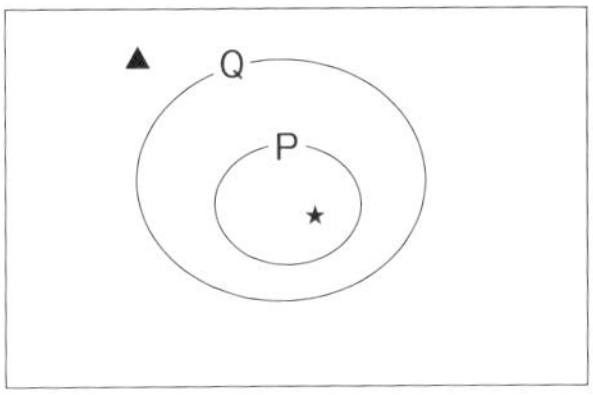

図7-1　ベン図を用いた命題「PならばQ」の表現

また幾何の証明問題では図がとても重要な役割を果たすことは誰もが実感することだろう。「角Bと角Cが等しい二等辺三角形ABCの頂点Aから、対辺の中点に線を引くと、この線が垂線になることを証明せよ」という問題があるとしよう。この時、図を描いてみれば二つの似た三角形が見え、この二つの三角形の合同を証明すればよいことがわかる。このように図にすることにより、関連する情報がグループ化され、推論が容易になる（線を引くことで三角形ができる）、字で見ただけではわからない大きさの関係（二つの三角形は同じような大きさに見える）が創発したりする。こうしたことによって、証明がとても簡単になる[81][82]。

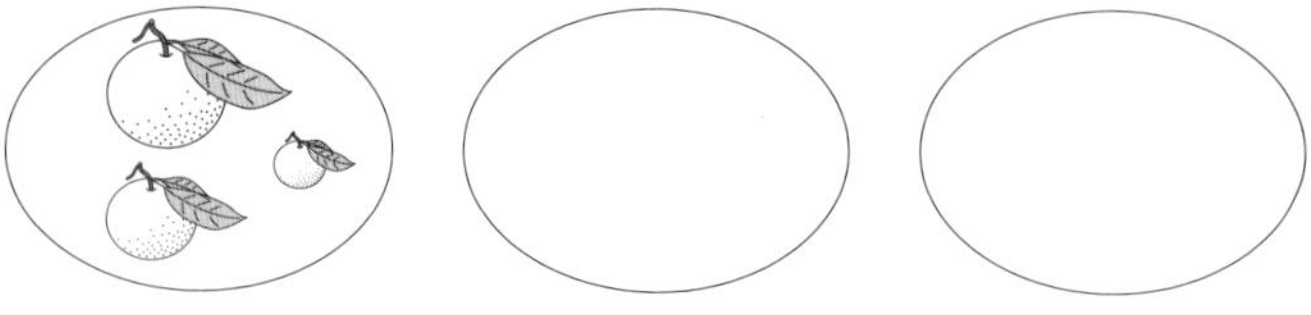

a　最初の状態

b　ゴール

図 **7-2**　ミカン問題

世界が覚えてくれる

他に世界がしてくれることですぐに思いつくのは、記憶の補助という仕事だろう。たくさんの買い物をする時、講義を聞いている時、住所を覚える時など、さまざまな場面で私たちはメモやノートをとって記録する。それによって頭の中に情報を保持しておく必要がなくなる。そして、保持しておくために使う認知的な努力を、他のことに向けられるようになる。

図7-2を見てほしい。この図のaのように、最初は左の皿に大中小三つのミカンが置かれている。これをbのようにしたい。ただし、

①　一度に一つのミカンしかつかんではならない

②　複数のミカンがある時には、その中で最も大きなミカンのみが移動できる

③　移動しようとするミカンは、移動先の皿にあるミカンよりも大きくなければならない

という三つのルールを守らなければならない。もちろん、

a　最初の状態

b　ゴール

図 **7-3**　ジュース問題

皿以外の場所にミカンを置いてはならない。

それでは今度は、図7-3を見てほしい。この図のaのように最初は左の皿にジュースの入った大中小三つのグラスが重ねられている。これをbのようにしたい。ただし、

① 一度に一つのグラスしかつかんではならない

② 複数のグラスがある時には、その中で最も大きなグラスのみが移動できる

③ 移動しようとするグラスは移動先の皿にあるグラスよりも大きくなければならない

という三つのルールを守らなければならない。もちろん、皿以外の場所にグラスを置いてはならない。

これらの問題は同じ問題空間を持つ問題、つまり同型問題である。大人ならば頑張ればこれらを二つとも解決できる。ただ、どちらか一方を選んで解いてくださいと言われれば、多くの人はジュースの問

題を選ぶだろう。この直感は正しい。実際に実験を行うと、ミカン問題の解決時間はジュース問題の二倍にもなる[83]。

どうしてそのようになるのかを考えてみよう。この二つの問題では、

・何が動かせるか

・どこに動かせるか

という二つの決定を行わなければならない。ミカン問題ではルールさえなければどのミカンでも移動できるし、それらをどこにでも置くことができる。しかし、ルールがあるので特定のものしか動かせない。たとえば最初の一手目を考えてみると、動かせるのは大きなミカンだけだが、それはルール②があるからそうなのであって、物理的にはどれでも動かせる。また、仮に一手目で大きなミカンを右の皿に動かし、次に中サイズのミカンを動かす場面を考えてみよう。この中サイズのミカンは物理的には真ん中の皿にも、右の皿にも置ける。しかし、ルール③によって右の皿には置けないことがわかる。このようにどこに、何を、の決定の際にいちいちルールを思い出す必要がある。

一方、ジュース問題のほうは、多くの場合においてどれが動かせるか、どこに動かせるかは見ればわかるのである。最初は大きなグラスしか動かせないし、一手目でグラスが右にある場合に中サイズのグラスを右に置こうとしても、それではジュースが溢れてしまうので、できないことがわかる。つまり、どこに何を、の決定を行う際に、ルールを思い出す必要がないのである。別の言い方をすると、世界がパズルのルールを記憶してくれているということになる。

さて気づいた人は多いだろうが、これら二つの問題は第5章で紹介したハノイの塔のパズルと同型問題となっている。ハノイの塔では、何を移動するかについてはジュース問題同様、見ればわかる形になっている。つまり、ルール②は世界が記憶してくれている。一方、どこに動かすかについてはそうなっていない。小さい円盤の上に大きいものを載せることは物理的には可能だからである。つまり、ルール③は思い出す必要がある。そういうことから、ハノイの塔のパズルは上の二つのパズルの中間の難しさになることが予測できる。実験をしてみるとまさにその通りの結果が出てくる。

このように、問題のルールのようなものも世界の中に埋め込んで、世界に記憶させてしまうことができる。そうすることにより、記憶を維持するための努力が不要になる。その結果、そこでの認知的なエネルギーを探索や推論などの別の処理に向けることができるようになり、問題解決が促進されるわけである。

世界が問題を変える

世界が見せてくれたり記憶してくれたりするおかげで、私たちの取り組む問題自体も変わってくる。カーシュとマグリオという研究者たちは、テトリスというゲームを使ってこのことをみごとな形で示している[84]。テトリスをやったことも見たこともない人はいないだろうが、簡単に説明すると、このゲームでは、四つの正方形を組み合わせた七種類のピースが、画面の上から一つずつ落ちてくる。このピースは左右に移動させること、および回転させること（九〇度ずつ）が可能である。これらをうまく回転させ、適切な位置に落として画面下にすきまのない列を作ると、その列が消えて得点が得られる。すきまのある列は消えないので、どんどん積み上がっていき、それが画面の上までくるとゲームオーバーとなる。はじめピースはゆっくりと落ちてくるが、ゲームの後半になると非常に速く落ちてくるようになる。

そういうことなので、後半では落ちてくるピースを何回回転させて、どこに落とすかを瞬時に判断しなければならない。これに熟達した人は、素人からは信じられないほど手際よくピースを回転、移動させて得点を重ねていく。こうした熟達者は機械のように正確で、無駄な動きをせずにゲームを行っているのだろうか。実はそうではない。彼らは無駄な回転をさせたり、必要のない移動をよく行うらしいのだ。

なぜだろう、何の目的があってそんなことをするのだろうか。それは、実際に回転させたピースを見れば、それがどの部分にマッチするかはわかってしまうからである。これはだいたい〇・一秒程度でできるらしい。一方、頭の中で仮想的にそのピースを回転させれば、だいたい一秒程度かかるらしい。こんなことをしていれば、ゲームの終盤ではあっという間にピースが上まで積み上がり、ゲームオーバーになってしまう。

つまり、余計に見える回転は、頭の中で回転（メンタル・ローテーションと呼ばれる）させるという負荷の高い課題を、視覚的なマッチング課題に変化させているのである。カーシュらはこのように課題の性質を変化させる行為のことを、認識的行為と呼んでいる。これは、実際に問題を解くことを前進させるのではなく、前進しやすいように行う予備作業と考えることができる。

こうしたことは教育の中ではよく行われている。たとえば、122 × 32 のような計算を、筆算を使わずにやろうとすると、数の分解やら分配法則を含むひどくややこしいことをしなければならない。しかし、縦書きの筆算の形にしてしまえば、一度にやることはいわゆる九九であり、その結果を決まった形で書き出し、最後に足し算をやるだけである。このように、外部を利用することによってやるべきこと＝課題が全く変わってしまう場合もある。

インタープレイによる認知の拡張

このように、世界はとてもだいじなリソースとなっている。だから私たちは、頻繁に世界とのやりとりを行いながら思考を進めている。白水ら[85]の研究で用いられた題材を通してこれを考えてみよう。目の前に折り紙が置かれている。課題はこの折り紙の四分の三の三分の二に斜線を引くことである。四分の三の三分の二は 3/4 × 2/3 で計算できるわけであり、結果は二分の一となる。だから半分に折って、片側に斜線を引けばよい。しかし、そうする人はほとんどいない。大半の人は実際に折り紙を折り始める。また解き方も面白い。折ってみて、そこからまた考え始めて、また折ったり、最初に戻って別の折り方をしたりを繰り返す。

こうした人間の行動はある意味当たり前のように思えるかもしれないが、外化という、認知にとって非常にだいじなことを見せてくれている。外化とは、私たちの認知プロセスの途中で生み出される処理結果を、外の世界に何らかの形で表すことを指す。ここでの折り紙の実験で言えば、実際に紙を折ってみるということである。他にも話してみる、図や略図を書いてみる、手や身体を動かしてみるなど、これらはすべて外化である。外化を行うことにより、それ以前とは世界が変わり、異なる情報を知覚することになる。すると外化前とは異なるリソースが活性化し、別の認知プロセスが走り出す。すると別のプロダクトが生み出される。それを外化すると、また同じサイクルが回る。つまり、思考と環境が掛け合い漫才のようなやり取り、インタープレイを行うようになるのである。

まとめてみよう。このように人間の思考は世界にガイドされており、こうしたガイドを頼って、頻繁に世界とやりとりを行っている。これは世界が重要なヒント、時には答え自体を見せてくれるからであったり、記憶を代行してくれるからであったり、その結果として人が直面している課題を簡単にしてくれるからである。第3章で述べたように、私たちの作動記憶の容量は著しく制限されている。理想条件下でも三つ、四つくらいの情報しか頭にとどめておけない。また初歩的な論理学の問題にもつまずくような頭では、直面する問題の解決方法のさまざまな中間状態、可能な状態を体系的にイメージすることもできない。だから、こうした世界によるガイドは、私たちのような生き物にはとても有益だ。

さらに言えば、私たちの内部の処理システムは助けになる世界を前提として設計されている可能性もある。特に知覚の場合はその可能性が高い。外界は基本的に安定していて、手品師とか、コンピュータ仕掛けの巧妙な装置がない限り、そんなに突然に変化することなどない。そして、首を少し回す、眼球を少し移動させるというコストほぼゼロの活動によって、外界の最新の情報を参照できる。だとすれば、いろいろなことを頭に入れておく必要はない。頻繁な参照をプログラムに組み込んでおけばよいということになる。このアイディアはチェンジ・ブラインドネスで見た表象のはかなさ、もろさがなぜなのかを説明してくれる。また、前に紹介したブルックスのロボット設計の原理と一致する。さらに言えば、第4節で取り上げた俵さんの創作過程でも生じていたことではないだろうか。途中のものを一度外に出し、詠んでみることで、音の響き、語呂のよさなどを判断し、またそれが次のアイディアの想起を促すことが繰り返されていたように思える。認知のシステムには世界が織り込みずみなのかもしれない。

もう一つ忘れてはならないことがある。世界が見せてくれる、覚えてくれる、問題を変えてくれるといっても、世界が自動的にそれを行ってくれるわけではない。そこには世界にはたらきかける行為が不可欠なのだ。お湯の温度は手を入れることによりわかる。私たちが移動して別の知覚を得るからこそ、スーパーの詳細な地図はいらなくなる。メモやノートも自動的に得られるわけではない。私たちが残すべきものを選択し、それを書き留めるから、記録として利用できる。テトリスでパターンマッチができるのも、ピースを回転、移動させるからなのだ。

さらに、人間は道具を使うことによって、世界との関わりをもっと拡張することができる。だいじなことを書き留めたくても、そこに紙やペンがなければそれはかなわない。こうした道具の使用に応じて、脳のはたらき自体も変化する。入来らの実験はこれをみごとな形で示している[86]。この実験では、サルに熊手のような道具を使用してエサを取らせる訓練を行う。すると、熊手を持っている時には、熊手の届く範囲（ただし熊手がなければ届かない）に何かの刺激があると、頭頂葉のある領域が賦活した。こうした反応は道具が使用できるようになった時だけに見られる。つまり道具によって拡張された身体を反映するように、脳のはたらきも変わるのである。世界が認知のリソースとなるのは、身体や各種の道具を用いて世界にはたらきかけるからなのだと言えよう。

このように考えると、人間と世界は身体、行為を通じて交じり合い、その境界はあいまいなものとなってくる。これらの認知科学の知見を取り入れた哲学者たちは、心が頭蓋骨や皮膚を越えて世界に広がるという「拡張された心」概念を提案している[87]。

6　おわりに

この本の最初に、「その（知性の）姿とは身体を通して環境と関わり合い、ゆらぎつつも、柔軟にそして適応的に自らの内部、外部を変化させていくというものである」と書いた。うまく書けなかった部分、書ききれなかった部分が多々あるのは承知している。この節は締めくくりの節となる。そこで、これまでの検討を振り返りながら、反省を行いつつ、今後の課題などを考えてみたい。

表象と計算の贅肉を取る

まず、表象と計算というフレームワークについて振り返ってみたい。表象という用語は、認知科学が使い始めたものではなく、哲学の中での長い利用歴を持つ言葉である。その歴史の中では、表象というものは外の世界を（ある程度まで）正しく写し取った代理物であるとともに、意識の内容であり、だから言葉で表せるという性質を持つものとされたように思う。こうした次第だから、具象画というのは representational painting と呼ばれるのもわかる。

さて、認知科学の中に取り込まれた時に加わったものもある。それは計算に由来する。計算自体はプロセスであるが、計算を可能にするのはプログラムとして実現される表象である（つまり、プログラム自体もデータとして扱えるということだ）。こうしたことから、表象はさまざまな計算が可能なように規範的で、システマティックなものという性質も要請されるようになったと思う。というわけで、表象の意味はどんどん肥大化していった。

しかし、この本においては、いろいろな実験のデータをうまく説明するために、それを見直しながら作業を進めてきた。その結果、表象も計算もずいぶんとスリムになったように思う（見方によっては貧弱になったとも言えるかもしれない）。表象はもろく、はかなく、断片化されたものとなった。体系だったものではないし、外界や意識の内容を正しく反映したものではなく、言語化の可能性も少ない。またその挙動はそれが用いられる状況との相互作用によって決まったり、状況と一体化されたりもするようにもなった。その結果、周囲の表象との競合、協調をしながらゆらぎを持つ不定形の存在となった。

ここまで変えてしまうと、同じ用語を使っていいのだろうかという気持ちも湧いてくる。ここで書いたことと同じライン上にある思索を重ねている哲学者の一部は、だから表象はないのだ、と主張したりもする。生態心理学者たちも、表象、情報処理という用語は心の説明には必要ないと強く主張している。そう、確かに伝統的な意味での表象は、もうないと考えたほうがよいだろう。

ただ、そうやって表象に余計な性質をたくさんくっつけて、無用に太らせてきたのは私たちである。余計な贅肉をとって本来の姿に戻してあげる責任があるのではないかと思う。それが部分的なものであろうと、体系性を持っていなかろうと、言語化の可能性がなかろうと、外の世界を何らかの形で私たちの中にとどめておく代理物が私たちの中に存在しないと考えることは、ナンセンスだと思うからである。

人工知能（ＡＩ）とのつき合い方

この本をここまで読んでこういう誤解をする人はいないとは思うのだが、いちおう念のために付け加えておこうと思う。結局、人間の知性のしくみ、はたらきはコンピュータとは違うということなのだが、これはコンピュータの利用がダメなのだという主張では全くない。また、コンピュータを用いて何かの認知機能を実現するという試みが無意味だという主張でも当然ない。それどころか、コンピュータによるさまざまな試みがなければ今の認知科学はないし、よってここで述べたことの多くもなくなってしまう。

コンピュータによるモデル化を行ってきた人工知能では、コンピュータに生物的な振る舞いをさせる大きな潮流が一九八〇年代あたりから生まれ、九〇年代には爆発的に広がった。人間の神経回路に着想を得たニューラルネットワーク、進化に着目し遺伝子の振る舞いを組み込んだ遺伝的アルゴリズム（プログラミング）、あいまいな推論を扱うファジィ論理、生物の学習に着想を得た強化学習など、ソフトコンピューティングと呼ばれる分野で大きな展開があった。

また、人工知能、特にロボットの分野では、構成論的アプローチが強調されている。それは実際に動くもの、動作するものを作り出すことにより、それを可能にするメカニズムを探るというものである。そして、実際に人間と似たように振る舞うとすれば、作ったものの中に何かしら人間の認知のメカニズムと同じものが含まれているはずだと、そういうふうに考えるのがこのアプローチである。人工知能の研究者は、こうして作ったものをモデルとか呼ぶのだが、実際は仮説である。なぜならば、人間と同じように動かす方法はそれ一つとは限らないからである。

しかし、こうしたアプローチは実験や観察からまず出てこないタイプの仮説を生み出すというところがおもしろい。古くて、またロボットではなくて恐縮だが、「ボイド」というとても古典的なシミュレーションプログラムがある。これは群れをなして移動する鳥のシミュレーションである。プログラム上は三角形がいろいろな地形の空間上を動くというものなのだが、見てみるとあまりに鳥の群れの動きと似ていることに驚く。さぞや複雑なプログラムかと思うとそうではなく、①衝突を避ける、②近くにいる他の鳥が動く方向（その平均）に向かう、③近くにいる鳥の位置（その平均）に移動する、というたった三つの要因があるだけなのだ。群れの全個体がこれにしたがって動くと、先ほどのみごとな動きが現れる。群れが障害物を避けるために分かれて、また一つにまとまっていくところなどは感動的である。動画サイトなどにあるのでぜひご覧になっていただきたい。このような仮説は、ただ観察しているだけではなかなか出てこない。また、仮に思いついたとしても、鳥たちにこれを訓練するわけにもいかない。そういう場合は、作ってみて確かめるというのが現在のところ最も有望なアプローチとならざるを得ない。

また、近年はセンサーで環境が提供するマルチモーダルな情報を集めてカテゴリーを作り出すロボットも開発されている。中村ら[88]はロボットにいろいろなタイプの玩具を与えて、それをロボット自身のアームで動かしてさまざまな角度からの視覚情報を得たり、摑ませて触覚情報を得たり、振って音を鳴らして聴覚情報を取得させたりして、そこから得られた情報をもとにカテゴリーを教師なし、つまり正解を与えられずに作り出すことに成功している。膨大な情報をどのように集約し、相互に関係づけるのかがとても難しいのだが、人工知能で活発に研究がなされている統計的学習理論のある手法を用いることで、これを実現している。この研究は、第2節に述べたバーサローの知覚的シンボルシステムにとても近いものになっているように思う。

このように、情報技術は認知科学の発展と同期した展開を遂げてきたし、知性の解明にとって欠かせないものを提供してくれてきた。ただ注意したいのは、（当たり前だが）作ったものの全てが人間の知性、あるいは知性一般に当てはまるわけではないという点である。装置に依存したディテール、計算の観点からの効率性などは、あまり他分野向けのものとはならないことが多いのだが、そのあたりにこだわる人たちも少なくない。むろんそれは人工知能の開発上はとても意義あることだと思うが、知性の一般的性質を知りたいという認知科学のコミュニティーとはあまり相性がよくない。作り上げたものの何が認知一般、知性一般と対応するのか、これを見きわめる必要がある。

他者、組織、文化への拡張

「はじめに」に、知性が人間以外のさまざまなものに存在していると書いた。そして動物の知性、人工物の知性、組織の知性などを取り上げた。しかし、この本ではこれらについて具体的に論じる部分はほとんどなかった。ここまで読んだ人は裏切られたような気持ちになっているかもしれない。

実は、一九九〇年あたりに認知科学に起きてきた変化は、生物学的シフトだけではない。もう一つとても重要なシフトがあった。それは社会学的シフトと名付けることができると思う。知性を個人の内部に求めるのではなく、他者、人工物、社会、文化との関係の中で考えていくという立場である。認知科学の中に状況論、状況的認知という大きな勢力を作り出した、この分野の研究者たちはヴィゴツキーに端を発する社会文化的アプローチ、エスノメソドロジー、ナラティブ分析、談話分析などの方法を用いることにより、社会的に分散された知性のしくみ、人が育てられていくプロセスとアイデンティティの構築などについて、重要な研究成果を積み上げてきている。

残念なことに、このキャンプにいる人たちと、本書で挙げたような研究を行うキャンプにいる人たちの間にはあまり交流がない。両方の分野で研究を行っているという人は、少なくとも私が知る限りは一人もいない。これは研究の基本に置かれている前提が著しく異なること、そして何よりも方法論が全く違っていることが原因である。また、表象や計算というフレームワーク自体を否定する人たちも状況論者には多い。だからお互いの研究発表を聞いても、「なんでそんなことをやっているの」、「だから何だっていうの」、「どうしてそんなことが言えるの」などと反論、疑問が双方から出てきてしまう。こういう次第で、認知科学は学際科学だと言っていたのに、内部自体が分裂ではないかという批判を受けてもしようがない状況になっている。

ただ、生物学的シフトを経た表象と計算のフレームワークは、こうした立場ともより親和的であると思う。知性を生物的な性質を持つものとして捉える見方は、どのような知性を考える時にも重要な視点を提供するという確信はある。またこの章で挙げた世界と人間との関わりについての研究などは、二つのアプローチの接点にある研究である。これらを足がかりにして対話を深めていくことがこれからの課題になる。

ブックガイド

この章で述べたようなことを直接書いたわかりやすい一般向けの本はないと思う。そこで関連するものを列挙する。

本当は最初に書くべきなのかもしれないが、

アンディ・クラーク『現れる存在——脳と身体と世界の再統合』池上高志、森本元太郎（監訳）NTT出版、二〇一二年

これはぜひ読むべきだ。私は十数年前にこの原著をゼミで読んでシビれた。私がここまでで書いてきたことは、これに触発されてのことが多い。クラークは他にも多くの本を書いているが、邦訳としては最近、『生まれながらのサイボーグ』（春秋社、二〇一五年）も出版されたようだ。

ロボット、身体関係については、これまでに紹介した本に加えて、

ロルフ・ファイファー、ジョシュ・ボンガード『知能の原理——身体性に基づく構成論的アプローチ』細田耕、石黒章夫（訳）共立出版、二〇一〇年

谷口忠大『記号創発ロボティクス——知能のメカニズム入門』講談社選書メチエ、二〇一四年

鈴木宏昭（編）『プロジェクション・サイエンス——心と身体を世界につなぐ第三世代の認知科学』近代科学社、二〇二〇年

ルイーズ・バレット『野生の知能——裸の脳から、身体・環境とのつながりへ』小松淳子（訳）インターシフト、二〇一三年

がある。最初の二冊を通してAIの先端研究が認知科学とどのように関わるかがわかる。また、モデルをまず作ってみるということが、どれだけだいじかがよくわかるし、彼らの大胆さにも驚く。二番目の本では第6節で取り上げた中村らの研究がわかりやすくまとめられている。三番目の本では、第3節で取り上げた投射の問題が詳述されている。最後の本は、「複雑に見える行動は複雑なメカニズムが生み出す」わけではなく、身体、環境の助けを借りながら行われていることを、多数の例から明らかにする。

索　引

あ　行

アイトラッカー　112
アドホックカテゴリー　243
アナロジー（類推）　130
閾値　96
一リットルの涙　33
一般問題解決器（GPS）　160
意図的学習　67
意味記憶　31
イメージ的な認知システム　119
裏切り者検知　205
ACT-R　49
エキスパートシステム　49
エピソード記憶　30, 31
演繹　151
オペレータ（演算子）　156
　——適用制約　156
オントロジー　47

か　行

外延的理解　59
外的表象　34
概念　27, 35
確証バイアス　191
隠れたカリキュラム　209
数の保存課題　215
仮説推論　154
活性拡散　94, 98
カテゴリー　31, 183, 245
カプグラ症候群　246
感覚記憶　71
機械の知性
　Siri　iv
　将棋　iv
　たまごっち　v
稀少性　172
期待獲得情報量　172
帰納　153
記銘　66
共感覚　13
恐怖（存在脅威）管理理論　196
許可のスキーマ　203
虚偽の記憶　124
偶発学習　67
クリティカル・シンキング　198
計算　27, 265
形状　40
経頭蓋磁気刺激法　120
系列内位置曲線　81
言語隠蔽効果　118
言語化　33
顕在記憶　69
検索　66
　——誘導性忘却　95
幻肢　249
現象学的プリミティブ　140, 223
語彙判断課題　93
構成的記憶　122
構造写像理論　134
効用　165
　期待——　166
　主観的期待——　166
　多属性——　166
コネクショニスト　50

さ　行

再生　67
　自由——　66
　手がかり——　66
再認　67
錯視　53
　カニッツァの三角形　55
　ネッカーの立方体　55
　ミューラー・リアーの錯視　54
サッケード　110
サバン症候群　115
サブゴール　222
サブサンプション・アーキテクチャ　254
サブリミナル　232
サラダ記念日　252
三段論法　173
サンプリング　188
ジェームズ・ランゲ説　39
ジェスチャー（身振り）　221
　——・スピーチ・ミスマッチ　221
自己生成効果　85
舌の先現象　95
実験社会心理学　98
実用的推論スキーマ　204
自伝的記憶　65
児童連続殺傷事件（神戸）　178
シナプス　49
社会学的シフト　269
社会的ステレオタイプ　187
写真的記憶　115
状況的認知　269
状況モデル　60, 163
状況論　53
条件づけ　129
条件文推論　172
少数の法則　175
少年犯罪　178, 191
情報　vi, 10
情報量　74
初期状態　156
処理の深さ　83, 84
進化心理学　204
人工知能　58, 266
身体化　245
身体性認知科学　53, 248
心理学的本質主義　187
図　37
推論　151
スキーマ　45
　スクリプト　46
　フレーム　46
スクランブル交差点　v
精緻化　84
生態心理学　29, 53
生得説　225
生物学的シフト　vii
制約　136
　洞察の——　228
潜在記憶　69, 223
想起　66
ソースモニタリング　126
属性の継承　44

た　行

第一印象　191
対称性　35
対比モデル　132
単一理由意思決定　168
短期記憶　73
探索　157
チェンジブラインドネス　106

知覚的シンボルシステム　244
　シミュレーション　244
　フレーム　244
知識
　——の一般性　43
　——の応答性　43
　——の関係性　44
　——の有用性　42
　——表現　42
知性
　ゴキブリの——　iii
　集団の——　v
　組織の——　v
チャンク　77
注視点　112
重複波モデル　219
貯蔵　66
直観像　115
チンパンジー　116
対連合学習　66
ディープ・ラーニング（深層学習）
　52
デザイン　41
手続き的知識　28, 32
手続き表現　47
デフォルト　46
展望記憶　65
同型問題　162, 257
洞察　163, 226
　T パズル　227
同時並列的活性化　221
投射　248
東大生　187
賭博者の誤謬　175

な　行

内包的理解　59
二年目のジンクス　175
ニューラルネットワーク（神経回路網モデル）　49
ニューロン　49
人間が論理学にしたがわないわけ　207
認識的行為　260
認知科学　2
認知の発達　214
脳計測　15

は　行

配置　40
場所記憶法　86
パターン認識　51
バッチ処理　61
発話プロトコル法　161
ハノイの塔　156, 222
羽生善治　77
反表象主義　61
批判的思考　198
比喩　130
　隠喩　131
　換喩（メトニミー）　131
　提喩（シネクドキ）　131
ヒューリスティクス　158
　意思決定の——　166
　最小限——　168
　再認——　167
　最良選択——　167
　代表性——　186
　直近——　167
　利用可能性——　177
表象　25, 53, 141, 265
　一時的——　29
　記憶——　30
　知識——　30

表情　38
——フィードバック　39
符号化　66
——特定性原理　88
ふと思い出す記憶　70
プライミング　92
間接——（意味）　97
直接（反復）——　93
負の——　93
フレーミング効果　193
プロスペクト理論　193
プロダクションシステム　47
プロダクションルール　48
プロトタイプ　184
分散表現　50
文章理解　56
分析的な認知システム　119
文脈依存性　207
ベイズの定理　211
事前確率　211
頻度表現　213
尤度　211
扁桃体　128
保持　66

ま　行

マスキング　107
マスメディア　182
マルチモーダル　13, 245
身振り（ジェスチャー）　39
無意識　230
盲視　28
盲点（暗点）　28
目標状態（ゴール）　156
文字　34
モダリティ　13
問題解決　155
問題空間　156
問題表象　162
問題理解　162

や　行

山登り法　159
ゆらぎ　219
洞察における——　234
——と発達　224
四枚カード問題（ウェイソンの選択課題）　170, 191, 202

ら　行

ラバーハンド錯覚　249
リーディングスパンテスト　80
リソース　225
利他行動　204
利得と対価　205
リハーサル　82
良定義問題　155
類似性　132
連言錯誤　185
論理学　207

わ　行

ワーキングメモリ　78, 110
プロダクションシステムの——　48

引用文献

1） 日本比較生理生化学会・酒井正樹（編）（2009）．動物の生き残り術——行動とそのしくみ　共立出版

2） 鈴木宏昭（編）（2006）．知性の創発と起源　オーム社

3） 佐伯胖（1986）．認知科学の方法　東京大学出版会（新装版 2007）

4） アレクサンドル・R・ルリア 天野清（訳）（2010）．偉大な記憶力の物語——ある記憶術者の精神生活　岩波書店

5） Johansson, P., Hall, L., Sikström, S., & Olsson, A. (2005). Failure to detect mismatches between intention and outcome in a simple decision task. *Science*, **310**, 116-119.

6） Stack, F., Martin, L. L., & Stepper, S. (1988). Inhibiting and facilitating conditions of human smile: A nonobtrusive test of the facial feedback hypothesis. *Journal of Personality & Social Psychology*, **54**, 768-777.

7） Rumelhart, D. E. (1980). Schemata: The building blocks of cognition. In R. J. Spiro, B. C. Bruce, & W. F. Brewer (Eds.), *Theoretical issues in reading comprehension: Perspectives from cognitive psychology, linguistics, artificial intelligence, and education.* Hillsdale, NJ: Lawrence Erlbaum Associates.

8） Newell, A., & Simon, H. A. (1972). *Human problem solving.* Englewood Cliffs, NJ: Prentice Hall.

9） McClelland, J. L., Rumelhart, D. E., & the PDP Research Group (1986). *Parallel distributed processing* (Vol. 1, 2). Cambridge, MA: MIT Press.（甘利俊一（監訳）（1989）．PDP モデル——認知科学とニューロン回路網の探索　産業図書）

10） Bransford, J. D., & Johnson, M. K. (1972). Contextual prerequisites for understanding. *Journal of Verbal Learning & Verbal Behavior*, **11**, 717-726.（鈴木宏昭・鈴木高士・村山功・杉本卓（1989）．教科理解の認知心理学　新曜社 p.157.）

11） Levesque, H. J., Davis, E., & Morgenstern, L. (2012). The Winograd Schema challenge. In Proceedings of the Thirteenth International Conference (KR-12): Principles of Knowledge Representation and Resoning. AAAI Press.

12） Sperling, G. (1960). The information available in brief visual

presentations. *Psychological Monograph*, **74**, 1-29.
13) Miller, G. A. (1956). The magical number seven, plus or minus two: Some limits on our capacity of processing information. *Psychological Review*, **63**, 81-97.
14) 伊藤毅志・松原仁（2015）. 突き抜ける人の思考——羽生善治の将棋観 諏訪正樹・堀浩一（編）一人称研究のすすめ——知能研究の新しい潮流 近代科学社
15) Baddeley, A. D., & Hitch, G. (1974). Working memory. In G. H. Bower (Ed.), *The psychology of learning and motivation: Advances in research and theory* (Vol.8, pp.47-89). New York: Academic Press.
16) 苧阪満里子・苧阪直行（1994）. 読みとワーキングメモリ容量——日本語版リーディングスパンテストによる測定 心理学研究, **69**, 335-349.
17) Craik, F. I. M., & Lockhart, R. S. (1972). Levels of processing: A framework of memory research. *Journal of Verbal Learning & Verbal Behavior*, **11**, 671-684.
18) Anderson, M. C., Bjork, R. A., & Bjork, E. L. (1994). Remembering can cause forgetting: Retrieval dynamics in long-term memory. *Journal of Experimental Psychology: Learning, Memory, & Cognition*, **20**, 1063-1087.
19) Higgins, E. T., Rholes, W. S., & Jones, C. R. (1977). Category accessibility and impression formation. *Journal of Experimental Social Psychology*, **13**, 141-154.
20) Aarts, H., Gollwitzer, P. M., & Hassin, R. R. (2004). Goal contagion: Perceiving is for pursuing. *Journal of Personality and Social Psychology*, **87**, 23-37.
21) Rensink, R. A., O'Regan, J. K., & Clark, J. J. (1997). To see or not to see: The need for attention to perceive changes in scenes. *Psychological Science*, **8**, 368-373.
22) O'Regan, M. E., & Noe, A. (2005). Corporality and altering capacity in an account of sensory consciousness. *Progress in Brain Research*, **150**, 55-68.
23) O'Regan, J. K., & Noe, A. (2001). What it is like to see: A sensori motor theory of visual experience. *Synths*, 129, 79-103.
24) Ballard, D., Hayhoe, M., Pook, P., & Rao, R. (1995). Deictic codes for the embodiment of cognition. *Behavioral & Brain Sciences*, **20**, 723-742.

25) Self, L. (2011).*Nadia revisited: A longitudinal study of an austic savant.* New York: Psychology Press.
26) Kawai, N., & Matsuzawa, T. (2000). Numerical memory span in a chimpanzee. *Nature*, **403**, 39-40.
27) http://langint.pri.kyoto-u.ac.jp/ai/en/publication/NobuyukiKawai/Kawai-Matsuzawa_2000_NATURE_Short_memory_span.html
28) Dodson, C. S., Johnson, M. K., & Schooler, J. W. (1997). The verbal overshadowing effect: Why descriptions impair face recognition. *Memory & Cognition*, **25**, 129-139.
29) Yamada, A. (2009). Appreciating art verbally: Verbalization can make a work of art be both undeservedly loved and unjustly maligned. *Journal of Experimental Social Psychology*, **45**, 1140-1143.
30) Snyder, A. W., Mulcahy, E., Taylor, J. L., Mitchell, D. J., Savhdev, P., & Gandevia, S. C. (2003). Savant-like skills exposed innormal people by suppressing the left fronts-temporal lobe. *Journal of Integrative Neuroscience*, **2**, 149-158.
31) Loftus, E. F., & Palmer, J. C. (1974). Reconstruction of automobile destruction. *Journal of Verbal Learning & Verbal Behavior*, **13**, 585-589.
32) Hyman I. E. Jr., & Pentland, J. (1996). The role of mental imagery in the creation of false childhood memories. *Journal of Memory & Language*, **35**, 101-117.
33) Nader, A., Schafe, G. E., & Ledoux, J. E. (2000). Fear memories require protein synthesis in the amygdala for reconsolidation after retrieval. *Nature*, **406**, 722-726.
34) Lakoff, G., & Johnson, M. (1980). Metaphors we live by. Chicago, IL: The University of Chicago Press.（渡部昇一・楠瀬淳三・下谷和幸（訳）(1986). メタファーと人生　大修館書店）
35) Tversky, A., & Gati, I. (1978). Studies of similarity. In E. Rosch & B. Lloyd (Eds.), *Cognition and categorization.* Hillsdale, NJ: Erlbaum.
36) Markman, A. B., & Gentner, D. (1993). Structural alignment during similarity comparisons. *Cognitive Psychology*, **25**, 431-467.
37) Gentner, D. (1983). Structure-mapping: A theoretical framework for analogy. *Cognitive Science*, **7**, 155-170.

38) 今井むつみ（2000）．心の生得性——言語・概念獲得に生得的制約は必要か（認知科学の探求） 共立出版

39) diSessa, A. A. (1993). Toward an epistemology of physics. *Cognition & Instruction*, **10**, 105-225.

40) 米盛裕二（1995）．パースの記号学 勁草書房

41) Newell, A., & Simon, H. A. (1972). *Human problem solving.* Englewood Cliffs, NJ: PrenticeHall.

42) Kotovsky, K., Hayes, J. R., & Simon, H. A. (1985). Why are some problems hard?: Evidence from tower of Hanoi. *Cognitive Psychology*, **17**, 26-65.

43) 安西祐一郎（1985）．問題解決の心理学 中央公論社

44) Gigerenzer, G., Todd, P. M., & ABC Research Group (1999). *Simple heuristics that make us smart.* New York: Oxford University Press.

45) Newell, B. R., & Schanks, D. R. (2003). Take-the-best or look at the rest?: Factors influencing "one-reason" decision making. *Journal of Experimental Psychology: Learning, Memory, & Cognition*, **29**, 53-65.

46) Wason, P. C. (1968). Reasoning about a rule. *Quarterly Journal of Experimental Psychology*, **20**, 273-281.

47) Oaksford, M., & Chater, N. (1999). A rational analysis of the selection task as optimal data selection. *Psychological Review*, **101**, 608-631.

48) Hattori, M. (2002). A quantitative model of optimal data selection in Wason's selection task. *Quarterly Journal of Experimental Psychology*, **55A**, 1241-1272.

49) Tversky, A., & Kahneman, D. (1973). Availability: A heuristics for judging frequency and probability. *Cognitive Psychology*, **5**, 207-232.

50) 広田照幸（2000）．メディアと「青少年凶悪化」幻想 朝日新聞二〇〇〇年八月二四日夕刊

51) 広田照幸（2001）．教育言説の歴史社会学 名古屋大学出版会

52) Tversky, A., & Kahneman, D. (1983). Extensional versus intuitive reasoning: The conjunction fallacy in probability judgment. *Psychological Review*, **90**, 293-315.

53) 広田照幸（2003）．教育には何ができないか——教育神話の解体と再生の試み 春秋社

54) Tversky, A., & Kahneman, D. (1981). Framing of decisions and the psychology of choice. *Science*, **4481**, 453–458.
55) Kahneman, D., & Tversky, A. (1979). Prospect theory: An analysis of decision under risk. *Econometrica*, **47**, 263–291.
56) Toulmin, S. E. (1983). *The uses of argument* (Updated Edition). New York: Cambridge University Press.（戸田山和久・福澤一吉（訳）(2011). 議論の技法――トゥールミンモデルの原点　東京図書）
57) Cheng, P. W., & Holyoak, K. J. (1985). Pragmatic reasoning schemas. *Cognitive Psychology*, **17**, 391–416.
58) Cosmides, L. (1989). The logic of social exchange: Has natural selection shaped how humans reason? Studies with the Wason selection task. *Cognition*, **31**, 187–276.
59) アレクサンドル・R・ルリア 柴田義松（訳）(1974). 認識の史的発達　明治図書
60) Tversky, A., & Kahneman, D. (1980). Causal schemas injudgments under uncertainty. In M. Fishbein (Ed.), *Progress in Social Psychology*. Hillsdale, NJ: Erlbaum.
61) Gigerenzer, G., & Hoffrage, U. (1995). How to improve Bayesian reasoning without instruction: Frequency formats. *Psychological Review*, **102**, 684–704.
62) ジャン・ピアジェ, アリナ・シェミンスカ 遠山啓・銀林浩・滝沢武久（訳）(1967). 数の発達心理学　国土社
63) 上野直樹・塚野弘明・横山信文 (1985). 変形に意味ある文脈における幼児の数の保存概念　教育心理学研究, **34**, 94–103.
64) マイケル・シーガル 鈴木敦子・外山紀子・鈴木宏昭（訳）(1993). 子どもは誤解されている　新曜社
65) Siegler, R. S. (1999). How does change occur: A microgenetic study of number conservation. *Cognitive Psychology*, **28**, 225–273.
66) Siegler, R. S. (2002). Micro genetic studies of self-explanation. In N. Granott & J. Parziale (Eds.), *Micro development: Transition processes in development and learning*. Cambridge, UK: Cambridge University Press.
67) Goldin-Meadow, S. (2003). *Hearing gesture: How our hands help us think*. Cambridge, MA: Harvard University Press.
68) Suzuki, H. (2009). Dynamics of insight problem-solving: Its generative, redundant, and interactive Nature. In S. Watanabe, A. P. Blaisdell, L. Huber, & A. Young (Eds.), *Rational animals,*

irrational humans. Tokyo: Keio University Press.
69) 寺井仁・三輪和久・古賀一男（2005）. 仮説空間とデータ空間の探索から見た洞察問題解決過程　認知科学, **12**, 74-88.
70) Tsuchiya, N., & Koch, C. (2003). Continuous flash suppression reduces negative after images. *Nature Neuroscience*, **8**, 1096-1101.
71) 鈴木宏昭・福田玄明（2013）. 洞察問題解決の無意識的性質——連続フラッシュ抑制による閾下プライミングを用いた検討　認知科学, **20**, 353-367.
72) Barsalou, L. W. (1983). Adhoc categories. *Memory & Cognition*, **11**, 211-217.
73) Barsalou, L. W. (1999). Perceptual symbol system. *Behavioral & Brain Sciences*, **22**, 577-660.
74) Barsalou, L. W. (2009). Simulation, situated conceputualization, and prediction. *Philosophical Transactions of Royal Society B*, **364**, 1281-1289.
75) ヴィラヌヤル・S・ラマチャンドラン, サンドラ・ブレイクスリー　山下篤子（訳）（1999）. 脳の中の幽霊　角川書店.
76) Pulvermuller, F. (1999). Words in the brain's language. *Behavioral & Brain Sciences*, **22**, 253-336.
77) Botvinick, M., & Cohen, J. (1998). Rubberhands 'feel' touch that eyes see. *Nature*, **391**, 756.
78) ニコラス・ハンフリー 柴田裕之（訳）（2012）. ソウルダスト——＜意識＞という魅惑の幻想　紀伊国屋書店
79) 俵万智（1993）. 短歌をよむ　岩波書店
80) Brooks, R. A. (1991). Intelligence without reason. *Artificial Intelligence*, **47**, 139-160.
81) Larkin, J. H., & Simon, H. A. (1987). Why a diagram is (sometimes) worth ten thousand Words. *Cognitive Science*, **11**, 65-99.
82) Koedinger, K. R., & Anderson, J. R. (1990). Abstract planning and perceptual chunks: Elements of expertise in geometry. *Cognitive Science*, **14**, 511-550.
83) Zhang, J. J., & Norman, D. A. (1994). Representations in distributed cognitive tasks. *Cognitive Science*, **18**, 87-122.
84) Kirsh, D., & Maglio, P. (1994). On distinguishing epistemic from pragmatic action. *Cognitive Science*, **18**, 513-549.
85) Shirouzu, H., Miyake, N., & Masukawa, H. (2002). Cognitively active externalization for situated reflection. *Cognitive Science*,

26, 469-501.
86) 入来篤史 (2000). ニホンザル道具使用の脳内機構——シンボル操作の起源に挑む　認知科学, **7**, 195-201.
87) Clark, A., & Chalmers, D. (1998). The extended mind. *Analysis*, **58**, 7-19.
88) 中村友昭・長井隆行・船越孝太郎・谷口忠大・岩橋直人・金子正秀 (2015). マルチモーダル LDA と NPYLM を用いたロボットによる物体概念と言語モデルの相互学習　人工知能学会論文誌, **30**, 498-509.

著者紹介

1958年生まれ．東京大学大学院単位取得退学．博士（教育学）．東京工業大学助手，エジンバラ大学客員研究員を経て，青山学院大学教授．認知科学が研究領域であり，特に思考，学習における創発過程の研究を行った．日本認知科学会，人工知能学会，日本心理学会，Cognitive Science Society 各会員．主著に，『類似と思考　改訂版』（筑摩書房，2020年），『知性の創発と起源』（編著，オーム社，2006年），『類似から見た心』（共編，共立出版，2001年）ほか．2023年逝去．

教養としての認知科学

2016年1月25日　初　版
2024年3月25日　第11刷

［検印廃止］

著　者　鈴木宏昭《すずきひろあき》

発行所　一般財団法人　東京大学出版会

代表者　吉見俊哉
153-0041 東京都目黒区駒場 4-5-29
https://www.utp.or.jp/
電話 03-6407-1069　Fax 03-6407-1991
振替 00160-6-59964

印刷所　大日本法令印刷株式会社
製本所　誠製本株式会社

ISBN 978-4-13-012110-1　Printed in Japan